古典詩歌研究彙刊

第三輯

龔鵬程　主編

第 15 冊

顧亭林之人格及其詩歌風格

施又文　著

國家圖書館出版品預行編目資料

顧亭林之人格及其詩歌風格／施又文 著 — 初版 — 台北縣永
和市：花木蘭文化出版社，2008〔民 97〕

敘 2+ 目 4+270 面；17×24 公分
（古典詩歌研究彙刊 第三輯：第 15 冊）

ISBN 978-986-6831-92-8（精裝）
1.（清）顧炎武　2. 傳記　3. 詩評　4. 學術思想

782-872　　　　　　　　　　　　　　　　　　97000344

ISBN 978-986-6831-92-8

古典詩歌研究彙刊
第三輯　第十五冊　　　　　　　ISBN：978-986-6831-92-8

顧亭林之人格及其詩歌風格

作　　者　施又文
主　　編　龔鵬程
出　　版　花木蘭文化出版社
發 行 所　花木蘭文化出版社
發 行 人　高小娟
聯絡地址　台北縣永和市中正路五九五號七樓之三
　　　　　電話：02-2923-1455／傳真：02-2923-1452
電子信箱　sut81518@ms59.hinet.net
初　　版　2008 年 3 月
定　　價　第三輯 20 冊（精裝）新台幣 28,000 元

顧亭林之人格及其詩歌風格

施又文 著

作者簡介

施又文，台灣省彰化縣人。輔仁大學文學士，台灣師範大學文學碩士暨博士，現任教於朝陽科技大學。民國八十三年以前，主要從事文學研究；是年之後，始接觸中醫藥典籍，曾問藥於故中國醫藥大學謝文全教授。中醫藥相關論述有：《神農本草經研究》、〈魏晉南朝士人服散之探究〉、〈親切的中國藥草小故事〉等。文學論著有：《顧亭林之人格及其詩歌風格》、〈顧亭林詩淵源於杜甫詩研究〉，〈文心雕龍定勢論〉、〈試解「衛風‧氓」抱布貿絲〉等。

提　　要

本論文欲探討人格與作品風格之一致性，並藉亭林其人其詩之研究以為實際徵驗。所運用之文獻有原抄本日知錄、亭林文集、餘集、蔣山傭殘稿、佚文輯補、詩集、是為第一手資料，其他如經、史、哲學、總集、別集、詩文論評及論文集刊報告等，為第二手資料。

若研究方法可分從三方面而言：

在正名方面，從字源、各學科及我國哲學上性論之內涵，綜合比較，以研得一較完備之人格意涵。從吾國文學史之回溯以歸納出四種主要風格類型，並與西方風格義作一比較，而得出較圓滿之意涵。

在理論基礎建立方面，綜合歷來對人格與風格一致性之正說、反說及調停意見，配合古人學詩及詩作實況，反復論辨，以確立人格與作品風格之一致性。

在實際運作方面，就史傳資料為主，分析歸納鎔鑄亭林人格世界之要素，並以詩歌證成各項要素。再深入分析全部詩篇，以為詩歌形式及內容各單元歸納、綜合及立論之基礎。

至於內容方面，本論文第一章說明研究動機、預期目標、研究方法與寫作程序。第二章一則為人格、風格定出義界，再則探討決定人格、風格之因素，三則論辨人格與作品風格之一致性。第三章鎔鑄亭林人格世界之要素，首敘亭林宗系家風，次敘與生俱來之天賦稟性，再敘後天之陶染，如治學、交游、閱歷等。第四章論述萬曆末年至康熙二十一年間時事，以時代背景對亭林人格及其詩歌風格影響至鉅，故特立此章以論述之。第五章首先釐清詩集之編定、版本與小注諸問題，以作為進入詩作內容之準備。第六章從實際分析亭林詩歌之內容、形式，以探討亭林詩歌風格，並討論其詩歌風格之形成與其人格之關係。第七章餘論，論述亭林人格對後世之影響，及後人對其人格與詩歌之評價，或插敘或總結以一己之見，是為研究所得。

根據以上之研究過程，得出亭林之人格及其詩歌風格確實統一。

目

次

敘　例

　　夫有可屈人之勢，而更有不可屈於勢之人，於斯有一人焉，孤忠偉略，思欲銜木塡海，出日月於晦冥而重光之，而卒不可得。乃絕跡新朝，刀繩誓其歸宿，飄泊異地，著述寄其壯懷。其家國血淚，一一發洩於詩。予讀亭林傳記詩文，想見其爲人，然先生之世，予未之逮，因撰茲篇，一則追蹤偉蹟，尚友古人，再則證成其人格與詩歌風格之一致。謹持數例於下：

　　一、本文所引年號，一以清朝爲主，蓋南明諸王並立，迭興迭滅，用南明年號，易致混淆。

　　二、本文引書、引文、引詩，皆標出處，並加引號「」，以明所據。

　　三、本文引用資料如《原抄本日知錄》（明倫版），四部刊要本《亭林文集》、《餘集》、《蔣山傭殘稿》、《佚文輯補》（漢京版），標校本《顧亭林詩集彙注》（學海版），皆以該版爲準，而直稱《日知錄》、《文集》、《餘集》、《蔣山傭殘稿》、《佚文輯補》、《詩集》。

　　四、本文稱引人物，一以姓名爲準，於業師必冠以「師」字。

　　五、本文附錄有二：其一爲出現於《詩集》、《文集》、《蔣山傭殘稿》、《餘集》、《佚文輯補》之交游，作成亭林交游表；其二爲詩集各卷詩數表及各體裁詩詩數表。

六、本文參考書目附於論文之後，先錄亭林自著、次錄後人研究
　　亭林著述之作，次錄亭林年譜。再次以經、史、哲學、總集、
　　別集、詩文論評及論文集刊報告等。論文集刊方面，先錄有
　　關亭林之生平、著述、學術思想、文學觀等等論文，次錄有
　　關之時代、風格理論等等論文，學位論文則次之於後。

七、本論文承　王師熙元，剴切指導，悉心裁正，　潘師重規開
　　啓懵懂，指示津筏，　王師建生慨贈資料，惠我以好，始成
　　茲文。謹誌於此，以表謝忱。予才疏學淺，閱歷未深，罅漏
　　疏略，自所難免，至祈博雅君子，不吝賜正。

中華民國七十七年萱節前夕施又文謹識於
國立臺灣師範大學國文研究所

第一章 緒 論

第一節 研究動機與預期目標

　　人格與作品風格是否一致性問題，素來聚訟紛紜，莫衷一是，「文如其人」或「文非其人」二派各持之有故，言之成理。筆者對此一問題素感興趣，於是參較中西人格與風格理論，配合我國詩學界之實況，庶幾重新肯定人格與作品風格之關係，並作爲本論文之理論基礎。

　　丙寅年秋，幸從潘師重規問業，師講授顧亭林先生詩，特表彰其民族氣節，予於聆訓之餘，取亭林詩再三吟詠，反復體味，並徵以有關史傳文集，愈讀愈歆慕其人格意志，恨不能接其聲欬，一覩崇標。想其風流，日復一日，至卒業而深情猶未已，因有志從事亭林人格之研究。昔梁啓超欲研究亭林人格而未果〔註1〕，今予不揣讜陋，窮究其人格所以鑄成者，庶幾表揚其志事於陸沈文喪之日，有以正人心、挽頹俗，且爲同心同志者勸。

　　予復鑒於先生著述雖精且博，然皆先生之貽於人者也，「人欲知先生立志之堅，操行之苦，捨詩而外，又何求焉？」〔註2〕蓋前賢嘗言：「尙書云：詩言志，歌永言，聲依永，律和聲。此千古言詩之妙

〔註1〕參見梁啓超《中國近三百年學術史》，頁55。
〔註2〕見路岯〈顧亭林先生詩牋注序〉，收入徐嘉《顧詩箋注》。

諦眞詮也。故知志非言不形，言非詩不彰。」(郎廷槐〈師友詩傳錄〉)
詩者，誠性情之風標，心靈之所感，情意之所注，藉文字反映出內心
世界之眞相，是爲最眞實之紀錄，故欲透過亭林詩歌之研究，一覘其
人格精采處，並藉以達成詩人與詩歌所言之物之統一，更論次詩歌之
內容、形式、內容與形式統一中所展現之詩歌風格，藉亭林詩歌風格
之形成與其人格之關聯，以證成上述理論。

　　綜言之，本文以人格與作品風格理論爲經，以架構全文之骨幹；
以亭林人格及其詩歌風格爲緯，以充實全文之血肉，由經緯之交錯、
脈理之綿密，以確立亭林人格及其詩歌風格之關聯，且經由其人其詩
之研究歷程中，再度領略其人襟期之高曠與其詩規模之宏壯，亦足療
予思慕之饑矣。

第二節　研究方法與寫作程序

　　至於本文研究方法及寫作程序，茲依二部分以言：

　　在理論基礎之建立上，首先「正名」以釐定「人格」、「風格」之
義界，其方法蓋從字源及各學科之人格義，參照我國哲學「性論」之
內涵，綜合比較以研得一完備之人格意涵。再由吾國文學史之回溯，
以歸納出四種主要風格類型，並與西方風格義作一比較，由中西理論
之比較反省中，提出較圓滿之風格義。次者，個別探討人格與風格之
決定因素，以爲全文綱領。再者，綜合歷來對人格與風格一致性之正
說、反說及調停意見，配合古人學詩及詩作之實況，反復論辨，並廓
清克羅齊主張——藝術與道德爲截然不同之兩種活動說，綜結論辨，
揭出人格與作品風格統一觀之結論。

　　在實際運作上，因前述人格與風格之決定因素布爲綱領，由鎔鑄
亭林人格世界之要素、明清之際之時代背景、詩歌之內容與形式，層
層推進，終至凝聚於亭林詩歌風格及其形成與亭林人格之關係，是爲
全文謀篇之法。「鎔鑄亭林人格世界之要素」一章，析爲得自先天之

遺傳與稟賦──「才氣」，及後天之陶冶──「學習」二節，就有關資料分析歸納，並以詩歌證成各項特質，昭示「亭林人格與亭林詩歌所言之物」表裏必符之精神。「亭林詩歌之內容形式與風格」一章，深入分析全部詩篇之題材、體裁、韻腳、句式、篇幅，以爲詩歌「形式」及「內容」各單元歸納、綜合及立論之基礎，由「內容」與「形式」之實際探討以逼顯「文學作品於內容和形式之和諧統一中所展現之思想藝術特色」──「風格」，是爲本文主要二章之研究方法及寫作程序。「餘論」一章則論述亭林人格對後人之影響，及後人對其人格與詩歌之評價，或插敘或總結以一己之見，是爲研究之所得。

第二章　人格、風格諸問題

　　「人格」爲外來語，而「風格」雖自昔有之，實不盡同於今日「風格」義，二者皆異常抽象。故本文從字源及各學科對「人格」之解釋，並參照我國哲學上「性論」之內涵綜合以觀，冀研求出「人格」之意涵；至於「風格」，則由歷史長河之溯源尋流，比較西方風格說及今日學者之研究，再對「風格」之意義予以界定。他若「人格」、「風格」之決定因素亦分別略加闡析。

　　「人格與風格」統一觀之建立，乃本文研究理論之基礎。筆者擬從詩學傳統於此一問題之歷史觀照，漸漸逼進，終至凝聚於亭林「表裏必符」之一身。庶幾磐石底定，則亭臺樓殿之規模可指日待矣！

第一節　人　格

　　人格一詞爲外來語，清以前未曾見於我國。我國與人格相應之語爲「性」字，然而又不盡等同於今日之「人格」義。

　　西方於「人性」之探究，溯源於希臘學者安皮多克斯（Empedokles, 495～435 B.C.），渠以氣、水、火、土四者爲構成人體之原素，而後郝波克底斯（Hippokrates, 460～377 B.C.）因襲其說，並以冷、熱、濕、乾四種特性之彼此混合，分人格特性爲多血質、黏液質、黃膽質及黑

膽質四類〔註1〕。逮乎雅典學派蘇格拉底（Sokrates, 470～399 B.C.）、柏拉圖（Platon, 427～347 B.C.）及亞里斯多德（Aristoteles, 384～322 B.C.）從哲學觀點對人性加以分析〔註2〕；而亞氏更純就科學、理性之藝術觀（非出諸倫理道德立場）對人物性格作客觀之判斷〔註3〕。至於近來心理學界於人格之研討，如百花爛發各家競秀。人格學因此由早期之散漫、籠統、主觀，邁向系統、明確及客觀。

本節擬從字源、心理學、哲學、教育學暨文學等有關「人格」之界說，參照我國「性」論之內涵，綜合比較分析之後為人格下一定義。

決定人格之因素，統言之有二：一為先天，一為後天；析言之，先天者包括遺傳及天賦稟性；後天者涵蓋家風、地區習尚、學校、社會環境、文化傳統等；此亦即《文心雕龍・體性篇》之「才、氣、學、習」。今欲研究人格，是以不能不探討人格之決定因素。

一、人格之涵義

（一）

「人格」（Personality）從字源上而論，出自拉丁語 Persona，意為面具（mask）。此字蘊涵二義：一指個人於人生舞臺上所扮演之角色，其外表種種行為皆可視作人格之表現；一表個人真正之自我（real-self），包括其內在動機、情緒、思想及習慣等〔註4〕。前說強調外顯行為，後者側重內在自我。日後心理學家解說人格時，或採其一、或兩者兼顧。如心理分析學者弗洛姆（G. W. Allport）以為人格包括：

> 所有象徵個人先天和後天的心理性質，這些性質使人獨一無二〔註5〕。

〔註1〕參見李序僧《人格心理學》，頁35。
〔註2〕詳見鄔昆如《西洋哲學十二講》，頁30～35。
〔註3〕參見姚一葦《詩學箋註》，頁43～44。
〔註4〕同註1，頁1。
〔註5〕佛洛姆著，陳秋坤譯，"Man for himself"，大地出版社，頁62，引自

即針對「內在自我」發論，並注意人格之獨特性。行為學者麥克尼倫（D. C. Mc Clelland）言：

> 人格的概念，科學家可以就某一時期的行為細節加以
> 說明[註6]。

則著力「外顯行為」之探究。李序僧《人格心理學》綜合近代四大心理學派對人格之不同解釋，演繹「人格」之定義為：

> 人格是個體在適應環境中，為了維持自我與擴張期
> 望，所表現的各種行為特質的組合體[註7]。

乃兼顧「內在自我」與「外顯行為」。此外，普汶（Lawrence A. Pervin）《人格心理學》：

> 人格，指一個人的特徵行為方式，這些特徵和行為方
> 式構成一個人獨特的適應型態[註8]。

張春興《心理學》：

> 人格是個人在對人對己對事物乃至對整個環境適應時所
> 顯示的獨特個性；此獨特個性係……表現於身心各方面的特
> 徵所組成，而該等特徵又具有相當的統整性與持久性[註9]。

特徵包括身、心兩面，生理特徵如容貌、健康、年齡等等；心理特徵如能力、興趣、動機、情緒、觀念、思想方式及信仰等等。是以普汶和張春興所下之定義並及於「行為」與「本性」，且復包含人格之獨特性。以上是心理學家對於「人格」之解釋，皆不具價值判斷。

人格在哲學上常指個人心靈生命之特質，具價值意涵。如近代日本哲學家西田幾太郎以為：「意識內根本的統一力可名之為個人的人格。」「人格只是宇宙統一力的發動，亦即打破心物之別，由實在按

蕭麗華《論杜詩沈鬱頓挫之風格》，頁48。

[註6] 同註1，頁3。

[註7] 同註1，頁7。

[註8] 參見普汶《人格心理學》，鄭慧玲譯，頁628。

[註9] 見張春興《心理學》，頁362。

著事情或以特殊的形態表現出來。」〔註10〕、「人格是所有價值的根本⋯⋯我們有肉體的需求，也有精神的需求⋯⋯若離開人格的要求，就沒有任何價值，⋯⋯富貴、權力⋯⋯都不能稱之爲善，若它們違反了人格的要求，反而是惡。」〔註11〕「善乃是人格的實現。」〔註12〕與中國古哲「孟子道性善。」（《孟子・滕文公篇》上）可謂古今中外、異代同調。唐君毅亦主張：

> 人之人性自身，乃人一切精神之創造之本原。人之人性
> 原於天。天心開發，天德流行，凝聚以成人心與人性。人心
> 人性開發，而有個人之人格實現，社會之人文化成〔註13〕。

引文中之「人格」，意指「精神人格」，唐先生以爲「自然人格」不必即能爲開創未來文化之種子〔註14〕，唯「精神人格」能陶鑄其所生息之社會文化，然後可爲開創未來文化之種子。在此之「精神人格」，即「眞正能自作主宰」之謂〔註15〕。而「自作主宰」，乃是「自己支配自己改造自己，以我原始之性格爲材料⋯⋯把自己造成理想之人格」〔註16〕，其鵠的在於「求善能完成我的人格」〔註17〕。此即《孟子》所謂：「盡其心者，知其性也；知其性，則知天矣。」（〈盡心篇〉上）上述諸語，不僅將「精神人格」發揮得相當透闢，同時亦彰顯人格之尊嚴高貴和自我意志之偉大磅礴。

就教育之立場言，吳清基〈教育與人生〉一文提到：

> 「人格」乃是超出「個體」的「事實」，是一種道德性
> 的「價值」。這種以「事實」爲基礎來創造「價值」的努力，

〔註10〕 西田幾太郎《善的純粹經驗》，鄭發育、余德慧譯，頁130。
〔註11〕 同前註，頁132。
〔註12〕 同註10，頁142。
〔註13〕 見唐君毅《人生之體驗續編》，頁27。
〔註14〕 同前註，頁28：「各種人格中，有由人性之自然的表現開發，及社會文化之自然的陶養鑄造，而成之自然人格。」
〔註15〕 同註13，頁28。
〔註16〕 見唐君毅《人生之體驗》，頁152。
〔註17〕 同前註，頁153。

正是一種適當的教育活動。換言之，「人格」的形成，是以「個性」爲根基，也可以說「人格」乃是「個性」改造以後所得的教育成就〔註18〕。

說明人格教育理論基礎，建立在「人格價值」上，對於人之看法，既不承認爲自然存在之「個體」，亦不以其爲人群中之「肢體」，惟將「人」置於「人格價值」間，尊重其「精神生活」中之地位。

至於在文學方面，有日人小泉八雲之解釋：

> 什麼叫做個性，便是各人所具的性格的特性……個人性（Individuality）不過是各人的分離的意思。然個性或人格（Personality）却更在個人性以上——乃是屬於個人在情底，智底的人間性的一切差別的意思〔註19〕。

> 最下等的人間裏面，所有的人在他的習慣、思想、感情等，各各非常相似……人間逐漸高等，各人的差異也逐漸顯著。人間之中，成爲智識底的階級，各自的個性便也顯著的發達〔註20〕。

上述引文之個人性 Individuality 實即今日通稱之個性，而 Personality 方爲人格。小泉氏顯然以爲人格與個人之感受性及智識教養有關。申言之，感受性低之文盲，其個性必不發達，若能經由某種方式來創作，作品中反映之人格亦不明顯，甚或根本無所謂人格可言。顏元叔於〈文格與人格〉一文提到：

> 「人格」在此指作家作爲一個普通人的全部情思與作爲〔註21〕。

泯除前說之特殊個性，而專就人格之共有特質言。顏先生復言：

> 作家的人格滲透在作品裏，使得作品之文格變成了作家之人格的延長！……換言之，文人自身不道德，其文章亦必不道德；文人自身不美善，其文章亦必不美善。然而，

〔註18〕 見賈馥茗等著《教育與人格發展》（上），頁187。
〔註19〕 引自本間久雄《文學概論》，頁57。
〔註20〕 同前註，頁57～58。
〔註21〕 顏元叔〈文格與人格〉，收入《文學經驗》，頁8。

這種推斷似乎難以成立〔註22〕。

則「人格」兼具價值意味及道德色彩。丁履譔《葉燮的人格與風格》言：

> 所謂人格，即指一個人全部的思想行爲，先天與後天的，以及藉著外在教育與自我感悟而不斷地成長發展出來的〔註23〕。

此一定義與前述心理學者相去無幾。丁先生復名之爲「經驗人格」〔註24〕。

據上述諸家對於人格之定義，綜合比較以後，列一簡表於后：

人　　格		內在特性（或精神特性）	外顯行為	獨特性	發展性	統整性	持久性	價值意涵	自主性
字　　源		✓	✓						
心理學	弗洛姆	✓		✓					
	麥克尼倫		✓						
	李序僧	✓	✓	✓	✓〔註25〕				
	普　汶	✓	✓	✓					
	張春興	✓	✓	✓		✓	✓		
哲學	西田幾太郎	✓		✓		✓		✓	
	唐君毅	✓		✓〔註26〕				✓	✓
教　育　學		✓						✓	
文學	小泉八雲	✓		✓					
	顏元叔	✓	✓					✓	
	丁履譔	✓	✓		✓				
次　　數		11	7	7	2	2	1	5	1

〔註22〕同前註。

〔註23〕丁履譔《葉燮的人格與風格》，頁13。

〔註24〕同前註，頁14。

〔註25〕同註1，頁5：「人格是個人經驗繼續發展的過程。」

〔註26〕同註16，頁153：「如果『我』不能完成我之唯一的唯一，絕對的絕對，『我』便不是『我』。」又，頁155：「我本於我之性格而特立獨行，『我』自覺已完成我之人格，我得著『我』之眞正的唯一與絕對。」凡此足證其人格獨特性。

　　綜合各學科學者對人格之解釋，大致沿襲「人格」字源義，均偏重於人格之內在特性——個人之思想、情緒、動機、習慣，及外表種種行為，而強調個人之獨特性與人格之價值意涵。

（二）

　　清代之前，「人格」一詞未曾見於我國典籍。然而經典所稱之性者，「生之謂」也〔註27〕，「天命之謂性」〔註28〕，強調與生俱來之天賦稟性，則與西方心理分析學者弗洛姆所謂人格包括「所有象徵個人先天和後天的心理性質」之先天性質相近。近代各學科學者大致以為人格具有相當之獨特性，然而在魏晉以前之傳統儒家則以為人之所以為人，其天賦德性大致相近，人之不同，乃後天環境之有別也。是以孔子曰：「性相近也，習相遠也。」（《論語・陽貨第十七》）此一資稟，孟子謂之「性善」，荀子則稱之「性惡」。孟子曰：

　　　　乃若其情，則可以為善矣，乃所謂善也。若夫為不善，
　　　　非才之罪也。惻隱之心，人皆有之；羞惡之心，人皆有之；
　　　　恭敬之心，人皆有之；是非之心，人皆有之。惻隱之心，
　　　　仁也；羞惡之心，義也；恭敬之心，禮也；是非之心，智
　　　　也。仁、義、禮、智，非由外鑠我也，我固有之也，弗思
　　　　耳矣。故曰：求則得之，舍則失之。（〈告子篇〉上）

荀子曰：

　　　　今人之性，生而有好利焉……生而有疾惡焉……生而
　　　　有耳目之欲，有好聲色焉……然則人之性惡明矣，其善者
　　　　偽也。（〈性惡篇〉）

　　　　凡人有所一同：飢而欲食，寒而欲暖，勞而欲息，好
　　　　利而惡害，是人之所生而有也，是無待而然者也，是禹、
　　　　桀之所同也。（〈榮辱篇〉）

　　　　干越夷貉之子，生而同聲，長而異俗，教使之然也。（〈勸

〔註27〕《孟子・告子篇》上，藝文版十三經注疏本，頁193。
〔註28〕《中庸》，四書纂疏本，頁61。

學篇》〉

孟、荀對於性之評價雖相反，然二人與孔子皆以爲人之本性相去不遠。其所以造成個別差異者，孔子著力於後天環境之懸殊，孟子側重自主意志之發動與否，荀子則屬意於學習教化之有別。

　　洎乎楊雄謂性善惡混〔註29〕，仍沿襲傳統儒家「性相近」說，而調和孟荀。至乎魏‧劉劭作《人物志》，辨別人性、分析才能〔註30〕，「性」遂由道德人格義轉化爲魏晉生命才性之人格。〔註31〕。《人物志‧九徵第一》云：

　　　　蓋人物之本，出乎情性。

劉昞注：「性質稟之自然，情變由於習染。」據牟宗三先生之理解，此處性與質連言，質即材質之質，「性質」即稟之自然而即以自然之材質以爲性。《人物志》就具體之全人格品鑒之，以爲性不離其具體之情態或姿態，此即劉昞所謂「情變」，情變根於性質，而誘發於習染，在情變上遂有種種姿態或形相〔註32〕，故品鑒所及之才性或情性，多姿而多采，一皆是生命上之天定者〔註33〕。此與傳統儒家所謂之普遍人性有別，而與近代心理學家所謂先天性質之獨特性雷同。

　　依循《人物志》系統之才性品鑒，遂開出藝術境界，於文學能有「純文學論」與「純美文之創造」〔註34〕，至於齊梁，「性」乃登入文學批評之殿堂，成爲決定作品風格之要素。《文心雕龍‧體性篇》云：

　　　　才有庸儁，氣有剛柔，學有淺深，習有雅鄭，並情性
　　　所鑠，陶染所凝，是以筆區雲譎，文苑波詭者矣。

將形成作品風格之個別差異，歸之作家本身之四因素：才、氣、學、

〔註29〕　林尹先生《中國學術思想大綱》，頁119。
〔註30〕　參見牟宗三《才性與玄理》第二章〈人物志之系統的解析〉，頁43
　　　～66。
〔註31〕　此一觀念，參考牟先生《才性與玄理》第二章第四節。
〔註32〕　同註30，頁48。
〔註33〕　同註30，頁50。
〔註34〕　同註30，頁66。

習。其中之才、氣，即源自魏晉以來之才性論，而學、習則爲輔助天定才性之因素，乃後天之「陶染」，此爲劉勰之創見。至此與心理學兼就先天與後天以言人格之獨特性完全一致。

（三）

就人格研究言，心理學具體刻畫出人之所以爲人之個別輪廓、各部細節，然而對於其整體精神氣象，則有待我國「性論」說之補充。此外，「格」本有法則、規範之義。如《論語・爲政第二》云：「有恥且格。」何晏集解：「格，正也。」（卷二）即導之於正，含規範義。《禮記・緇衣》：「言有物而行有格。」鄭玄注：「格，舊法也。」（卷十七）皆有法則、規範之義〔註35〕。若依字義演繹，「人格」即人之所以爲人之規範和準則，顯然含價值意味。

綜上所述，本研究探討「顧亭林之人格」同時顧及三方面：

1. 亭林之獨特個性。
2. 亭林之精神氣象。
3. 亭林之人格崇高，足以爲人讚歎法式者。

二、人格之決定因素

人格之決定因素應包括先天稟賦之情性、遺傳等特質，與後天環境、學養陶冶及傳統文化等。傅統先認爲：

> 人格的組織因素有生理上的成分和社會性的成分〔註36〕。

弗洛姆亦言「人格」乃：

> 所有象徵個人先天和後天的心理性質〔註37〕。

李序僧《人格心理學》云：

> 決定人格發展的因素，一方面是個體內在的生理組織

〔註35〕 龔鵬程釋「格」，見《文訊月刊》，二十九期，文學術語辭典。
〔註36〕 傅統先《哲學與人生》，頁102。
〔註37〕 同註5。

　　與心理動機；在另一方面却是環境外在的社會影響與文化
　　模式，此二者構成人格因素交互影響的極爲複雜的動力過
　　程〔註38〕。

R·林呑表示人格之形成是個人、社會與文化三者交互作用之結果
〔註39〕。

　　楊希震《人格心理學》云：
　　　　人格是遺傳、學習與環境交互作用的結晶〔註40〕。

朱道俊以爲人格之形成因素有個人的、社會的及文化的三方面。個人
方面包括身體之特質、知識能力及氣質等等；社會方面涵蓋家庭生
活、遊伴、鄰里親戚、學校等；文化方面如民族文化等〔註41〕。余昭
分別人格之決定因素爲生物性的及環境的：前者有遺傳特質、智能、
體型、血型、性別等；後者涵蓋家庭、學校、社會文化及職業〔註42〕。
謹將以上各家所言，綜合歸納，列一簡表於后：

學　者	人　格　的　決　定　因　素						
傳統先	生　理　性			社　會　性			
弗洛姆	先　　　天			後　　　天			
李序僧	內　　　在			外　　　在			
	生　理　組　織		心　理　動　機	社　會　影　響			文　化　模　式
R·林呑	個　　　人			社　　　會			文　　化
楊希震	遺　　　傳			學　　　習			環　　境
朱道俊	個　　　人			社　　　會			文　　化
	身體特質	知識能力	氣　　　質	家庭生活	遊伴	鄰里親戚	學校	制　　度 民族文化

<hr>

〔註38〕同註1，頁5。
〔註39〕詳見R·林呑《人格的文化背景》，頁8。
〔註40〕見楊希震《人格心理學》，頁43。
〔註41〕詳見朱道俊《人格心理學》，頁6～24。
〔註42〕詳見余昭《人格心理學》，頁635～744。

余　昭	生　物　性					社　會　性			
	遺傳	智能	體型	血型	性別	家　庭	學　校	社會文化	職業

據表言之，所謂人格：

> 係受先天遺傳及後天社會環境、文化模式之影響；前
> 者得之於家族血統，後二者因學習、接觸與適應等因素而
> 不斷影響人格之形成和發展。

人格心理學者專就具體可見之事實分析構成人格之原素，顯係忽略了
「雖在父兄，不能以移子弟」——較抽象、無法以遺傳詮釋之「氣」。

前列結論，以《文心雕龍‧體性篇》之語言之，即「才、學、習」；
其中之「氣」適足以補充心理學說之不周延：

> 才有庸儁，氣有剛柔，學有淺深，習有雅鄭。

黃侃先生《文心雕龍札記》云：

> 才氣本之情性，學習並歸陶染。

則才氣屬之先天情性，係以遺傳或天賦所致；學習乃後天之陶染。

朱光潛由潛研西方美學之多年經驗，分析「天才」除「遺傳」之
外，與「環境」、「個性」及「個人努力」有莫大關係。朱氏云：

> 研究一個作者時，我們不但要知道他的祖宗如何，他
> 的時代和環境如何，尤其重要的是了解他的個性……本來
> 個性這個東西，仔細分析起來是很不易捉摸的。

則「個性」相當於《文心雕龍》之術語——「氣」。朱氏又云：

> 天才大半享有較優厚的遺傳和環境的影響，……
> 但……遺傳和環境相同，而成就大小往往懸殊甚遠，這就
> 全靠個人的努力與不努力了。〔註43〕

是以筆者認為：決定人格之要素即「才氣學習」。才氣乃先天之
遺傳與稟賦；學是個人之努力；習則大自文化傳統、時代背景、社會
環境、經歷交遊，小至家族陶鎔俱屬之也。於「才氣學習」之交互作
用涵攝下，一立體組織之人格世界於焉成立。

〔註43〕見朱光潛《文藝心理學》，頁220～222。

第二節　風　格

風格一詞，首見於晉代葛洪之《抱朴子》，起初用以論人，爾後用以論文，其內涵不盡同於今日之「風格」義。今日解說「風格」係受西方影響，經由概念性之思考，而以描述語言傳達之，斯足以補苴曩昔詩文評之罅漏，使風格論更趨圓備。

西方 style 一語，中譯為「風格」，原出於拉丁文之 stylus，係指書寫用之尖筆，寖尋轉指書法，厥後更轉化為修辭學、文學和藝術之術語。其為文藝理論之用語時，主要有四種類型之涵義。筆者除加以解說外，並就此四類型義以比較歸納中西風格說之異同。最後研求今日我國學者對「風格」之解說，以為本文「風格」一詞作一義界。

「風格」既是作者之標記，為透過語言文字之運作而顯現之藝術特質，則決定「風格」之要素，自當與作者其人其時及作品之形式內容有關。本文欲研究亭林詩歌風格，欲免於「習矣而不察焉，終身由之而不知其道」之因循，自不能置決定「風格」之因素於不顧，故特立一節以探討之。

一、風格之涵義

（一）

「風格」一詞，昔時已見於晉‧葛洪《抱朴子》。《抱朴子‧疾謬篇》言：

> 以傾倚屈申者為妖妍標秀，以風格端嚴者為田舍樸駮。（〈外篇卷二十五〉）

此之「風格」，指人之風度品格。爾後《晉書‧和嶠傳》云：「（嶠）少有風格，慕舅夏侯玄之為人，厚自崇重，有盛名於世。」（卷四十五）又〈庾亮傳〉云：「亮美姿容，善談論，性好莊老，風格峻整，動由禮節，閨門之內，不肅而成。」（卷四十三）《魏書‧穆子弼傳》云：「豐國弟子弼，有風格，善自位置，涉獵經史，與長孫稚、陸希道等齊名於世。」（卷二十七）皆此用法。再如《世說新語‧德行篇》

言李元禮「風格秀整，高自標持」；〈品藻篇注〉引檀道濟《續晉陽秋》云：「坦之雅貴有識量，風格峻整。」又〈賞譽篇注〉引張騭〈文士傳〉云：「機清厲有風格，爲鄉黨所憚。」亦表彰其人之風度品格。此一人物品評，與魏晉以來九品論人之門閥制度有關。

逮乎曹丕《典論·論文》，以原指人之血氣或氣質之氣論文章之氣後，「風格」亦漸用於評論文章之風範、格局。如〈夸飾篇〉言：「詩書雅言，風格訓世，事必宜廣，文亦過焉。」《顏氏家訓·文章篇》云：「古人之文，宏材逸氣，體度風格，去今實遠。」（卷上）咸此用法。

至於唐·杜甫〈薛端薛復筵簡薛華醉歌〉云：「座中薛華善醉歌，歌辭自作風格老。」（《杜詩鏡銓》卷三）唐張懷瓘云：「薄紹之……憲章小王，風格秀異。」（〈書斷〉中）俱指作品之藝術特色，與今日「風格」義相去不遠。

洎及明·陸時雍〈詩鏡總論〉云：

> 石之有稜，水之有折，此處最爲可觀；人道謂之廉隅，詩道謂之風格。世衰道微，恃此乃能有立。東漢之末，節氣輩生，唐之中葉，詩之骨幹不頓。此砥世維風之一事也〔註44〕。

此之風格，有規範人心、教化風俗之實際任務。

綜上可知：「風格」一詞在我國最早用以論人，繼而用以論文，論文又從作品本身之風範格局、藝術特色到作品所背負之實際目的。是以嚴格論之，我國典籍用「風格」一詞，具有四種涵義，其間之轉化遞嬗有如前述。

（二）

西方 style 一語，中譯爲「風格」，原出拉丁文之 stylus，係指古代於蠟版上書寫用之一種象牙或骨製之尖筆，寖尋轉指書法，而後更轉化爲修辭學、文學和藝術之術語。其意義與用法遂日漸複雜化。今按其性質歸納爲下列四大類型：

〔註44〕 陸時雍〈詩鏡總論〉，頁 12b，收入《續歷代詩話》五。

　　第一類，純就藝術品之形式立論，鮮涉及其內容。如貝特遜（F. W. Bateson）從語言形式之立場以討論文學：

　　　　我的主張是：詩裏的時代痕跡，不可求之於詩人而可
　　　求之於語言。我相信，詩的實際歷史即在它所使用的那種
　　　語言之演變史裏面，亦即在那裏面寫成了一時代接著一時
　　　代的詩。而語言的這些演變，則根源於社會的與知識趨勢
　　　的壓力〔註45〕。

即以文學立基於語言，係屬於語言之歷史範疇。詩之歷史遂變成語言之歷史，詩歌風格之研究乃肇建於語言改變之研究上。再如克羅齊（Benedetto Croce）言：

　　　　美學的實質是形式，不是別的只是形式〔註46〕。

純就作品之形式以探討美學之實質。

　　第二類，側重作者精神，以為風格即作者生命脈動之展現。美國褒勞（John Burreugh）言：

　　　　在純正的文學，我們的興味，常在於作者其人——某
　　　人的性質，人格，見解——這是眞理〔註47〕。

塞尼格（Seneque）言：

　　　　風格是靈魂的全貌，所表現之內容全體〔註48〕。

皆以作品風格存在於作者本身，而忽略作品之形式、語文結構和遣詞造句之安排等。

　　第三類，係自藝術品之形式與內容之相似性以確立不同之風格類型。英國藝術批評家赫伯‧瑞德（Herburt Read）言：

　　　　風格是一個人要表現自己的意識，要表現自己的思
　　　想，而且要用最恰當的媒介來表現它們〔註49〕。

此之「意識」、「思想」，即作者精神；而「最恰當的媒介」則指作品

〔註45〕見韋勒克等著《文學論》，王夢鷗、許國衡譯，頁 281。
〔註46〕見衛姆塞特等著《西洋文學批評史》，顏元叔譯，頁 463。
〔註47〕引自本間久雄《文學概論》，頁 55。
〔註48〕引自蕭麗華《論杜詩沈鬱頓挫的風格》，頁 8。
〔註49〕同前註。

語文形貌。夏畢羅（M. Schapiro）言：

> 風格乃是形式的一項系統，其間包含有一種特質與一
> 種富有意義的表情法，藉此，藝術家個人的才性與群性的
> 普泛外貌得以展現〔註50〕。

由作品語文形式透視到作者之精神面貌，顯示作品之形式與內容間之
關聯。Wiffred L. Guerin 等編之"A Handbook of Critical Approaches to
Literature"亦言：

> 風格是作家使用文字的一種特殊方式，不僅可顯示他
> 的詞彙和修辭的傾向，同時亦可表露他的內在人格〔註51〕。

皆就作品之語文形貌與所涵蓋之思想內容而言。

　　第四類，雖自藝術品之形式與內容之相似性，以確立不同之風
格類型，却具有價值判斷；認爲風格有高低之分、優劣之別，並指
出何謂卓越風格。此派以歌德之見解最鮮明。渠以爲風格乃藝術之
最高成就之表現，單純之模擬爲第一步；進一步風格之藝術表現係
以自我爲中心，以自己獨有之方法、語言，表現自我精神觀照下之
世界，故爲主觀個性之表現；而最高風格之表現則係前二者之綜合，
亦即所謂單純模擬與主觀狀態之綜合式樣。歌德在此爲風格定下三
個不同層次，渠所謂風格遂有高低之分、大小之別，具有鮮明之價
值標準〔註52〕。

　　據前所述，西方談風格或純就藝術品形式、或側重作者之情意表
現〔註53〕，或二者兼顧，甚至不僅從內容、形式討論，且復予以價值
評斷〔註54〕。

〔註50〕同註48。
〔註51〕W. L. G. 等著《文學欣賞與批評》，徐進夫譯，頁260。
〔註52〕姚一葦〈論風格〉，見《藝術的奧秘》，頁286。
〔註53〕岑師溢成言：「歌德言：『只有偉大的作家才有風格』」亦爲歌德自價
　　　　值判斷之觀點以論風格之一證。見民國75年鵝湖講座「文學理論」。
〔註54〕以上四類，除第二類參考蕭麗華《論杜詩沈鬱頓挫的風格》，頁8外，
　　　　餘三類俱參考姚一葦〈論風格〉，頁280～289。

（三）

據（一）（二）中西風格之涵義，綜合比較分析歸納得以下概念：

1. 語言可分爲描述、評價及規範三種。昔時我國關於風格之涵義，除陸時雍〈詩鏡總論〉云：「詩道謂之風格」，差可列爲描述語言外，他皆屬於評價語言，如《魏書》說穆子弼「有風格」（卷二十七）、《文心雕龍・議對篇》總評應劭、傅咸、陸機三人作品爲「亦各有美，風格存焉。」至於西方，對於何謂風格之描述能力異常充沛，而第四類型顯然亦蘊涵評價。

2. 西方已直接就風格一詞分別高下優劣，相當我國唐僧皎然《詩式・詩有五格》條之「不用事第一，作用事第二，直用事第三，有事無事第四，有事無事情格俱下第五」之格義。何文煥云：

　　　　其有不用事而措意不高者黜入第二格，其中亦有不用
　　事而格稍下貶居第三；此于第三格中稍下故入第四；（第五）
　　情格俱下有事無事可知也。〔註55〕

再如晚唐・釋齊己〈風騷旨格〉中「詩有三格，一曰上格用意……二曰中格用氣……三曰下格用事……。」〔註56〕亦承此用法。然而「風格」一詞本身，我國昔時尚未有高下優劣之評判義。

3. 西方雖有「爲人生而藝術」與「爲藝術而藝術」之爭論，皆就藝術目的言，非用以指涉風格。然「格」於我國既有法則、規範之義（參見本章一、人格之涵義（三）），是以陸時雍〈詩鏡總論〉以爲風格即作詩之道，足以「砥世維風」者也。

上述是中西對有關風格涵義之比較。至於今日，我國學者受西潮影響，多能取人之長，加強本國「風格」義最弱之一環——描述語言。其論點清晰而見解精闢。如朱光潛《談文學》：

　　　　每一篇作品有它的與內容不能分開的形式，每一個作
　　者在他的許多作品中，也有與他的個性不能分開的公同特

〔註55〕何文煥《歷代詩話》，頁19。
〔註56〕齊己〈風騷旨格〉，頁8，收入《續歷代詩話》一。

性，這就是「風格」〔註57〕。

言「風格」是作者個性表現於作品中之公同特性，其與作者個性亦正如內容與形式之環扣相依。傅東華於《文學手冊》更深入分析：

> （風格為）任何文藝作品中由作者方面之遺傳，教育，環境，功力等元素以及作品本身的媒材（如語言，色彩等）等元素融合起來的一種表現〔註58〕。

王師熙元亦提到風格與作者暨表達文字之密切關連。〈談散文的風格〉一文言：

> 文學作品的風格，乃是基於作者的個性，由作者內在的思想 Mind 與感情 Emotion，透過文字的表達，構成一種特殊的風格 Style，風格也就是作品的一種格調、一種神采〔註59〕。

蔡英俊〈樸素的與激情的〉一文言：

> 風格，它是個人的標記，是透過語言文字的運作而顯現出的藝術特質。因此，它包含了二個層面：一是藝術技巧的表現，或是外顯的藝術形相；一則是作者個性的顯露，或是內蘊的精神風貌〔註60〕。

以上各家，皆就構成文學之內涵與形式立論，內涵是生命，形式為外貌，生命源自作者之才性，外貌存在於作品之本身，作者才性決定作品外貌，作品外貌亦傳達作者精神，是以二者交互作用即構成文學作品之風格。若偏側任何一端，皆不足以照應文學藝術之整體。職是之故，本研究所謂之「詩歌風格」即：

不僅指涉詩歌於內容和形式之和諧統一中所展現之思想藝術特色，同時亦包涵詩歌作品所反映之作家獨特之精神氣象暨生命姿態。

〔註57〕 朱光潛《談文學》，頁124。
〔註58〕 傅東華《文學手冊》，頁152。
〔註59〕 王師熙元〈談散文的風格〉，見《文學心路》，頁74。
〔註60〕 蔡英俊〈樸素的與激情的〉，《鵝湖月刊》，第二卷第七期，頁35。

二、風格之決定因素

作品風格既是作者之標記，是透過語言文字之運作而顯現之藝術特質，則決定風格之要素，自當與作者人格及作品之形式內容有關。此外，時代背景亦爲決定風格之要素。孟子云：「誦其詩，讀其書，不知其人可乎？是以論其世。」（〈萬章篇〉下）比類以推：誦其詩者，闡析詩之形式內容與風格之關係；知人者，探討人格與風格之聯繫；論世者，尋繹時代與風格之肯綮。以下就決定風格之因素分別討論之。

1. 個人人格與風格之關係

由作者個性之反映，遂造成作品之各種風格，此風格即作品之風骨與品格，猶如人之人格。作品沒有風格，便失去精神元素，不成其爲作品；人缺乏人格，便無異於行屍走肉〔註61〕。故就作品言，曰風格；從作者觀，曰人格。人格與風格誠若一體之兩面，環扣之相依。《文心雕龍·體性篇》云：

> 辭理庸儁，莫能翻其才；風趣剛柔，寧或改其氣；事義淺深，未聞乖其學；體式雅鄭，鮮有反其習，各師成心，其異如面。

今者更足以論作品語言思想之平庸傑出，決定於作者才能；風力骨氣之剛健柔婉，不離乎作者氣質；用典託義之淺陋淵博，植根於作者學識；體製形式之雅正淫靡，依存於作者習尚，各人皆準據自己內在不同之條件以創作，因而構成相異之風格，正如各人面貌，千差萬別。宋·文天祥序周汝明〈自鳴集〉言：

> 天下之鳴多矣：鏘鏘鳳鳴，雝雝雁鳴，喈喈雉鳴，嘒嘒蟬鳴，呦呦鹿鳴，蕭蕭馬鳴，無不善鳴者，而彼此各不相爲，各一其性也。其於詩亦然。鮑謝自鮑謝，李杜自李杜，歐蘇自歐蘇，陳黃自陳黃。鮑謝之不能爲李杜，猶歐

〔註61〕同註59，頁76。

蘇之不能爲陳黃也〔註62〕。

以音聲因物而異，譬喻詩亦因人而殊之理。是以袁枚於《隨園詩話》言：「凡作詩者，各有身分，亦各有心胸。」（卷四）身分胸襟各人別具，表現之風格當然不同。

至於決定人格之因素，若先天之稟賦情性，後天之努力和環境，俱齒其列，前已言之，不復詞費。

2. 時代背景與風格之關係

《毛詩·關睢序》言：

> 情發於聲，聲成文謂之音。治世之音安以樂，其政和；亂世之音怨以怒，其政乖；亡國之音哀以思，其民困。（《詩疏·卷一之一》）

說明一代詩風之與時消息。爾後劉勰著《文心雕龍》，更著力申述「時運交移，質文代變」、「文變染乎世情，興廢繫乎時序」之道，且就作品風格與政治之清明闇昧、時局之安定動亂，條分縷析：

> 昔在陶唐，德盛化鈞，野老吐何力之談，郊童含不識之歌。有虞繼作，政阜民暇，薰風詩於元后，爛雲歌於列臣。盡其美者何？乃心樂而聲泰也。至大禹敷土，九序詠功，成湯聖敬，猗歟作頌。逮姬文之德盛，周南勤而不怨；大王之化淳，邠風樂而不淫。幽厲昏而板蕩怒，平王微而黍離哀。（〈時序篇〉）

顯示政治興衰與風格之密切聯繫。劉勰遂言：「故知歌謠文理，與世推移，風動於上，而波震於下者。」

〈時序篇〉次及曹操、曹丕、曹植、王粲、陳琳、徐幹、劉楨、應瑒、阮瑀、路粹、繁欽、邯鄲淳、楊修諸人作品曰：

> 觀其時文，雅好慷慨，良由世積亂離，風衰俗怨，並志深而筆長，故梗概而多氣。

西晉末年，五胡亂華，中原紛擾，劉琨揮戈抗胡，力挽狂瀾而未

〔註62〕引自張長弓〈文學與個性〉，見《文學新論》，頁81。

得，故其詩多寫家國之痛、時局之悲、英雄末路之情，感恨鬱抑之懷，是以〈才略篇〉云：「劉琨雅壯而多風……亦遇之於時勢也。」

上述皆時代背景影響作者人格，因而反映於作品，由作品之中足窺見當代面貌。然而正始以來迄於晉室東渡，絕大多數之作品缺乏時代色彩。〈時序篇〉云：

> 於時正始餘風，篇體輕澹，而嵇阮應繆，並馳文路矣。

正始以後，玄言既盛，經太康時期一度消沈，至永康時期復熾，其時放誕之風雖戢，名理之辨轉精，爰及典午南遷，尚受其薰拂：

> 自中朝貴玄，江左稱盛，因談餘氣，流成文體。是以世極迍邅而辭意夷泰，詩必柱下之旨歸，賦乃漆園之義疏。
> （〈時序篇〉）

此即時代極度紛亂，政治上採取高壓手段所造成之曲折反映，而建安風骨遂不復見矣。

蓋文藝者，時代和環境反射之縮影也，或直接反映如建安詩風者，或隱曲折射如正始詩風者。環境於天才不僅供給其滋養品，亦且供給其刺激劑。時代愈有劇烈之變動，則刺激愈大，天才亦愈易產生〔註63〕，而偉構巨製亦愈易形成。故文學作品風格自然與時代背景有關。

3. 作品內容形式與風格之關係

在文學方面，風格貫穿於形式及內容之間——即文辭與文意之間，風格即為透過作品內容與形式之密切結合所表現之一種格調、神采。如《文心雕龍·體性篇》所論之典雅、遠奧、新奇三體，即因思想內容與作品形式之不同而各有其思想藝術特色。〈體性篇〉云：

> 典雅者，鎔式經誥，方軌儒門者也。遠奧者，馥采典文，經理玄宗者也。……新奇者，擯古競今，危側趣詭者也。

作品內容以儒家思想為主，又點裁經籍子句以入文，內容與形式二者密切結合，即形成「典雅」風格。作品內容以玄理、游仙為主，遣詞

〔註63〕朱光潛《文藝心理學》，頁219。

大量用典，二者密切配合，即形成「遠奧」風格。作品內容追求新穎，用語偏僻與眾不同，二者密切結合，即形成「新奇」風格。由以上分析，可見作品內容形式與風格之關係。就學理而言，風格既是作品內容和形式之和諧統一中所展現之思想藝術特色，則作品內容與形式自當影響風格。

第三節　人格與風格之一致性

　　歷來對風格、人格是否一致之問題，論者紛紛。昔時我國已有「文如其人」或「心畫心聲總失真」之辯；今日或言「人品與文品」（朱光潛）〔註64〕；或言「詩品與人品」（葉師慶炳）〔註65〕；或言「文學與道德」（王師熙元、龔鵬程）〔註66〕；或言「風格與個性」（詹鍈）〔註67〕；或言「文格與人格」（顏元叔）〔註68〕；或言「人格與風格」（丁履譔）〔註69〕皆對作者是否會影響作品、作品是否能反映出作者——亦即作者人格與作品風格是否一致，重新予以反省。

（一）

　　究竟人格與風格有無關聯？持否定答案者，若魏文帝〈與吳質書〉言：

　　　　　　觀古今文人，類不護細行，鮮能以名節自立〔註70〕。

以為文章好壞與道德無關。即「洋洋清綺」才之魏文，登樞之後，剷除異己，迫害胞弟曹彰、曹彪，強制曹植七步成詩，否則即處以大法〔註71〕。曹丕雖善屬文，然名節不立，未護者豈僅細行耳，無怪乎發

〔註64〕　同註57，頁17。
〔註65〕　見《中外文學》，第十四卷第十二期，頁6。
〔註66〕　見王師熙元《文學心路》，頁123；龔鵬程《文學散步》，頁156。
〔註67〕　見詹鍈《文心雕龍的風格學》，頁4。
〔註68〕　同註21。
〔註69〕　同註23。
〔註70〕　曹丕〈與吳質書〉，見《中國歷代文論選》上，頁124。
〔註71〕　《世說新語・文學第四》：「文帝嘗令東阿王七步中作詩，不成者行

此語也。又梁簡文帝〈誡當陽公大心書〉云：

> 立身之道，與文章異。立身先須謹重，文章且須放蕩。
>
> （《藝文類聚·卷二十五》引）

主張立身與文章當分別兩途：立身要謹重，爲文要放蕩。宋·吳處厚《青箱雜記》云：

> 文章純古，不害其爲邪；文章艷麗，亦不害其爲正。
> 然世或見人文章鋪陳仁義道德，便謂之正人君子；及花草
> 月露，便謂之邪人，茲亦不盡也。皮日休曰：「余嘗慕宋璟
> 之爲相，疑其鐵腸與石心，不解吐婉媚辭；及睹其文而有
> 梅花賦，清便富艷，得南朝徐庾體。」然余觀近世所謂正
> 人端士者，亦皆有艷麗之詞，如前世宋璟之比。（卷八）

主張文章不盡能觀人。金·元好問〈論詩絕句〉三十首之六：

> 心畫心聲總失眞，文章寧復見爲人。高情千古閑居賦，
> 爭信安仁拜路塵〔註72〕。

若於潘岳〈閑情賦〉所表現之千古高情信以爲眞，則焉能想像彼乃一「拜路塵」之官迷！清顧亭林《日知錄·卷二十一·文辭欺人》條云：

> 古來以文辭欺人者莫若謝靈運。……靈運身爲元勳之
> 後，襲封國公。宋氏革命，不能……爲林泉之侶，既爲宋
> 臣，又與廬陵王義眞款密。至元嘉之際，累遷侍中……又
> 上書勸伐河北，至屢嬰罪劾，興兵拒捕。乃作詩曰，韓亡
> 子房奮，秦帝魯連恥。本自江海人，忠義動君子。及其臨
> 刑，又作詩曰，龔勝無餘生，李業有終盡。若謂欲效忠於
> 晉者，何先後之矛盾乎？史臣書之以逆，不爲苛矣。

以爲作品所言之物與作者之人格大相逕庭者，莫若謝靈運也。清《四庫全書總目提要·卷一百五十二·清獻集提要》云：

> 趙抃劾陳執中、王拱辰，疏皆七八上，可以知其伉直；

大法，應聲便爲詩曰：『煮豆持作羹，漉菽以爲汁，其在釜下燃，豆
在釜中泣，本自同根生，相煎何太急。』帝深有慚色。」（卷上之下），
四部叢刊正編子部，上海涵芬樓景印明袁氏嘉趣堂刊本。

〔註72〕元好問〈論詩絕句〉三十首之六，見《中國歷代文論選》中，頁204。

　　　而宋庠、范鎮亦皆見之彈章；古所稱群而不黨，扨庶幾焉。
　　　其詩諧婉多姿，乃不類其爲人。王士禎《居易錄》稱其五
　　　律中暖風一首，芳草一首，杜鵑一首，寒食一首，觀水一
　　　首，謂數詩掩卷讀之，豈復知鐵面者所爲？

清‧況周頤《蕙風詞話‧卷一‧第五十七條》云：

　　　晏同叔賦性剛峻，而詞語特婉麗。蔣竹山詞極穠麗，
　　　其人則抱節終身。……詞固不可概人也。

前一例顯示：某些體裁之作品可以見出作者人格，某些則不然。後一
例則說明作者與作品風格彼此間無相應關係。

　　　西方克羅齊派美學家從美感經驗之分析，證明藝術和道德乃兩種
不同之活動。道德爲實用，起於意志；藝術則爲超實用，出於直覺。
二者實不相謀。如克羅齊於〈美學綱要〉言：

　　　藝術不是意志活動所產生。造成好人的善良意志，不
　　　能造成一個藝術家。它既然不是意志活動所產生的，就與
　　　道德上的分別無關。

因此，個人於道德上之成就，不能裨益亦不能妨害渠於藝術上之成
就，批評家亦不應從其生平事蹟推論其藝術人格 〔註73〕。簡言之，克
羅齊派學者以爲道德人格與藝術人格不能混爲一談。

　　　以上是古今中外對於「人格與風格不能恆等」之各家意見。

（二）

　　　雖然，持反面看法者言之鑿鑿，却有更多學者堅守正面意見。早
在《周易‧繫辭下傳》已肯定：

　　　將叛者其辭慚，中心疑者其詞枝，吉人之辭寡，躁人
　　　之辭多，誣善之人其辭游，失其守者其辭屈。

雖泛指言辭，然言辭形諸文字即爲詩文，該文以爲作者其人品德如
何，其作品即有相應之呈現。王充《論衡‧書解篇》有同樣觀點：

〔註73〕參見朱光潛《談文學》，頁17；王師熙元〈文學與道德的關係〉，見
　　　　《文學心路》，頁130。

德彌盛者文彌縟，德彌彰者文彌明；大人德擴其文炳，小人德熾其文斑〔註74〕。

隋‧王通《文中子中說‧事君篇》曰：

子謂文士之行可見：謝靈運小人哉！其文傲，君子則謹；沈休文小人哉！其文冶，君子則典。鮑照、江淹，古之狷者也，其文急以怨；吳筠、孔珪，古之狂者也，其文怪以怨；謝莊、王融，古之纖人也，其文碎；徐陵、庾信，古之夸人也，其文誕。……皆古之不利人也。子謂顏延之、王儉、任昉有君子之心焉，其文約以則〔註75〕。

則舉例說明人格恰與作品詞氣風格相應。沈德潛評潘岳詩云：

安仁詩品，又在士衡之下。……安仁黨於賈后，謀殺太子遹，與有力焉。人品如此，詩安得佳？（《古詩源》卷七）

以為作者品德可以決定作品品第。

上面所舉例子，或言人格與作品風格之關係，或言人格高下足以決定作品等第：一皆顯示作者人格與作品之相應。

另外，《文心雕龍‧體性篇》云：

賈生俊發，故文潔而體清；長卿傲誕，故理侈而辭溢；子雲沈寂，故志隱而味深；子政簡易，故趣昭而事博；孟堅雅懿，故裁密而思靡；平子淹通，故慮周而藻密；仲宣躁銳，故穎出而才果；公幹氣褊，故言壯而情駭；嗣宗俶儻，故響逸而調遠；叔夜儁俠，故興高而采烈；安仁輕敏，故鋒發而韻流；士衡矜重，故情繁而辭隱；觸類以推，表裏必符。豈非自然之恆資，才氣之大略哉！

舉例說明個性與作品風格之關係。明‧馮時可《雨航雜錄‧文如其人》條有異代同調之論：

永叔侃然，而文溫穆；子固介然，而文典則。蘇長公達，而文道暢；次公恬，而文澄蓄。介甫矯厲，而文簡勁。

〔註74〕王充《論衡‧書解篇》，見《中國歷代文論選》上，頁78。
〔註75〕王通《文中子中說‧事君篇》，見《中國歷代文論選》上，頁331。

明・屠隆〈抱桐集序〉云：

> 襄陽蕭遠，故其聲清和；長吉好異，故其聲詭激；青蓮
> 神情高曠，故多閎達之詞；少陵志識沈雄，故多實際之語。

亦然馮說。明・李贄〈讀律膚說〉云：

> 性格清徹者音調自然宣暢，性格舒徐者音調自然疏
> 緩，曠達者自然浩蕩，雄邁者自然壯烈，沈鬱者自然悲酸，
> 古怪者自然奇絕。有是格，便是有調，皆情性自然之謂也。
> 　　　　（《焚書》卷三）

復承襲前說。清・薛雪〈一瓢詩話〉云：

> 爽快人詩必瀟灑，敦厚人詩必莊重，倜儻人詩必飄逸，
> 疏爽人詩必流麗，寒澀人詩必枯瘠，豐腴人詩必華贍，拂
> 鬱人詩必悽怨，磊落人詩必悲壯，豪邁人詩必不羈，清修
> 人詩必峻潔，謹勅人詩必嚴整，猥鄙人詩必委靡。此天之
> 所賦，氣之所稟，非學之所至也〔註76〕。

表示詩人之天賦氣質不同，其詩歌風格隨之而異。

上面所舉各例，皆顯示作者氣質個性與詩歌風格有關。

前述皆從讀者觀點以探究有其人則有其文。今者更從黃遵憲自道
作詩經驗，以證明作者與作品互相關聯：

> 吾今所遇之時，所歷之境，所思之人，所發之思，不
> 先不後，而我在焉。前望古人，後望來者，無得與我爭之
> 者，而我顧其情舍而從人，何其無志也。……則今憲所爲，
> 皆憲之詩〔註77〕。

再者，揚雄《法言・問神篇》言：

> 言，心聲也；書，心畫也；聲書形，君子小人見矣〔註78〕。

認爲透過其人之言辭或文辭，可以判別其爲君子抑或小人。

鍾嶸《詩品》卷中評陶潛：

〔註76〕薛雪《一瓢詩話》，頁22b，收入《清詩話》二。

〔註77〕引自張長弓〈文學與個性〉，見《文學新論》，頁83。

〔註78〕揚雄《法言・問神篇》，見《中國歷代文論選》上，頁68。

　　　　文體省淨，殆無長語。篤意眞古，辭興婉愜。每觀其
　　　文，想其人德。

《昭明文選・陶淵明集序》亦曰：

　　　　余愛其文，不能釋手，尚想其德，恨不同時。

言偉大作品之振盪心靈，不禁使讀者思慕作者，對其人格再三致敬。
宋・吳處厚《青箱雜記》云：

　　　　山林草野之文，其氣枯碎。朝廷臺閣之文，其氣溫縟。
　　　晏元獻但說梨花院落、柳絮池塘，自有富貴氣象；李慶孫
　　　等每言金玉錦繡，仍乞兒相。（卷五）

據作品之詞氣，足以見出其人之身份、地位。

　　　清・徐增《而庵詩話》云：

　　　　詩到極則，不過是抒寫自己胸襟，若晉之陶元亮，唐
　　　之王右丞，其人也〔註79〕。

清・沈德潛《說詩晬語》云：

　　　　性情面目，人人各具。讀太白詩，如見其脫屣千乘；
　　　讀少陵詩，如見其憂國傷時；其世不我容，愛才若渴者，
　　　昌黎之詩也；其嬉笑怒罵，風流儒雅者，東坡之詩也（卷下）。

皆以爲作品是作者胸襟性情之反映。

　　以上例證均昭示作品與作者誠息息相關。今人朱光潛《談文學》
亦提到，「屈原的忠貞耿介，陶潛的沖虛高遠，李白的倘佯自恣，杜
甫的每飯不忘君國，都表現在他們的作品裏面。他們之所以偉大，就
因爲他們的一篇一什都是整個人格的表現」，而歸結其主張爲「思想
必須與語文同一，人格必須與風格同一。這就是『易經』所說的『修
辭立其誠』」〔註80〕。

日人本間久雄亦言：

　　　　就事實上看來，偉大的作品，優秀的作品，深刻的作
　　　品，其作者總常常是偉大優秀深刻的。其反面也是如此。

〔註79〕徐增《而庵詩話》，頁5a，收入《清詩話》二。
〔註80〕兩段引文，分見朱光潛《談文學》頁17、頁129。

決沒有偉大優秀深刻的作品而作者的人却是委瑣、卑俗、淺薄的〔註81〕。

至於西方從柏拉圖開始，即肯定詩品與人品之關係。柏拉圖於《理想國》卷三，欲將不當之詩人逐出理想國，要求青年「要想在人生裏盡責」，便「應把……優雅永遠當做目標」之際，言：「風格的美、諧調、優雅和節奏良好都出自善良之品格」，以「醜惡與不諧之律動，幾與惡文字、怪脾氣有關，猶之於優雅諧調跟善性道德份屬姐妹，彼此神貌相似一樣。」〔註82〕朗展納斯（Longinus）論雄偉時亦以爲，欲達雄偉，須具備五種條件，而最重要之二種即與人品有關：高貴之思想或心胸，及熾熱之感情。此外，十七世紀之勃頓（Robert Burton, 1577～1640）亦言：「一點不假：我們的風格洩我們的底」（It is most true, stylus virum arguit, --our style bewrays us.）。柴特非伯爵（Lord Chesterfield, 1694～1773）言「風格是思想的外衣」（Style is the dress of thought.）。十九世紀之叔本華（Arthur Schopenhauer, 1788～1860）則言「風格是靈魂的外貌。」（Style is the physiognomy of the soul.）除柏、朗二氏之外，勃頓、柴特菲和叔本華，分屬三紀二國，所思所言一致，即：語言是作者在無意間之內心畫圖。其非同於我國之「言爲心聲」〔註83〕？

由上可見古今中外贊成人格與風格一致者，可謂浩蕩壯觀。

（三）

另外尚有一派對人格與風格探取折衷性之意見。如都穆《南濠詩話》云：

> 揚子雲曰：「言，心聲也；書，心畫也。」蓋謂觀言與書，可以知人之邪正也。然世之偏人曲士，其言其書，未

〔註81〕　本間久雄《文學概論》，頁61。

〔註82〕　見侯健〈詩品與人品講評〉，《中外文學》，第十四卷第十二期，頁16。

〔註83〕　同前註。

必皆偏曲。則言與書，又似不足以觀人者。元遺山詩云：「心畫心聲總失眞……。」有識者之論固如此〔註84〕。

陳廷焯《白雨齋詞話》云：

> 詩詞原可觀人品，而亦不盡然。詩中之謝靈運、楊武人，人品皆不足取，而詩品甚高。……蔣竹山，至元大德間臧陸輦交薦其才，卒不肯起。詞不必足法，人品却高絕。馮正中蝶戀花四章，忠愛纏綿，已臻極頂，然其人亦殊無足取，……詩詞不盡能定人品，信矣（卷五）。

錢鍾書於《談藝錄・文如其人》條以爲，從所言之物未必得見其爲人，而作品詞氣却足以見出作者個性。顏元叔〈文格與人格〉一文以爲，抒情作家將文學看作自己情思之表達工具，而戲劇作家則不徒事表達自我情思，前一類作家之人格與文格關係較密切，後一類則較疏遠。此二說亦是徘徊在定與不定之間。

（四）

以上三派各言之成理、持之有故。由是可見此一問題之複雜性。至於形成文非其人之因，有以下數家詳加探究。

顧亭林《日知錄・卷二十一・文辭欺人》條：

> 末世人情彌巧，文而不愿，故有朝賦采薇之篇，而夕赴僞廷之舉者。

亭林以爲作品之所以不能反映作者人格，其因在於後人善於機巧、大言不慚。言下之意，暗點昔時人情樸實，所言皆足以見其爲人。實則春秋末年，孔子已有「有言者不必有德」之感，作品不能見出人品，誠古今一存在之現象。朱光潛《談文學》言：

> 古今儘管有人品很卑鄙而文藝却很優越的，究竟是佔少數，我們可以用心理學上的「雙重人格」去解釋。在甲重人格（日常的）中一個人儘管不矜細行，在乙重人格（文

〔註84〕都穆《南濠詩話》，頁 10b，收入《續歷代詩話》五。

藝的）中他却謹嚴眞誠。這種雙重人格究竟是一種變態，

如論常例，文品表現人品是千眞萬確的事實〔註85〕。

顏元叔更詳加解說：

> 作家之作爲一個普通人，與作家之作爲一個創作人，
> 應該看成兩個人或兩個人格。作家作爲一個普通人，生活
> 在普通的世界裏，所需要的一套爲人處世的方法，和他的
> 創作活動沒有什麼關係。……（而）作家在創作之際，根
> 本是超凡入聖，擺脫了日常的人格，進入最理想的人格之
> 中，也就是說，作爲一個創作人的時候，他的所知所感都
> 以最高的眞善美爲尺度；他的創作人格最是磅礴，他的創
> 作靈魂最是博大，可以容納聖賢，亦可以容納不肖，而總
> 是以最高的良能良知，作爲處理創作的準則，人不受任何
> 日常考慮或關懷的影響。……我們不得不在創作人與普通
> 人之間，劃一條界限，……兩者間無必然關連。有關連，
> 那只是偶然；無關連，應視爲規範〔註86〕。

顏先生雖亦使用雙重人格以解釋文格非人格，然而却一反朱先生「人
品與文品」不符「究竟是佔少數」之看法，以爲文格與人格不一致
方爲正規，而一致則屬偶然。顏先生並舉莎士比亞、貝多芬、曼殊
菲爾、湯瑪士、史帝汶士諸人以爲例，以爲彼輩皆是「不徒事表達
自我情思」之「戲劇作家」；至於表達自我情思之「抒情作家」，有
勞倫斯、惠特懷、蕭伯納等——前者爲多數之必然，後者爲少數之
偶然。至於顏氏雙重人格之看法，適與梁・簡文帝〈誡當陽公大心
書〉一文相應。

丁履譔於《葉燮的人格與風格》一文，進而將此雙重人格名之爲
「生活中的經驗人格與表現能力的藝術人格」〔註87〕。

錢鍾書則以爲作品與作者不相應，一則在於飾僞，再則雖「言出

〔註85〕同註57，頁18。
〔註86〕同註21，頁11～12。
〔註87〕同註23，頁14。

於至誠，而行牽於流俗。蓬隨風轉，沙與泥黑；執筆尚有夜氣，臨事
遂失初心。不由衷者，豈惟言哉，行亦有之。安知此必眞而彼必僞乎。
見於文者，往往爲與我周旋之我；見於行事者，往往爲隨眾俯仰之我，
皆眞我也……無所謂此眞彼僞」〔註88〕，亦相當於顏氏所謂之「雙重
人格」。

詹鍈《文心雕龍的風格學》討論作者與作品的統一性：

> 在「爲情而造文」的時候，作家的個性和作品的風格
> 才是統一的；假如「爲文而造情」，那就可能有「志深軒冕，
> 而泛咏皋壤；心纏幾務，而虛述人外」。……這種「爲文而
> 造情」的現象之所以產生，主要是由於文人道德品行的低
> 下。劉勰在〈程器篇〉裏就舉出文人無行的大量事實〔註89〕。

進而提出一己之見：

> 作家的風格和他的個性總的來看是統一的，但是具體
> 到某一部分或某一篇作品來看，這種關係就不能說是完全
> 一致，而只能如劉勰所說是「才氣之大略」。因爲一個作家
> 的全部作品往往具有多樣化的風格，某一部分作品所以會
> 發生和作家個性不統一甚至相反的現象，那就要就具體問
> 題具體分析。它一方面可能受作家的身份地位和政治態度
> 的影響，一方面可能受文體風格的影響，同時也可能受時
> 代風格的影響。……另外，一個人的個性是發展的，一個
> 作家的思想面貌發生了變化，他的個性必然跟著變化，他
> 的作品的風格也必然是「屢遷」的……〔註90〕。

詹氏所言「爲情造文」相當於顏元叔所稱之「抒情作家」，而「爲文
造情」則顏氏所謂之「戲劇作家」。然由於取樣不同，國情有別，詹
氏以爲「爲文而造情」之所以產生，主要由於文人道德品行之低下，
是爲畸型之發展，而顏氏却以爲「不徒事表達自我情思」之「戲劇作
家」始爲多數之必然，「創作人格」與「經驗人格」可分別觀之。詹

〔註88〕 錢鍾書《談藝錄》，頁 163～164。
〔註89〕 同註67，頁 17～18。
〔註90〕 同註67，頁 21。

氏除就一般「作家的個性和作品的風格」探討外，並具體到單一「作家的風格和他的個性」深入分析，以爲作家風格與其個性就整體言爲統一，具體到一部分或單篇作品，或因作家之身份地位、政治態度，或因文體風格、時代風格或作品風格之變化則不能完全一致。該說之圓備性；不啻澄清「文非其人」派中《青箱雜記》、〈清獻集提要〉、《蕙風詞話》等說法。

綜結上述，諸家探究「文非其人」之成因，或以爲飾僞（如顧亭林、錢鍾書、詹鍈），或從雙重人格解釋（如朱光潛、顏元叔、丁履譔、錢鍾書），或更就具體問題具體分析而提出統整之看法（詹鍈）。其間最大差異是朱光潛、詹鍈皆以爲「文如其人」是爲常例，而顏元叔則以爲「不徒事表達自我情思」之「戲劇作家」，始爲多數之必然。

（五）

由以上「文如其人」正說、反說、折衷意見及探究成因之論次，筆者以爲，就吾國詩人學詩之實況及其詩作之整體風格而言，「文如其人」誠爲常例。至若克羅齊美學說或顏元叔「不徒事表達自我情思之戲劇作家始爲多數必然」論，主要就西方詩界所提出之看法。由於國情不同，一應用於吾國，自然存在鑿枘。然而，顏氏、鍾氏、丁氏雙重人格說，或亭林、詹鍈、鍾氏飾僞說，則足以說明「文非其人」存在之現象。以下即論次筆者主張「文如其人」之原因。

1. 從我國自來對詩人素養之要求言

自從《易經・乾文言》云：「修辭立其誠。」而孔子復倡言「有德者必有言」，重視文藝與道德之結合，遂成爲爾後文人創作之目標。宋・嚴羽《滄浪詩話・詩辨》言：

> 夫學詩者，以識爲主，入門須正，立志須高。……若自生退屈，即有下劣詩魔入其肺腑之間；由立志之不高也〔註91〕。

〔註91〕嚴羽《滄浪詩話・詩辨》，見《中國歷代文論選》中，頁169。

清・徐增《而庵詩話》云：

> 欲學詩，先學道，學道則性情正，性情正則原本得〔註92〕。

清・沈德潛《說詩晬語》云：

> 有第一等襟抱，第一等學識，斯有第一等眞詩（卷上）。

清・薛雪《一瓢詩話》言：

> 柳公權云：心正則筆正，要知心正則無不正。學詩者
> 尤爲喫緊，蓋詩以道性情，感發所至，心若不正，豈可含
> 毫覓句〔註93〕？

所謂「學愼始習」、「功在初化」，吾國詩人學詩素來重視培養眞摯性情、寬闊胸襟及恢弘識見更甚於調平仄、練聲律。由於情性眞、胸襟闊、器識弘，發而爲詩，心正筆正，故能成就第一等眞詩。此等教誨，詩人童而習之，長而守之，是以作品與作者「表裏必符」（《文心雕龍・體性篇》），而朱光潛所說之「如論常例，文品表現人品是千眞萬確的事實。」〔註94〕即淵源吾國學詩、作詩之傳統要求。

2. 從詩人整體風格言

前引詹鍈《文心雕龍的風格學》曾提到，部分或單篇作品之所以與作者個性不統一甚至相反，或即導源於作者身份地位、政治態度、文體風格、時代風格或作品風格變遷之影響。然則，吾人仍可就作者生平、各類文體、時代風格與作家各期作品之探索而獲知「不統一」之底蘊。惟獨作者內藏心理與外顯行爲不一致時，只得就其整體風格以論作家風格、作者人格，對於少數與個性不統一之作品，則視作逸出常軌之偶然。

古今駁斥「文如其人」者，往往引元好問〈論詩絕句〉三十首之六對潘岳〈閑居賦〉之批評以自重。其實，就潘詩整體風格言，謝混稱之「爛若舒錦」（鍾嶸《詩品》卷上），李充譽之爲「猶翔禽之羽毛，

〔註92〕 同註79，頁3a。
〔註93〕 同註76，頁3a。
〔註94〕 同註57。

衣被之綃縠」（同前）皆表示其詩風穠麗。葉師慶炳亦提到「其集中除詩、賦外，什九爲誄、哀辭及碑文。後者（案：指誄、哀辭及碑文）之對象或爲君主貴族，或爲王公大臣。」（《中國文學史》上）由此可見潘岳乃夤緣附勢之徒，絕非知足自得之流。筆者復尋繹《晉書》本傳，其中提及〈閑居賦〉之創作動機：

> 既仕宦不達，乃作閑居賦曰：「……方今俊乂在官，百工惟時，拙者可以絕意乎寵榮之事矣。太夫人在堂，有羸老之疾，尚何能違膝下色養而屑屑從斗筲之役？於是覽知足之分，庶浮雲之志，築室種樹，逍遙自得。……」（《晉書·卷五十五·潘岳傳》）

茲就心理學觀點分析之：潘岳以仕宦不達，難免心生挫敗，爲減輕因失敗挫折所生之焦慮並維護自尊起見，遂對自身暫見閑置之事實，予一「合理」解釋：「太夫人在堂，有羸老之疾，尙何能違膝下色養而屑屑從斗筲之役？於是覽知足之分，庶浮雲之志……」此乃潘氏自圓其說，雖爲好理由，卻非眞理由，斯之謂文飾可也。

再者，就《晉書》本傳：

> 其母數誚之曰：「爾當知足，而乾沒不已乎？」而岳終不能改。既仕宦不達，乃作閑居賦曰：「……太夫人在堂，有羸老之疾，尚何能違膝下色養而屑屑從斗筲之役？……」

若謂欲孝養萱堂，何其前後之矛盾？

一言以蔽之，潘岳欲瞞天過海，試圖爲自己製造正面之假象，益足以證明是輩之虛假，乃典型之小人；而「千古高情閑居賦」不足以爲潘岳詩風之代表，更不足爲推翻「文如其人」之憑證。

3. 克羅齊派美學觀之缺陷

西方克羅齊派美學家從美感經驗之分析，證明藝術和道德乃兩種不同之活動。道德爲實用，起於意志；藝術則爲超實用，出於直覺。克羅齊於〈美學綱要〉言：

> 藝術不是意志活動所產生。造成好人的善良意志，不能造成一個藝術家。它既然不是意志活動所產生的，就與

道德上的分別無關。〔註95〕

至於克羅齊派所謂藝術之活動，即以為文藝全是心靈活動，創造即表現，亦即直覺。心裏想出一具體境界，情趣與意象交融，情趣即已表現於彼意象，而此時作品即告完成。至於將心裏已想好之作品寫於紙上，並非表現，而是傳達或記錄。表現（即創造）全於心裏成就，記錄則屬物理事實，與藝術無關〔註96〕。

試問，無論具體境界、情趣、意象，若不寫成文字，則始終是飄游於心靈之浮光掠影，如何可名之為藝術？為創作？而一旦涉及語文傳達時，選擇題材、體裁，或遣詞鍊字或安排思想方式等，皆非直覺活動，而屬於意識範疇。王師熙元嘗分析造成克羅齊美學派學說錯誤之因，曰：

> 因為在發生美感經驗的片刻直覺中，文藝與道德並無直接關係，所以便以為在整個的藝術活動中也是與道德無關的。……他們沒有追究到美感的背後，還有意識的根源，如果知道美感是基於意識的話，它的道德性就會顯露出來。

又曰：

> 我們研究美感的產生，能不顧他的前因後果嗎？而且美感經驗不能包括藝術活動的全體，把美感放在孤立的小圈子裏，則藝術與人生完全脫節，形式派美學家的根本錯誤就在忽略了這些問題。〔註97〕

此論洵為的當！

顏元叔於〈文格與人格〉以為普通人與創作人無關連才是規範，有關連只是偶然，前者稱之為戲劇作家，後者稱之為抒情作家，並舉西方八位文學家以證成其說〔註98〕，此種看法，顯然不適於我國。吾國詩歌向以抒情詩為大宗，無論「詩緣情」抑或「詩言志」，皆重在

〔註95〕引自王師熙元〈文學與道德的關係〉，見《文學心路》，頁 130～131。
〔註96〕同註 57，頁 69～70。
〔註97〕同註 95，頁 132～133。
〔註98〕同註 21，頁 12。

表達自我之情思。故衡諸吾國詩界之實況，當一反顏氏說詞，曰：「創作人與普通人有關連應視爲規範，無關連，那只是偶然。」

雖然，「文非其人」之例，史不乏書。然而國人自始深信：偉大作品是偉大心靈之反映，而道德高尚、人格完整之作家，其地位自然崇高，其作品亦自受人尊崇。徵諸我國三大詩人──屈原、李白、杜甫，豈不如是！蓋「作品是人性的反映，也是作者人格的反映。一部眞正的文學作品，是作者交織了情感的眞、人性的善與意象的美所構成。這樣的作品，才能煥發出人性的光輝，顯出眞善美的最高藝術境界。」（王師熙元語）〔註99〕

從以上三點論述可見，人格與風格之一致性當無疑義。理論確立，是爲實際研究亭林其人其詩之原動力。據初步研究，無論亭林人格及其詩歌風格指作者人格與作品所言之物，抑作者人格與作品格調，皆爲統一。如亭林以儒學閎其中，以華夏思想礪其節，以愛國情操持其志，發而爲詩歌，吞吐民族之情、國家之愛，其作品風格則爲典雅莊重，爲沈雄悲壯，一與其人其時有關。又，亭林堅持民族氣節，誓爲明朝遺民，貫徹始終，未嘗或懈，徵諸傳記資料暨詩文皆然。其骨髓、其精神，卓然高標，堪與日月爭輝。因此本研究之次章，即以作者、作品雙線進行，以傳記資料爲主而輔以詩歌，藉以昭示亭林「表裏必符」之精神。

人格與風格統一觀之建立，誠爲本研究之基石。是以筆者不殫繁瑣，爬梳董理歷來人格與風格說之辯證，並就吾國詩學傳統、詩人整體風格及亭林其人其詩，以確立「人格與風格之一致性」，是爲爾後各章節之導燈也。

第三章　鎔鑄亭林人格世界之要素

　　鎔鑄人格之要素，不外乎「才氣學習」。「才氣」乃得自先天之遺傳與稟賦，「學習」則包括個人之努力，及其所涵泳之家風和文化傳統，所歷經之時代環境，所信仰之思想，所來往之友朋，經此摩盪激發而鑄成一立體之人格世界。是以由人格之雛型乃至發展成熟言，「才氣」如璞如質，須加之以琢磨文飾，而此一琢磨文飾之工夫則有待「學習」也。

　　於昔日農業社會之家族制度下，個人之生養教化全出於家族。家族不僅是血脈之所繫，亦爲涵養人格之最初環境。個人既秉承血親之遺傳，復感受家風之陶染，其人格於焉形成。故先述亭林之宗系家風。

　　先天之才氣及後天之思想信仰，分析起來雖屬抽象而不易掌握，然而個人之性格、思想、作風和精神不外從言行顯露。「言」包括語言文字，如亭林之學說主張及對史事、人物之看法等；「行」則指亭林之出處進退、辭受取與之態度和作爲等。至於運用之文獻有《日知錄》、《亭林文集》、《餘集》、《詩集》、《佚文輯補》和《蔣山傭殘稿》（以上爲亭林自著，乃第一手資料）；年譜、方志、神道表、《碑傳集》、《同志贈言》、《清朝耆獻類徵初編》、《清朝先正事略》、《啓禎遺詩詩人小傳》等等（以上爲時人或後人有關亭林之記載，乃第二手資料）。

　　茲論述顧氏之宗系家風如下：

顧氏世爲江東四姓之一。亭林《顧氏譜系考》云：

> 余家本出吳郡，五代之際或徙于滁。宋南渡時，諱慶
> 者自滁遷海門縣之姚劉沙。慶次子伯善又徙崑山縣之二十
> 四保，地名花蒲。自諱慶而下世系可考〔註1〕。

車守謙《年譜》云：

> 自慶而下十一世，至封刑科給事中諱鑑，再徙崑山縣
> 城南二十四里泖川鄉千墩鎮，是爲先生五世祖。鑑生正德
> 丁丑進士刑科給事中濟。濟生嘉靖癸丑進士兵部右侍郎章
> 志。章志生萬歷丁丑進士左春坊、左贊善紹芳，國子生紹
> 芾。紹芳生萬曆乙卯戊午副貢同應〔註2〕。

張穆《年譜》云：

> （同應）娶何氏，生子五，先生其仲也。紹芾生同吉，
> 早卒，聘王氏，未婚守節，撫先生爲嗣。（卷一）

《崑新兩縣續修合志・二》：「紹芳子同德、同應。」（卷二十四・列
傳三）「（顧同應）子五：綑、絳、紓、纘、繩。」（卷二十六，卓行）
此外，章志尚有一季子紹芬（《啓禎傳・顧紹芬小傳》），紹芳尚有一
長子同德（《崑新兩縣續修合志・卷二十四列傳三・顧同德傳》）。茲
依前述資料復參酌《顧氏譜系考・本宗世系表》〔註3〕，重擬顧氏譜
系簡表於后：

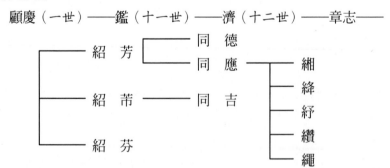

〔註1〕 《顧氏譜系考》，頁6，收入《顧亭林遺書十種》。
〔註2〕 見車守謙、吳映奎輯，錢邦彥校補，《顧亭林先生年譜》，頁1。
〔註3〕 同註1，頁6～8。

顧氏自顧鑑以下累代仕宦，故史傳略有稱述。有關顧濟之記載有：

上疏多切直。（《啓禎傳・顧同應小傳》）〔註4〕

濟……嘉惠鄉士，有長者風。（《崑新兩縣續修合志・卷二十三・列傳二・本傳》）

孝事二親、敦行古誼。（同上）

顧氏言詩者，自給事公。當正嘉間，獨爲雄博深厚之作。（《啓禎傳・顧紹芾小傳》）

前二條言其治績，次敘德行，末則稱其擅長詩歌。迨顧章志，書傳稱渠：

清介之操，雖一錢不取諸官，而性獨嗜書，往往出俸購之。（《文集・卷二・鈔書自序》）

陞湖廣副使，治辰沅，母年八十矣，奉以行，及九江，風濤大作，竊自歎奉母涉畏途，大非人子所宜，乃密疏乞歸養。（《明朝分省人物考・卷二十四・南直十四・本傳》）

官至南京兵部右侍郎，以船甲事都人立祠祀之。（《啓禎傳・本傳》）

疏船甲事得請，爲南京百年之利，有祠在朝天宮。（《金陵雜詩》之五「亭林自注」）

是役也，事涉中貴，人無敢犯者，獨毅然不少避忌。（《明朝分省人物考・卷二十四・南直十四・本傳》）

概敘其個性剛毅，操守清廉，孝事萱堂，居位有爲，造福百姓。

又本生祖顧紹芳，書傳稱渠：「以古學自勵，好讀先秦兩漢司馬書。」「與其父章志汎覽古今，商榷當世之務，思有所建白。」「性廉介好義，嘗立義學以教族人。生平不妄交，獨與同里張棟相親善。」「事繼母至孝，繼母生二子紹芾、紹芬，……皆弟畜而師教之，始終愛護無間。」（《崑新兩縣續修合志・卷二十四・列傳三・本傳》）「爲詩清逸雋永。」（《啓禎傳・顧同應小傳》）「工於五律，不露新穎，矜鍊以出之，頗有近於孟襄陽、高蘇門者。」（朱彝尊《靜志居詩話》）

〔註4〕並參見《崑新兩縣續修合志二・卷二十三・列傳二》，頁382。

則述其個性廉介矜重、仁義孝友、嗜古學、通世務，詩風清逸雋永。

至於嗣祖顧紹芾，有論其才行者：

> 天才駿發，下筆數千言……負氣伉爽，不肯少狗俗流，以是多不合於世。（《啓禎傳·本傳》）

> 尤注重節義之行，輒舉之以勵末俗。（《崑新兩縣續修合志·卷三十·文苑一·本傳》）

> 陳公（祖苞）爲縣鋤強擊奸，爲邑之豪紳排訐以去，先生獨走羣下，抵諸公直其事，邑人譁然齮先生，幾殆。諸公聞之，益知先生立名義，不漫爲然諾。（《啓禎傳·本傳》）

有言其治學者：

> 少壯時，父兄方貴顯，紹芾約身苦志，力學不怠，中年後益務講求經世之學。（《崑新兩縣續修合志·卷三十·文苑一·本傳》）

> 貫穿左氏、史記，出入子史，旁通金丹、釋氏之學。……讀史漢及通鑑，皆標記其地形，兵法及有一策可用者，表而出之，東陲事興，先生居家，與故人籌畫邊計，多中。（《啓禎傳·本傳》）

> 年七十餘矣，足不出戶，然猶日夜念廟堂不置。（《餘集·三朝紀事關文序》）

有言其閱歷見識者：

> 自小從侍郎之官，足跡半天下，復能通曉國家典章。（《啓禎傳·本傳》）

> 臣祖生於饒州官舍，隨臣曾祖之官廣西、山東、南京，一切典故悉諳，而當日門戶與攻門戶之人，兩黨之魁皆與之游。（《餘集·三朝紀事關文序》）

至於論其詩文：

> 其詩豪宕深穩，不入時人蹊徑，七言歌行駸駸太白，其文亦磊落可誦，……神格獨出，古體長篇，復在二公上（案：指顧濟、顧紹芳）。（《啓禎傳·本傳》）

自亭林幼年起，嗣祖紹芾即誨之：「士當求實學，凡天文、地理、兵

農、水土及一代典章之故，不可不熟究。」(《餘集・三朝紀事闕文序》)
督責亭林讀古兵家《孫子》、《吳子》、《左傳》、《國語》、《戰國策》、《史
記》、《資治通鑑》、《邸報》等（同上），並誡渠「不可盜取前人之書
以爲己作。」(《文集・卷二・鈔書自序》)凡斯教導，不僅爲亭林奠
下深厚之學問根柢，同時亦成爲亭林日後治學之矩範。

　　亭林尚有一從叔祖顧紹芬，據《啓禎傳・本傳》之描述，其個性、
治學如下：

　　　　性孝友，重然諾，篤學力行，里中稱長者。……好行
　　　義，……平生揚善隱惡。

亭林本生祖紹芳生三子，長曰同德：

　　　　性和易孝友，……當得廕，固讓同應。(《崑新兩縣續修
　　合志・卷二十四・列傳三・顧紹芳》)

次曰同應，即亭林本生父。一般傳記，或言其個性：

　　　　內行淳備……動止有法，與人交，重然諾，敦行義。(《啓
　　禎傳・本傳》)

　　　　王平仲謂先生天性仁厚剴切。(同上)

　　　　性濶達，家雖貧，好施與。(《蘇州府志・卷九十四・人物
　　二十一・本傳》)

或言其治學：

　　　　清修篤學，負東南重望。(《憺園集・卷三十三・先姚顧太
　　夫人行述》)

　　　　長而敏穎好學，精舉子業。(《蘇州府志・卷九十四・人物
　　二十一・本傳》)

或言其詩風詩旨：

　　　　王平仲謂……其詩辭澹意遠，有白雲自出，山泉泠然
　　　之致，其旨根於忠孝，有三百篇遺音。(《啓禎傳・本傳》)

而生母何氏，個性謹嚴，「嘗竟日不言，獨愛讀書，與予外孫輩誦述
經史，即釃然色喜。」(《憺園集・卷二十四・舅母朱太孺人壽序》)
「淹洽書史，爲女士師。」(同前書卷三十三〈先姚顧太夫人行述〉)

　　嗣父顧同吉爲紹芾所出，早卒，《啓禎傳》稱：「其人亦好學多聞。」
（《啓禎傳・顧紹芾小傳》）

　　生父同應有五子，長曰緗，仲即亭林，次曰紓，次曰纘，季曰繩。
書傳稱緗：

> 天才雋逸，爲古樂府，下筆便成風骨，踔屬不減古
> 人。……自負其才，每談兵餉、農田、水利事，忼衡扼腕，
> 幾欲空其儕輩。（《啓禎傳・顧同應小傳》附）

> 貧勝其父，而好義似之。天才俊逸，世傳其兩京賦埒
> 平子，時務策比長沙，……年未四十卒。（《崑新兩縣續修合志・
> 卷二十六・卓行・顧同應傳》附）

稱顧紓：

> 少負經濟才，明亡後絕意仕進……秉性耿介。（同前書
> 卷三十二〈隱逸〉）

稱顧纘：

> 爲人負氣尚節，不苟於義。（《淞南志》）〔註5〕

至若徐乾學母氏，乃亭林女弟，據乾學描述：「性無他好，治家之暇，
惟以讀書覽古、聞善言、見善事爲愉快。」（《憺園集・卷三十三・先
姚顧太夫人行述》）

　　亭林亦自道：

> 炎武之先家海上，世爲儒，……炎武之先人皆通經學
> 古，亦往往爲詩文。（《文集・卷二・鈔書自序》）

　　綜上所述顧氏宗系家風，可歸納得幾項特性：

1. 個性剛直　　　　　　2. 操守狷潔
3. 講求信義　　　　　　4. 篤行孝友
5. 嗜好讀書　　　　　　6. 善爲詩文
7. 通經學古　　　　　　8. 經世致用

至若亭林嗣母王氏，其身教、言教，於亭林人格尤有重大影響。

　　王氏，崑山人，太僕卿王宇之孫女，諸生王述之女，許聘侍郎顧

〔註5〕錢邦彥《校補亭林年譜》，頁6引。

章志之孫、太學生顧紹芾之子同吉爲妻。同吉未婚卒，王氏年十七〔註6〕，歸顧氏守節，年二十九，撫夫兄同應子亭林爲嗣。居別室中，晝則紡織，夜觀書至二更乃息。次日平明起，節縱問安以爲常。尤好觀《史記》、《通鑑》及明朝政紀諸書。姑嘗病，服侍湯藥，晝夜不息，及病劇，王氏乃斷指療姑。有廢田五十畝，歲所入，悉以散之三族，無私蓄，董家事，大小皆有法。崇禎甲戌，巡按御史祁彪佳旌表其門，又三年丙子，巡按御史王一鶚奏旌其門，曰貞孝，下禮部，上天子，制曰可〔註7〕。

王氏非常重視亭林之教育，「六歲，於閨中授之大學。」（《餘集・三朝紀事闕文序》）「於劉文成、方忠烈、于忠肅諸人事，自炎武十數歲時即舉以教。」（《餘集・先妣王碩人行狀》）「讀至王蠋忠臣烈女之言，未嘗不三復也。」（同上）朱熹《大學章句・序》云：「大學之書，古之大學所以教人之法也。」可見王氏教授亭林者，非記問之學也，乃爲人處世之道、忠孝節義之事。

甲申國難，思宗自縊，福王繼立於南都，年號弘光，不一年亦告崩解。當清兵據金陵，陷崑山、常熟時，王氏聞之，遂絕粒十有五日而卒〔註8〕，遺命亭林曰：

> 我雖婦人，身受國恩，與國俱亡，義也。汝無爲異國臣子，無負世世國恩，無忘先祖遺訓，則吾可以瞑於地下。

（《餘集・先妣王碩人行狀》）

〔註6〕《餘集・先妣王碩人行狀》云：「先妣姓王氏……年十七而吾父亡，歸於我。」徐鼒《小腆紀傳・卷六十・列傳五十三・列女》：「氏十六歸顧氏守節。」徐松《亭林年譜》：「貞孝之歸顧，當在萬曆二十九年辛丑，其年貞孝十六歲。」《餘集》爲亭林自著，今從之。

〔註7〕見《餘集・先妣王碩人行狀》。此外《小腆紀傳・列傳五十三・列女》：「崇禎甲戌，巡按御史祁彪佳表其門曰『貞孝』。丙子，朝命旌表。」與《餘集》略有出入，今從《餘集》。

〔註8〕關於王氏絕食幾日乃卒，眾說紛紜。或說十五日，如《餘集・先妣王碩人行狀》；或說十七日，如《小腆紀傳》，頁683；或說二十七日，如梁啓超《中國近三百年學術史》，頁53；或說三十日，如張穆《年譜》卷一，頁18。今從《餘集》。

國變家難，刻骨銘心，斯可忘而孰不可忘？亭林曾稱道母氏：「柏舟之節紀於詩，首陽之仁載於傳，合是二者而爲一人，有諸乎？於古未之聞也，而吾母實蹈之。」（《餘集·先妣王碩人行狀》）又與故舊、門生、清臣往來書札中，輒提及母氏事蹟並自表心跡：

> 先妣當年大節，炤耀三吳，讀行狀之文，有爲之下泣者，老弟亦已見之矣。他人可出而不孝必不可出，老弟其未之思耶？（《蔣山傭殘稿·卷二·答李子德》）

> 鄙人情事與他人不同。先妣以三吳奇節，蒙恩旌表，一聞國難，不食而終，臨沒丁寧，有無仕異朝之訓。辛亥之夏，孝感特柬相招，欲吾佐之修史，我答以果有此命，非死則逃。原一在坐與聞……耿耿此心，終始不變！（《文集·卷四·答次耕書》）〔註9〕

> 執事同里人也，一生懷抱，敢不直陳之左右。先妣未嫁過門，養姑抱嗣，爲吳中第一奇節，蒙朝廷旌表。國亡絕粒，以女子而蹈首陽之烈。臨終遺命，有『無仕異代』之言，載於誌狀，故人人可出而炎武必不可出矣。（同前書卷三〈與葉訒菴書〉）〔註10〕

此外，與蘇易公、陳介眉書札中亦屢屢言及此事〔註11〕。終亭林一生，以明遺民自任，其人格之崇高偉大，不得不歸功於王氏之教化也。

第一節　才　氣

才氣乃與生俱來之天賦稟性。或得於遺傳，或得於天賦〔註12〕，如躁靜、強弱、剛柔、理性或感性等等皆因人而殊，人格亦因之而有別。平居無事之時，容或掩飾本性以欺人耳目，然而一旦面臨危急存

〔註 9〕 參見《蔣山傭殘稿·卷三·答潘次耕》。
〔註10〕 參見《文集·卷三·與史館諸君書》。
〔註11〕 詳見《蔣山傭殘稿·卷二·與蘇易公》；卷三〈與陳介眉〉。
〔註12〕 《詩經·大雅文王之什·卷十六之三·思齊》疏：「聖人稟性自天，不由於母。」即說明人格有非遺傳所能解釋者。

亡之秋、利祿出處之間，鮮有不流露本性者。夷考與亭林有關之書傳詩文，略可鉤稽出亭林之先天才氣有以下數端：一曰耿介，二曰剛棱，三曰理智，四曰篤實，五曰俠義。

一、耿　介

　　亭林嘗自云：「終懷耿介心，不踐脂韋徑。」（《詩集·卷三·謁夷齊廟》）先生去世之後，李因篤嘗作〈哭顧亭林先生一百韻〉詩曰：「耿介標孤性」，頗能切中其性格。爾後為亭林作神道表、傳記諸學者，均提及此點。如全祖望〈顧亭林先生神道表〉云：「少落落有大志，不與人苟同，耿介絕俗。」（《鮚埼亭集》卷十一）《清史稿·儒林傳》云：「耿介絕俗，不與人苟同。」（卷四百八十一·列傳二百六十八）劉紹攽、石韞玉亦然此說〔註13〕。由此可見，亭林具耿介性格，其行止往往「孤」、「絕俗」、「不與人苟同」。

　　《日知錄·卷十七·耿介》條，嘗申明耿介義曰：

　　　　讀屈子離騷之篇，乃知堯舜所以行出乎人者，以其耿
　　　　介。同乎流俗，合乎污世，則不可與入堯舜之道矣。非禮
　　　　勿視，非禮勿聽，非禮勿言，非禮勿動，是則謂之耿介，
　　　　反是謂之昌披。

是以所謂「耿介」者，即恪守正道而行，如有不合禮者，絕不與之苟同。

　　亭林與歸莊生同里、長同學，出處患難，同時同志，個性亦相去無幾。《文集·卷五·吳同初行狀》云：

　　　　自余所見，二、三十年來號為文人者，無不以浮名苟
　　　　得為務。而余與同邑歸生獨喜為古文辭，砥行立節，落落
　　　　不苟於世。

即自言不願隨波逐流，阿附世俗。亭林自順治十四年北遊，行跡遍天下，所至未嘗求人：

〔註13〕見李桓輯《清朝耆獻類徵初編》，卷四百，儒行六，頁25a；頁27a。

　　　　炎武之遊四方，十有八年，未嘗干人。(《文集‧卷二‧
　　鈔書自序》)

　　　　出游一紀，一生氣骨幸未至潦倒隨人。(《蔣山傭殘稿‧
　　卷二‧答人書》)〔註14〕

以「求人則喪己」(《文集‧卷四‧與李中孚書》)，故寧可自奉儉約
〔註15〕，亦不願仰給於人。

　　康熙二年，湖州莊廷鑨史獄作，潘檉章、吳炎等七十人遇難。亭
林回憶昔日「莊氏作書時，屬客延予一至其家，予薄其人不學，竟去，
以是不列名，獲免於難。」(《文集‧卷五‧書吳潘二子事》) 因遇事
矜重，狷潔自守，不願沽名釣譽，而免受鈎連。

　　康熙十七年，先生在關中，張雲翼廷尉承父命欲聘之蘭州〔註16〕，
潼商道胡狷庵亦欲聘之署，併辭不往。其中原委，由先生〈與友人辭
往教書〉可覘知一、二：

　　　　若欲往三、四十里之外，而赴張兄之請，則事體迥然不
　　同。必如執事所云：有實心向學之機，多則數人，少則三四
　　人，立為課程，兩三日一會，質疑問難，冀得造就成材，以
　　續斯文之統，即不能盡依白鹿之規，而其遺意須存一二，恐
　　其未必辦此，則徒鋪啜也，豈君子之所為哉！一身去就，係
　　四方觀瞻，尒可不慎！廣文孫君與弟有舊，同張兄來此，劇
　　論半日，當亦知弟為磁磁踽踽之人矣。(《文集》卷六)

講學設教，造就英才，本是好事。然若實際條件不允，以致素餐，則
非守正君子之願為也，以是不惜為堅持原則而劇論半日。再者，亭林
不願設帳授徒，是有見於東林黨人之朋比賈禍：

　　　　至鄙人僑居之計，且為後圖，而其在此，亦非敢擁子

〔註14〕參見《文集‧卷四‧與李中孚書》。
〔註15〕《詩集‧卷三‧寄弟紓及友人江南》自述目前生活：「世故多迍邅，
　　　　日歸未成計，疢如切中心，沒齒安蔬糲。」卷四〈井陘〉言旅途生
　　　　活：「乞水投孤戍，炊藜舍短亭。」皆可見其居食簡陋。
〔註16〕吳映奎《顧先生年譜》：「時張靖逆方任提督駐蘭州。」，頁44b。

厚之皋比，坐季長之絳帳。倘邀聽不察，以爲自立壇坫，
欲以奔走天下之人，則東林覆轍，目所親見，有斷斷不爲
者耳。(《蔣山傭殘稿・卷二・復張廷尉書》)〔註17〕

蓋利祿者，人之所同趨也；然而「不義而富且貴，於我如浮雲。」(《論
語・述而第七》)孔子身處春秋擾攘之世，尚且慨乎其言，矧亭林當
山河易主，風衰道否之際？標宗旨，立門戶，即可享大名；一人呼於
上，千萬人和於下，此等風雲叱咤，惟我獨尊之氣勢，誰人不欲？然
而朋比膠固，輕則立黨傾軋，重則動搖國本，乃君子所不樂觀其萌者。
亭林言「某雖學問淺陋，而胸中磊磊，絕無闒然媚世之習。」(《文集・
卷四・與人書十一》)大哉斯人！

　當徐乾學兄弟早年未遇時，亭林振其乏，至其鼎貴，累書迎先生
南歸，願以別業居之，且爲買田以養，皆始終不至。其理由爲：

　思歸尼父之轅，恐近伯鸞之竈，且天仍夢夢，世尚滔
　滔，猶吾大夫，未見君子，徘徊渭川，以畢餘年足矣。(《鮚
　埼亭集・卷十二・顧亭先生神道表》)

　山林晚暮，已成獨往之蹤，城市云爲，終是狗人之學。

(《文集・卷三・答原一公肅兩甥書》)

若此時返鄉，恐有夤緣附勢之嫌，城市紛繁，不過是狗人耳！況且舉
世滔滔，救主未出，因此徘徊渭川，欲有所待也。

　《詩集・卷五・孫徵君以孟冬葬於夏峯，時僑寓太原，不獲執紼，
適吳中有傳示同社名氏者，感觸之意，遂見乎辭》詩云：

　惟願師伯夷，寧隘毋不恭。

此二句典出《孟子・公孫丑篇》上，孟子主要以伯夷對仕宦之態度爲
例，說明一類人在政治上有所不爲，而以「隘」概括其全部人格。推
而擴之，在處世上堅持理想，不喪己，不狗人，亦是有所不爲之體現。
如前所述，亭林出游萬里，所至未嘗求人；不屑爲不學無術者所汲引；

─────────────────

〔註17〕　《文集・卷三・與友人論門人書》云：「然欲使之效矍者二三先生招
　　　　門徒，立名譽，以光顯於世，則私心有所不願也。」與〈復張廷尉
　　　　書〉大意相同。

不講學以招人耳目，皆是守正而行，有所不爲之體現。除此之外，亭林以殉道決心堅拒清廷薦徵，此種「非其君不事」之態度，顯係其自述之「隘」和「耿介」。然而就氣魄言，這股「自反而縮，雖千萬人吾往矣」──獨立不回、不憂不懼之精神，充分展現其另一人格面──剛棱。

二、剛　棱

　　亭林個性剛強，有棱有角，不肯下人。當山東黃培詩獄期間，自述：「稟性特剛方，臨難詎可改。」（《詩集·卷五·赴東之一》）清康熙十年，清廷開明史館，以「不爲介推之逃，則爲屈原之死矣。」面拒大學士熊賜履力邀明史館職。（《蔣山傭殘稿·卷二·記與孝感熊先生語》）〔註18〕康熙十七年，博學鴻詞科詔下，亭林聞同邑葉方藹及長洲韓菼爭欲以其名應，即豫令諸門人之在京者辭曰：「刀繩具在，無速我死。」（全祖望〈顧亭林先生神道表〉）並作詩剖示心跡：

　　　　嗟我性難馴，窮老彌剛棱。孤跡似鴻冥，心尚防弋矰。
　　或有金馬客，問余可共登？爲言顧彥先〔註19〕，惟辨刀與
　　繩。（《詩集·卷六·寄次耕時被薦在燕中》）

康熙十八年，大修《明史》，葉氏又欲招致亭林，亭林貽書以身殉其母氏遺命而力却之矣。（《文集·卷三·與葉訒菴書》）其義正詞嚴，不少寬假，儼然一「威武不能屈」之大丈夫。

　　遠在順治十二年，亭林三世僕陸恩欲告渠通海，亭林乃亟擒之，數其罪，投之水。僕壻復投里豪，訟之郡，懸千金之賞求殺先生，勢

〔註18〕《文集·卷四·答次耕書》言：「辛亥之夏，孝感特柬相招，欲吾佐之修史……」與《蔣山傭殘稿》略有出入，姑備一說。

〔註19〕彥先即顧榮字，詳見《晉書·卷六十八·列傳第三十八·顧榮傳》。亭林好友亦嘗比之爲顧彥先，如劉在中〈奉謝詩〉云：「彥先才譽渺無儔，忽出菰蘆作遠遊。」見《同志贈言》，頁7a；歸莊等〈奉懷寧人聯句三十二韻〉：「彥先標譽望，元歎肅儀型。」見《同志贈言》，頁8a。

甚危急。有為亭林求救於錢謙益者，謙益欲先生自稱門下而後可，其人知先生必不肯師事貳臣，復懼失謙益之援，乃自書一刺與之。亭林聞之，急索刺還，不得，揭文於通衢以自白，謙益聞之，笑曰：「寧人何其卞也。」〔註20〕事關存亡，亭林不僅不肯屈膝下人，復且批其逆鱗，幸路澤溥代懇於松江兵備使，始得全身而退。

　　亭林外甥乾學、秉義、元文皆清廷大吏，亭林至京師，或寓其邸。乾學、元文嘗延之夜飲，先生怒曰：

　　　　古人飲酒卜晝不卜夜，世間惟淫奔納賄二者皆夜行
　　之，豈有正人君子，而夜行者乎？〔註21〕

再如〈與潘次耕札〉揭露乾學座上客之嘴臉——「彼蠅營蟻附之流，駭人耳目，至於徵色發聲而拒之，乃僅得自完矣。」而告誡次耕：

　　　　世風日下，人情日諂，而彼之官彌貴，客彌多，便佞
　　者留，剛方者去，今且欲延一、二學問之士以蓋其群醜，
　　不知薰蕕不同器而藏也。(《餘集》)

言下之意，我等為剛方之士當避彼便佞之流而遠之。其出處言行，何其嚴厲也。故摯友王弘撰言亭林「行誼甚高而與人過嚴。」(《山志》)李光地亦言渠：「孤僻負氣，譏訶古今人必刺切，徑情傷物，以是吳人訾之。」(〈顧寧人小傳〉) 姑且不論李氏所言是否過情，然而亭林以剛棱致怨則是屬實。

　　亭林個性如此剛方嚴峻，故生平最厭惡唯唯諾諾，闇然媚世者流。《日知錄·卷三·夸毗》條言：

　　　　釋訓曰：夸毗體柔也。(《後漢書·崔駰傳》註，夸毗謂佞
　　人足恭，善為進退。)

夸毗者即善於逢迎進退，毫無骨鯁操守者，夸毗之徒將惡化社會風氣，甚而導致國家喪亂。故曰：

　　　　至于佞諂日熾，剛克消亡，朝多沓沓之流，士保庸庸
　　之福。苟由其道，無變其俗，必將使一國之人皆化為巧言

〔註20〕參見全祖望《鮚埼亭集·卷十二·顧亭林先生神道表》。

〔註21〕見江藩《漢學師承記·卷八·顧炎武》。

令色，孔壬而後已。然則喪亂之所從生，豈不階于夸毗之輩乎？

其為禍可謂大矣哉！故「士大夫之無恥是謂國恥！」（《日知錄・卷十七・廉恥》條）嘗曰：「嗟乎！之推不得已而仕於亂世，猶為此言，尚有小宛詩人之意，彼閹然媚於世者能無愧哉？」（同上）實諷刺變節媚清者。〈薊門送李子德歸關中〉詩云：「薊門朝士多狐鼠，舊日鬚眉化兒女。生女須教出塞妝，生男要學鮮卑語。」（《詩集》卷五）亦與前引文同一憤慨！

三、理　智

蓋情愛莫尚於夫婦之愛，其次為朋友之情，而亭林對愛情與友情皆十分理智。

明崇禎四年，亭林十九歲，元配太倉王氏來歸，未育子嗣。清順治六年，亭林三十七歲，秋至吳江，過八尺，納妾韓氏，明年，韓氏生子林元，名之曰詒穀。順治十年，亭林四十一歲，詒穀殤，更納戴氏，不育。康熙十年，遇傅青主於太原，青主診先生脈云：「尚可得子」，康熙十四年因納妾於靜樂，康熙十六年，立嗣議定，即出而嫁之。（張穆《年譜》）可見亭林納妾純為宗祧計，而無漁色之成分在。在亭林所有著作中，僅有〈悼亡〉詩五首描寫與元配之感情生活。此五首作於康熙十九年，依序是：

> 獨坐寒牕望藁砧，宜言偕老記初心。誰知游子天涯別，一任閨蕪日夜深。（之一）

> 北府曾縫戰士衣，酒漿賓從各無違。虛堂一夕琴先斷，華表千年鶴未歸。（之二）

> 廿年作客向邊陲，坐歎蘭枯柳亦衰。傳說故園荊棘長，此生能得首丘時？（之三）

> 貞姑馬鬣在江村，送汝黃泉六歲孫。地下相煩告公姥，遺民猶有一人存。（之四）

> 摩天黃鵠自常饑，但惜流光不可追。他日樂羊來舊里，

何人更與斷機絲？（之五）

首章設寫王氏獨坐寒牖，憶起昔日與亭林白頭偕老之盟，不意今日伊人卻一去不返，徒留佳人獨守空房。次章寫亭林乙酉從戎之日，王氏縫衣餉士之情，如今縫衣之佳人業已去世，而游子仍未歸來。三章收束到游子，自言飄零絕塞廿年之久，不知此生尚能老死家鄉否？四章言送葬情形，並請亡室代為轉達堅持民族氣節之心意予其公姥。末章由時光匆匆不可追尋中設問：縱使游子回鄉，還有誰會來勉勵我？五章之中，真正寫彼此情義者只有一、二、五章，寫情處抑制而不揚厲，卻流露較多之夫妻恩義，更著眼於亡妻婦德，從日常生活中突顯一傳統婦女形象。此外亭林〈酬歸莊等韭溪草堂聯句見懷二十韻〉詩有：「夢猶經冢宅，愁不到中閨。」（《詩集》卷三）自言魂夢依依母氏廬墓，卻截然不探望深閨之妻子，其感情可謂嚴肅！

其次，亭林避讐北游以後，為聯絡志士，尋求王者，奔走流離，不遑思居。廿餘年丘墓未掃，親朋未訪，小亭林二歲之堂叔顧蘭服思之甚殷，〈從叔父穆菴府君行狀〉曰：

> 叔父年老，望之彌切，貽書相責，以為一別十有八年，爾其忘我乎？（《餘集》）

摯友歸莊更再三致意：

> 顧兄之去墳墓，十餘年矣。初因避讐，勢非得已，歲月既久，怨讐已釋；且今年讐家已盡室赴任，更無所慮。……兄今欲歸，其孰禦之。獨無邱墓之思乎？此又平生故人所懇懇於懷者也。（《歸莊集‧卷五‧與顧寧人》）

> 男子生而志四方，飄蓬斷梗，何所不可，然而宗祧事重，似續無人，故劍徒存，大刀空夢，人孰無情，能不念乎！兄之仇讐，行且入都，故鄉之人，妒極生憐，前事萬不足慮，況時方多事，兄以孤身在北，一旦有變，疆域便分……楊都昌喪室人，衰年殊可憫念。昨歲杪，弟訪之，適當掘窖之時，都昌一見，未及他語，輒言寧人已有信至無恙，友誼可感也！契闊之懷，不能盡陳……。（同前〈與顧寧人書〉）

情感誠摯若斯，而亭林竟能不為所動！

　　又親友凋喪，乃人生莫大之苦痛。子夏喪子而喪明，子期死而伯牙絕絃，凡性情中人，莫不創痛鉅深！然而吳中親友去世，亭林未嘗返吳奔喪，僅於旅邸設祭致奠。如清康熙二年，亭林於汾州聞摯友吳炎、潘檉章罹湖州私史之難，乃遙祭於旅舍（張穆《年譜》卷二），作詩二首記此事（《詩集》卷四〈聞湖州史獄〉、〈汾州祭吳炎潘檉章二節士〉）。康熙十二年，聞從叔父蘭服及歸莊訃，設祭於桑家莊（張穆《年譜》卷三），作〈哭歸高士詩〉四首（《詩集》卷五）及〈從叔父穆菴府君行狀〉（《餘集》）。康熙十五年，亭林女弟林太夫人（乾學母氏）訃至，二十七日成服，越二日設奠（張穆《年譜》卷三）。康熙十九年十一月，元配王夫人卒於崑山，訃至，成服設祭，逢七，祭奠焚帛如常儀（張穆《年譜》卷四），作〈悼亡〉詩五首（《詩集》卷六）〔註22〕。

　　關於亭林之飄零絕塞，或譏其棄家室、離鄉井，乃矯枉不情；或稱其如子夏之不歸東國，乃達人之高致（《蔣山傭殘稿·卷二·與原一公肅兩甥書》）；或評之為「怪」〔註23〕。試揣測其不歸吳中，或為聯絡志士、光復故國〔註24〕，或為免於薦舉〔註25〕，或為實地勘察山

〔註22〕《蔣山傭殘稿·卷三·與王山史》：「興工者，聚資之策也，然而多口紛呶，有不欲弟與君共事者，又有貽詩沮止者，弟皆不聽。然弟將有江南之行，一去則瓦解矣，是以汲汲為之。」蓋興建朱子祠堂，事在康熙十九、二十年之交，所謂江南之行，不知即為亡室一事否？嗣後亭林染疾，故始終未能南行。
〔註23〕見《微雲堂雜記》，張穆《年譜》卷三，頁67引。全祖望〈顧亭林先生神道表〉，收在《鮚埼亭集》卷十二。
〔註24〕《文集·卷四·與三姪書》：「華陰綰轂關、河之口，雖足不出戶，而能見天下之人，聞天下之事。一旦有警，入山守險，不過十里之遙，若志在四方，則一出關門，亦有建瓴之便。」可見定居華陰有軍事上之考慮。
〔註25〕《餘集·與潘次耕札》：「但薦舉一事，得超然免於評論否？如其行取，必在元籍。」《蔣山傭殘稿·卷三·與潘次耕》：「蓋此時情事，不得不以逆旅為家，而燕中亦逆旅之一，非有所干也。」

川風土，或爲經濟上之考慮〔註26〕，或爲家墾〔註27〕，無論實情如何，「徘徊渭川，以畢餘年」，終究是亭林深思熟慮後之決定，亦惟有理智如亭林者，方能爲大義而袪私情。

四、篤　實

全祖望〈顧亭林先生神道表〉言：

> 先生雖世籍江南，顧其姿稟頗不類吳會人，以是不爲鄉里所喜，而先生亦甚厭冒屚浮華之習。（《鮚埼亭集》卷十二）

所謂「同聲相應，同氣相求」，個性篤實者自然厭惡浮誇不實之徒，亭林對里中自命爲文人之輩大不以爲然，評之爲「浮名苟得爲務」耳！對於江南風化亦頗有微詞：「江南之士輕薄奢淫」。（《日知錄‧卷十七‧南北風化之失》）因此稱美方月斯其人其詩：「在楚無楚人剽悍之氣，在吳無吳人浮靡之風；不獨詩也，其人亦然。」（《文集‧卷六‧方月斯詩草序》）是以江藩言亭林：

> 生本南人，好居北土，嘗謂人曰：性不能舟行食稻而喜餐麥跨鞍。（《漢學師承記》卷八）

劉師培言：「大抵北方之地，土厚水深，其間多尙實際」（《劉申叔先生遺書‧南北文學不同論》），亭林不喜南風，即以其性情是近於務實者。何謂「實」？《曾文正公日記》云：「實者，不說大話，不務虛名。不行駕空之事，不談過高之理，如此可以少正天下浮僞之習。」（〈問學〉庚申九月）以下分別就不務虛名，不談過高之理，不行駕空之事略加鉤勒亭林篤實之性格面。

就不務虛名言，〈與友人論父在爲母齊衰期書〉云：

> 承教以處今之時，但當著書不必講學，此去名務實之論，良獲我心。（《文集》卷三）

〈貞烈堂記〉云：

〔註26〕同註14。
〔註27〕詳見柳作梅〈顧亭林之出游索隱〉，《大陸雜誌》，第四十卷第九期，頁273～274。

古之人所以傳於其後者，不以其名而以其實，不以其天而以其人。以其名以其天者，世人之所以爲榮；以其實以其人者，君子之所脩而不敢怠也。(《文集》卷五)

皆可見亭林刊落聲華，務求質實之作風。亭林嘗言：

吾輩所恃，在自家本領足以垂之後代，不必傍人籬落，亦不屑與人爭名。(《佚文輯補‧與人札》)

即憑真才實學開展局面之謂。

就不談過高之理言，亭林講學論道強調下學上達，循序漸進。亭林〈與友人論學書〉言：

愚所謂聖人之道者如之何？曰「博學於文」，曰「行己有恥」。自一身以至於天下國家，皆學之事也；自子臣弟友以至出入、往來、辭受、取與之間，皆有恥之事也。……士而不先言恥，則爲無本之人；非好古而多聞，則爲空虛之學。以無本之人而講空虛之學，吾見其日從事於聖人而去之彌遠也。(《文集》卷三)

此書札發表後，張爾岐即覆函云：

論學書特拈「博學」、「行己」二事，真足砭好高無實之病。(《蒿菴文集‧卷一‧答顧亭林書》)

除「博學」、「行己」之外，先生「下學上達」之方﹝註28﹞，有具體內容及程序，均平易近人，切實可行。

就不行駕空之事言，亭林曾提出一套變化人心、滌蕩污俗之改造方案，強調「爲民制產」、「爲民生財」爲其先決條件：

今將盡百姓之心而改其行，必在制民之產，使之甘其食美其服，而後教化可行，風俗可善乎。(《日知錄‧卷十六‧人聚》)

治化之隆，則遺秉滯穗之利及於寡婦；恩情之薄，則纈䋺箕帚之色加於父母，故欲使民興孝興弟，莫急於生財。(《日知錄‧卷九‧未有上好仁而下不好義者也》條)

﹝註28﹞ 參見《日知錄‧卷二十‧內典》條。

並針對明代官場貪污風行追究原因及謀求對策：

> 今日貪取之風所以膠固於人心而不可去者，以俸給之
> 薄，而無以贍其家也，……祿重則吏多勉而爲廉。(《日知錄·
> 卷十六·俸祿》)

欲養成安和淳厚之社會風氣，革去貪取之風，必官吏俸祿足以養廉，
人民財用不虞匱乏，矜寡孤獨廢疾者皆有所養，而後民德歸厚，安和
社會因之形成。

　　上述治學論政之方案，皆富有實用實學之精神，所提出者均切實
可行。

五、俠　義

　　司馬遷以爲俠：

> 其行雖不軌於正義，然其言必信，其行必果，已諾必
> 誠，不愛其軀；赴士之阨困，既已存亡死生矣，而不矜其
> 能，羞伐其德。

而稱其「亦有足多者焉！」(《史記·卷一百二十四·游俠列傳》)本
文對於「俠義」之解釋近於司馬氏，然而又不盡同焉。筆者以爲，蘊
藏於亭林生命深處之「俠義」性格，非仗劍輕生、睚眦必報、放蕩不
羈之匹夫之勇，而是不惜犧牲小我，爲國家、民族、文化等公義而戰
之絕大勇毅。在異族入主、貳臣屈膝之環境與風潮中，「亭林是教人
豎起極堅強的意志抵抗惡社會」〔註29〕，別具中流砥柱之時代意義。

　　順治二年至四年，亭林始而參加王永祚軍，繼則襄贊太湖吳昜
軍，而後又參與策動清提督吳勝兆之反正。順治十二年，因叛僕陸恩
事而身繫囹圄，當時亭林有〈贈路光祿太平〉詩詩序略言始末：

> 先是，有僕陸恩服事余家三世矣。見門祚日微，叛而
> 投里豪。余持之急，乃欲告余通閩中事，余聞，數其罪，
> 沈諸水。(《詩集》卷三)

〔註29〕見梁啓超《中國近三百年學術史》，頁58。

亭林能手擒奴僕，湛諸水，想其臂力必佳。後里豪葉氏出與亭林訟，
執先生囚諸奴家，脅令自裁，先生不稍屈，其勇毅可想知也。當日獄
急，有假先生名投刺於貳臣錢謙益門下以紓禍者，先生聞之，急索刺
還，不得，揭文於通衢以自白，視名譽又過於生命也。獄解後，葉氏
憾不釋，遣刺客擊殺先生於金陵太平門外，傷首墜驢，會救得免，遂
有避讐遠遊之行。先生與友朋吟唱贈答詩中數及此事。如〈松江別張
處士慤、王處士煒暨諸友人〉一詩云：

> 郭解多從客，田儋自縛奴。事危先與手，法定必行誅。
> 義淺神人憤，歡勝里閈呼。……（《詩集》卷三）

自比爲田儋、郭解〔註30〕。同人張慤〈贈先生詩〉云：

> 逆奴叛主終無賴，何況人間馮子都〔註31〕。（《同志贈言·
> 贈蔣山傭》）

潘耒章〈贈寧人〉詩云：

> 意氣自慚河翔俠，行藏誰似下邳游。（《同志贈言》）

陳芳績〈秋日懷涂中先生〉（案：涂中乃亭林號）詩云：

> 故人蒙難去天涯，臨別淒然對落花。見說雞鳴出函谷，
> 而今誰是魯朱家〔註32〕？（同上）

黃師正〈懷寧人客燕詩〉云：

> 燕昭曾築館，祇爲報齊讎。君過金臺下，能無故國憂。
> 霸才窺景略（案：王猛字），義士訪田疇。望望龍文炯，留
> 心過冀州。（同上）

前面數首分別以「奇俠」、「河翔俠」、「下邳游」之張良及季布〔註33〕

〔註30〕 田儋、郭解分見《史記·卷九十四·田儋列傳》及卷一百二十四〈游
俠列傳〉。

〔註31〕 參見《日知錄·卷十七·奴僕》條。

〔註32〕 魯朱家者與高祖同時，魯人皆以儒教，而朱家用俠聞。陰脫季布將
軍之阸，及布尊貴，終身不見也。索隱曰：「季布爲漢所購求，朱家
以布髡鉗爲奴，載以廣柳車而出之，及尊貴而不見之，亦高介至義
之士。」詳見《史記·卷一百二十四·游俠列傳》。

〔註33〕 同前註。

譬諸亭林，凡此皆與游俠有關。最後一首期勉亭林能訪求同志，共謀恢復大業。

亭林自此仗劍去國，千山獨行，往來于齊燕秦晉之間，「足跡所至，無三月之淹。」（《文集·卷六·與潘次耕書》）其目的在實地勘察，與抗清運動有關〔註34〕。王不庵曰：

> 寧人身負沈痛，思大揭其親之志於天下，奔走流離老而無子，其幽隱莫發，數十年靡訴之哀，曾不得快然一吐。
>
> （全祖望〈顧亭林先生神道表〉引）

劍是俠士經常佩帶之物，所謂「劍在人在，劍亡人亡」一向是俠者之宗旨。然而在中國文學裏，劍却成就另一具體意義：

> 一方面它本身需經長時期的淬礪鍛鍊，是自我高度修持的一種象徵；另一方面，透過它無比的鋒芒，人世間亂麻似的問題或可迎刃而解，是自我參與社會活動，並從而引起相當影響的一種象徵。〔註35〕

亭林詩亦數度使用「劍」之意象，示淬礪修持及解決困境。如〈十九年元旦〉云：

> 驅除欲淬新硎劍，拜舞思彈舊賜冠。（《詩集》卷四）

表示經過淬礪修持之後，欲驅除胡虜，恢復中華。〈邯鄲〉詩云：

> 有策無所用，拂拭千金刀。（《詩集》卷五）

言懷才不遇，使千金劍空自沾塵，然而俠者並不因此沮喪，而益加拭劍以再度修礪。又〈擬唐人五言八韻祖豫州聞雞〉詩云：

> 風塵懷撫劍，天地一征鞍。（《詩集》卷一）

自詠在兵荒馬亂之中，騁轡獨行，欲有所爲也。

同人施諲〈懷寧人〉詩云：

> 按劍未敢鳴，悽惻道路旁。（《同志贈言》）

潘檉章〈送寧人北游詩〉云：

> 寶刀自試中宵恨，老鶴誰憐萬里心（《同志贈言》）

〔註34〕見《詩集·卷三》，〈京師作〉及〈玉田道中〉。
〔註35〕見呂興昌《李白詩研究》，頁33。

此二句原爲「自試寶刀中宵恨，誰憐老鶴萬里心」之倒裝。寶刀僅能自試，而不能爲世所用，此恨即寶刀之恨，亦是先生之恨。適如程先貞〈答亭林留別赴山右〉詩云：「匣中孤劍起寒稜」（《同志贈言》），先生才能譬若孤劍發出懾人光芒，劍刄鋒利無比，足以斬除妖孽，掃蕩群污。如此寶劍，竟棄置匣中，若先生之才華，却不得一遇。無怪乎王弘撰〈哭亭林先生詩〉云：

> 倚劍天之外，揮戈日已斜 （《同志贈言》）

亦以「劍」、「戈」譬先生之棄世與明室恢復之絕望矣。亭林易簣之時，嘗作〈酬李子德二十四韻〉詩，末二句云：

> 一從聽七發，欲起命巾車。（《詩集》卷六）

一代英雄仍有無數事業尚待完成，然而欲振乏力，終至齎志以沒，三復此詩，令人唏歔不已。

　　附此一談者，或以爲亭林乃幫會之始祖。如章太炎〈書顧亭林軼事〉云：

> 至其行跡所到，輿馬輜重煇燿道上，而終無寇盜之害。
>
> 世傳先生始創幫會規模，蓋亦實事。全紹衣謂先生外以儒
>
> 名，內有朱家劇孟之實……。（《太炎文錄續編》卷六）

清初大勢粗定，明末以來，流寇亂黨殘餘勢力尚未根除，然而亭林北游廿餘年，著述中除〈答李紫瀾〉一札提及近世山林盡爲戎藪盜區，慨乎避世之難外〔註36〕，未有任何關於響馬抄掠之記載，無怪乎世傳先生始創幫會規模。師學富《清洪述源》一書亦言：

> 經儒顧亭林，幾爲一致公認的幫會始祖。〔註37〕

全祖望〈顧亭林先生神道表〉云：

> 墾田度地，累致千金，……東西開墾，所入別貯之，
>
> 以備有事。（《鮚埼亭集》卷十二）

晚年定居華陰，以此地：

〔註36〕詳見《文集・卷三・答李紫瀾書》。
〔註37〕見師學富《清洪述源》，頁75。

　　　　縮轂關河之口，雖足不出戶，而能見天下之人，聞天
　　　下之事。一旦有警，入山守險，不過十里之遙；若志在四
　　　方，則一出關門，亦有建瓴之便。(《文集‧卷四‧與三姪書》)
俱表明渠謀國之深遠！此亦即先生「俠義」性格之具體表現。

第二節　學　習

　　學習乃後天之陶鑄，包括個人之思想信仰，學習態度，交游、經
歷，以及所生息之文化傳統、時代環境。

一、儒家之精神

　　亭林恆以儒者自居，如〈萊州〉詩云：「登臨多感慨，莫笑一窮儒。」
(《詩集》卷三) 得〈伯常中尉書卻寄並示朱烈、王太和二門人〉詩云：
「腐儒衰老豈所望，感此深情刻琬琰。」(《詩集》卷五) 而儒學亦厚
植其生命，使其精神「充實而有光輝」。梁啓超說先生不但是經師，而
且是人師 [註38]。亭林於經學，成就甚大，故是經師；其行誼足以代
表儒家傳統教養下之典型，故爲人師。先生長於一談禪說佛論道之時
代，然佛道思想始終未能浸潤其生命，留下任何痕迹 [註39]，韋政通
言：

　　　　宋明的新儒學史，大抵是順著《易傳》、《中庸》、《孟
　　　子》、《大學》而展開，亭林則跳出其中問題的糾纏，直接
　　　取資於《論語》，提出「博學於文」和「行己有恥」作爲一
　　　生爲學與做人的努力目標，這兩個口號，不代表任何特定
　　　的理路，卻足以使人格在內外兩邊取得平衡，使精神充實
　　　飽滿，頗能與儒家的原始精神相應 [註40]。

善哉韋氏之知人也！以下分就忠君愛國、大孝終身、明辨夷夏、守死
善道和經世致用各項說明亭林所呈顯之儒家精神。

────────────

〔註38〕同註29，頁55。
〔註39〕韋政通《中國思想史》，頁1335。
〔註40〕同前註，頁1336。

1. 忠君愛國

「忠」是孔子教學之德目〔註41〕。在君主集權之傳統政治體制下，國君即代表國家，忠君即是愛國。《論語》一書包涵忠君愛國之思想，如：

> 定公問君使臣、臣事君，如之何？孔子對曰：君使臣以禮，臣事君以忠。（〈八佾〉第三）
>
> 子張問政。子曰：居之無倦，行之以忠。（〈顏淵〉第十二）〔註42〕

至春秋有「為尊者諱」之義〔註43〕。

亭林一生誓為遺民，耿耿孤忠，堅貞不貳，以游為隱，以謁陵表忠悃，以微言存大義，以持躬見大節，一點丹誠，終身不渝。

就以游為隱言，先生〈與友人辭祝書〉云：

> 鄙人生丁不造，情事異人，流離四方，偷存視息。（《文集》卷三）

以流亡四方表示對清政府之消極抗議。又〈與潘次耕〉云：

> 吾弟見人不妨說吾將至都下，蓋此時情事，不得不以逆旅為家，而燕中亦逆旅之一，非有所干也。若塊處關中，必為當局所招致而受其籠絡，又豈能全其志哉！（《蔣山傭殘稿》卷三）

此一不合作態度，烘托出先生不忘故國之情懷。

就謁陵表忠悃言，亭林曾七謁孝陵、六謁思陵〔註44〕，並數度拜

〔註41〕《論語・述而第七》，「子以四教：文行忠信。」

〔註42〕另外《論語・為政第二》，探討使民敬忠以勸之方法。原文：「季康子問：使民敬忠以勸，如之何？子曰：臨之以莊則敬，孝慈則忠，舉善而教不能則勸。」

〔註43〕《公羊傳・閔公元年》：「春秋為尊者諱，為親者諱，為賢者諱。」

〔註44〕對於亭林謁陵次數，各家說法不一。或主張四謁孝陵，六謁思陵，如黃瑞枝〈論顧炎武之文學觀〉，《屏東師專學報》第三期，頁85。或主張六謁孝陵、六謁思陵，如徐鼒《小腆紀傳・卷五十三・列傳第四十六・儒林一》，頁567；李元度《清朝先正事略・卷二十七・名儒顧亭林先生事略》；江藩《漢學師承記・卷八・顧炎武》，頁132～133。或主張五謁孝陵，六謁思陵，如梁啟超《中國近三百年學術

謁天壽山諸陵，皆有詩爲記。順治十七年春再謁天壽山十三陵〔註45〕，
同年秋復南下四謁孝陵，有詩云：

> 舊識中官及老僧，相看多怪往來曾。問君何事三千里？
> 春謁長陵秋孝陵。（卷四〈重謁孝陵〉）

與守陵之中涓和僧侶，由陌生至熟稔，可見先生拜陵之頻。在三千里
廣大空間之烘托下，「春」、「秋」變成極爲短暫之時限，更轉而加強
「頻」之頻率，而先生忠於君國之心事即在一問之間汩汩流出，不言
而喻。

　　康熙元年、三年、八年、十六年謁思宗攢宮，皆作詩文誌之〔註46〕，
正如同〈贈獻陵司香貫太監宗〉所言：「蕭瑟昌平路，行來十九年。」
（卷六）眷戀故國，可謂切矣。族人顧湄及摯友程先貞皆有詩描寫亭
林謁陵事。顧湄〈寄族叔亭林先生〉詩云：

> 頭白孤臣氣拂膺，半生心事漢諸陵。蔣山圖畫昌平記，
> 旅壁僧窗黯一燈。（《同志贈言》）

　　　史》，頁 54。或主張七謁孝陵，六謁思陵，如張穆《顧亭林先生年
　　　譜》，頁 38、75。本文採張穆說法。七謁孝陵，分別在順治八年、
　　　十年（二次）、十二年、十三、十四年、十七年；六謁思陵，分別在
　　　順治十六年、十七年，康熙元年、三年、八年及十六年。

〔註45〕明十三陵者，成祖永樂長陵，仁宗洪熙獻陵，宣宗宣德景陵，英宗
　　　正統裕陵，憲宗成化茂陵，孝宗宏治泰陵，武宗正德康陵，世宗嘉
　　　靖永陵，穆宗隆慶昭陵，神宗萬曆定陵，光宗泰昌慶陵，熹宗天啓
　　　德陵，凡十二陵，合懷宗思陵爲十三也，見張穆《顧亭林年譜》卷
　　　二，頁 37。

〔註46〕攢宮，亭林〈昌平山水記〉云：「昔宋之南渡，會稽諸陵皆曰攢宮，
　　　實陵而名不以陵。春秋之法，君弒，賊不討，不書葬，實陵而名未
　　　葬。今之言陵者，名也；未葬者，實也，實未葬而名葬，臣子之義
　　　所不敢出也。故從其實而書之也。」崇禎十七年，李自成陷北京，
　　　崇禎自縊殉國，葬於昌平田貴妃墓，是年夏四月，清兵入北京，自
　　　成敗走卒至見滅，五月，清諡崇禎爲莊烈愍皇帝，陵曰思陵。以崇
　　　禎殉國，外夷未討，故曰思陵爲思宗攢宮。
　　　所作詩文參見《文集‧卷五‧謁攢宮文》四首，《詩集‧卷四‧三月
　　　十九日有事於攢宮時聞緬國之報》、〈孟秋朔旦有事於先皇帝攢宮〉，
　　　《詩集‧卷五‧三月十二日有事於先皇帝攢宮同李處士因篤》，《詩
　　　集‧卷六‧二月十日有事於先皇帝攢宮》。

程先貞〈謝亭林先生爲余序詩〉詩云：

> 周行中土三千里，痛哭先朝十四陵。(同上)

就以微言存大義言，亭林於民族爲漢，於國家爲明。非漢者夷狄，反明者寇盜。其存心只知有漢有明，而不知有滿有清。故著作中絕口不言滿不言清，更不屑道及清帝廟諡與年號，每有所指，必指明曰我朝、本朝、國朝，明太祖必曰我太祖，崇禎必曰先帝〔註47〕，一似明祚未終者然。而詩集編年則以古朝正繫年〔註48〕，大有淵明「所著文章，

〔註47〕 見《日知錄》附黃侃〈日知錄校記〉，頁967～990。

〔註48〕 《日知錄·卷二十一·古人不以甲子名歲》條云：「爾雅疏曰，甲至癸爲十日，日爲陽。寅至丑爲十二辰，辰爲陰。此二十二名古人用以紀日，不以紀歲。歲則自有閼逢至昭陽十名爲歲陽，攝提格至赤奮若十二名爲歲名。《周禮》馮簇氏：十日，十有二辰，十有二月，十有二歲之號。註，日謂從甲至癸，辰謂從子至亥，月謂從陬至荼，歲謂從攝提格至赤奮若。後人謂甲子歲、癸亥歲，非古也。自漢以前，初不假借。《史記》曆書，太初元年，年名焉逢攝提格，月名畢陬，日得甲子，夜半朔旦冬至，其辨晰如此。……自經學日衰，人趨簡便，乃以甲子至癸亥代之。子曰觚不觚，此之謂矣！」可見《爾雅》紀年不用干支。茲作一《爾雅》釋天、《史記》曆書之歲陽、歲名與干支對照表：

表	陰	歲			表	陽	歲		
史記 曆書	爾雅 釋天	書名 / 十二支			史記 曆書	爾雅 釋天	書名 / 十干		
同右	困敦	子				逢蒙	逢蒙	甲	
同右	赤奮若	丑			焉端	兆	兆	乙	
同右	攝提格	寅			游	梧	圉	丙	
同右	單閼	卯			疆柔	維	強雍	丁	
同右	執徐	辰			徒	犁	著維	戊	
同右	大荒落	巳			祝	橫	屠章	己	
同右	敦牂	午			商	陽	上光	庚	
同右	協洽	未			昭	艾	重戩	辛	
同右	涒灘	申			橫	章	玄陽	壬	
淹茂	作噩	酉			尚		昭	癸	
同右	閹茂	戌							
同右	大淵獻	亥							

皆題其年月。義熙以前，則書晉氏年號；自永初以來，唯云甲子而已。」
（《宋書‧卷九十三‧隱逸傳》）之恥事二姓之遺意〔註49〕。

　　再者，亭林爲避讐故，化名爲蔣山傭〔註50〕；而友人往還詩文，
亦多以蔣山傭稱之，如《同志贈言》收錄釋嘗明〈讀蔣山傭元日謁陵
詩感而有作〉，張慤〈贈蔣山傭〉詩，潘檉章〈和張洮侯贈蔣山傭之
作〉；施諲〈懷寧人〉詩云：「吁嗟蔣山傭，竄跡殊慘傷。」凡此皆明
輩稱之爲蔣山傭之證。《國粹學報》第六年庚戌第七號，載〈蔣山傭
都督吳公死事略〉，文中亦自稱爲傭〔註51〕。蓋蔣山即鍾山，明孝陵
位於鍾山之南，蔣山傭即亭林自命爲明帝之僕傭也。

　　又王蘧常《顧亭林詩集彙注》以〈傳錄潘耒手鈔本〉爲底本，此
六卷本詩集乃亭林編定，其分卷每卷卷首：〈大行皇帝哀詩〉（卷一）、
〈元日〉（卷二）、〈元旦陵下作〉（卷三）、〈再謁天壽山十三陵〉（卷
四）、〈寄劉處士大來〉（卷五）、〈二月十日有事於先皇帝欑宮〉（卷六），
除卷五卷首詩外，皆與明室有關，可見微言大義，繫諸其中矣。

　　此外，崇禎雖爲明朝最後一位皇帝，但對於明亡之因，多數看法
並不歸咎於崇禎〔註52〕，而亭林亦然此說。〈二月十日有事於先皇帝

　　　《亭林詩集》率以古朝正繫年，以卷一爲例，〈大行皇帝哀詩〉已下
　　　關逢涒灘；〈京口即事〉已下游蒙作噩；他皆仿此。
〔註49〕　自來對於淵明於劉裕篡晉以後之作品，只書甲子，示恥事二姓，有
　　　兩派意見。近人如劉大杰《中國文學發展史》，頁273；葉師慶炳《中
　　　國文學史》，頁150，多不以爲然。而亭林於《日知錄‧卷十七‧書
　　　前代官》條云：「陶淵明以宋元嘉四年卒，而顏延之身爲宋臣，乃爲
　　　其作誄，直云：有晉徵士。」似亦贊同《宋書》說法。王弘撰〈哭
　　　亭林先生詩〉六首之三，曰：「祭無王氏臘，書有晉家年。」（《同志
　　　贈言》）可爲佐證。
〔註50〕　同註21。
〔註51〕　詳見潘師重規〈亭林隱語詩叢論〉，收入《亭林詩考索》，頁86。
〔註52〕　《明史‧卷三百九‧列傳第一百九十七‧流賊》：「莊烈非亡國之君，
　　　而當亡國之運，又乏救亡之術，徒見其焦勞瞀亂，子立於上十有七
　　　年。」《明史‧卷二十四‧本紀第二十四‧莊烈帝二》，贊曰：「帝承
　　　神、熹之後，慨然有爲。……惜乎大勢已傾，積習難挽。」而將身
　　　死國滅歸之於「豈非氣數使然。」衛萬〈次亭林先生見贈之作〉云：

欑宮〉詩云：

> ……當年國步蹙，實歎謀臣寡。空勞宵旰心，拜戎常
> 不暇。竟令左衽俗，一旦汙中夏。三綱乍淪胥，節士長喑
> 啞……（卷六）

言國家之淪胥，實導因於人謀不臧。若思宗終日憂瘁國是，卻死社稷，斯人也而有斯遇也，是以〈驪山行〉一詩不免慨乎其言：

> ……君不見天道幽且深，敗亡未必皆荒淫。亦有英君
> 御區宇，終日憂勤思下土。賢妃助內詠雞鳴，節儉躬行邁
> 往古。一朝大運合崩頹，三宮九市橫豺虎。……（卷四）

順此理路推來，遂多崇禎「一身殉社稷，自古無先皇！」（卷六〈贈衛處士嵩〉）然則，明之亡果非崇禎之過歟？實則《日知錄·卷十六·水利》條曾言：「為人君者，有率作興事之勤，有授方任能之略，不患無叔敖、史起之臣矣。」而崇禎雖勤於政事，却闇於知人，加以多疑任察，以故無能臣可以為用。據統計崇禎一朝十七年中，更易宰輔至數十次，輕信輕疑，國政何由而理？而邊疆重臣，亦迭進迭黜，且動輒殺戮〔註53〕。其中尤以崇禎三年中反間，誅袁崇煥，壞明季疆事最鉅，國事遂一敗不可圖矣。然先生却一意稱美崇禎宵旰憂勞之一面而略其用人不明，此實自孔子作《春秋》以來，尊君思想之體現也。

　　再以持躬見大節言，亭林終其一生以遺民自居，無論書札文集〔註54〕，或詩歌贈答，皆可見其本心。如〈謁夷齊廟〉詩云：「我亦

「椓人竊國柄，舉國若皇皇。英烈如先帝，無以救衰亡。」見《同
志贈言》，頁32b。
潘耒〈殉國彙編序〉：「崇禎帝非亡國之主，以一死殉社稷，實亙古
所無，其尤動人哀思而激發其忠孝，宜也。」見王蘧常《顧亭林詩
集彙注》，頁1272引。
〔註53〕 詳見趙翼《二十二史劄記·卷三十六·明末督撫誅戮之多》條。
〔註54〕 詳見《文集·卷三·與葉訒菴書》、〈與史館諸君書〉，卷四〈答次耕
書〉；《蔣山傭殘稿·卷二·記與孝感熊先生語》、〈與蘇易公〉、〈答
李子德〉，卷三〈答潘次耕〉、〈與陳介眉〉。

客諸侯，猶須善辭命。終懷耿介心，不踐脂韋徑。庶幾保平生，可以垂神聽。」（卷三）〈德州講易畢奉柬諸君〉詩云：「草木得堅成，吾人珍晚節。亮哉歲寒心，不變霜與雪。憂患自古然，守之俟來哲。」（卷五）〈寄次耕時被薦在燕中〉一詩云：「嗟我性難馴，窮老彌剛棱。孤跡似鴻冥，心尚防弋矰。或有金馬客，問余可共登？爲言顧彥先，惟辦刀與繩。」（卷六）皆表示守志不渝。因此，亭林於六十八歲元旦，擬一對聯云：「六十年前二聖升遐之歲，三千里外孤忠未死之人。」同年之〈悼亡〉詩亦請亡室：「地下相煩告公姥，遺民猶有一人存。」（卷六）誠然是「孤忠磊磊，至老不渝。」（彭紹升《餘集・序》）戴笠〈贈顧寧人〉詩云：「著書歲月供遲暮，許國肝腸歎絕無。」（《同志贈言》）眞正披瀝出這位志士之忠肝義膽！

2. 大孝終身

據《孟子・萬章篇》上云：

> 人少則慕父母；知好色則慕少艾；有妻子則慕妻子；仕則慕君，不得於君則熱中。大孝終身慕父母，予於大舜見之矣。

欲作到「大孝終身」的確是一項相當不易之事。亭林於《日知錄・卷八・如欲色然》條云：

> 人少則慕父母，知好色則慕少艾，能以慕少艾之心而慕父母，則其誠無以加矣。

與〈萬章篇〉篇旨相同，文字亦相近。亭林不僅言論上如此，更躬行實踐之。王不庵曰：「寧人身負沈痛，思大揭其親之志於天下，奔走流離，老而無子，數十年靡訴之衷，曾不得快然一吐。」（全祖望〈顧亭林先生神道表〉）此處之志，自然指母氏之遺命：「汝無爲異國臣子，無負世世國恩，無忘先祖遺訓。」（《餘集・先妣王碩人行狀》）亭林終身誦之，不敢違失，與〈陳介眉書〉云：「年近七旬，旦暮入地，先慈遺訓，依然在耳。」（《蔣山傭殘稿》卷三）並且行遍千里，嚶鳴求友，思有可與適道者。與故舊、門生、清臣往來書札中，輒彰顯其

母氏之大節〔註55〕，以發明忠義，至乎六十六歲之頹齡，仍念念不忘為母氏建坊〔註56〕。

溯自亭林六歲，王氏即授以《大學》，並為講讀王蠋忠臣烈女之言，迨亭林十數歲，即教以當朝劉基、方孝孺、于謙諸人事（《餘集·先妣王碩人行狀》），此段孺慕之情，亭林終身難忘，如詩歌有：「荻字數猶記」（《詩集·卷一·表哀詩》）、「執卷方知孟母慈」（《詩集·卷五·先妣忌日》）、「無窮明發千年慨，豈獨杯棬忌日思。」（同上）〈先妣王碩人行狀〉憶昔日母氏蒙恩旌表，三吳之人踵門稱賀，祖孫母子怡怡一門之內；又當母氏六十大壽，亭林偕友人持觥為母壽之情形，其樂融融，彷彿昨日，然而逼取便逝，所餘者乃是「至今東平冢上木，枝枝西靡朝皇都」之一縷忠魂〔註57〕。

語云：「孝莫大於尊親，其次曰不辱。」尊親者，謂發皇先人遺緒；不辱者，謂勿貽父母以隕越之羞，亭林「思大揭其親之志於天下」，正是兼「尊親」、「不辱」二者而有之，渠欲化為精衛，「身沈心不改」（卷一〈精衛〉詩），堅持志節，「遺民猶有一人存」（卷六〈悼亡〉詩之四），皆是大孝終身之體現也。以亭林為大孝之人，故能移孝作忠，忠君愛國，誓不臣清。

3. 明辨夷夏

《論語》有所謂夷夏觀，〈憲問〉第十四云：

> 子曰：微管仲，吾其被髮左衽矣。

孔子頗推重管仲一匡天下，團結中國，抵拒蠻夷之功業。此即《公羊

〔註55〕 同前註。

〔註56〕 《餘集·與潘次耕札之四》：「然近來實病，似亦不能久於人世，所縈念者，先妣之大節未曾建坊。」信中提到「去秋已遣祁縣之妾」，張穆《年譜》編於康熙十六年，六十五歲條下，則此函當作於亭林六十六歲時。

〔註57〕 《詩集》中，關於其母王氏之詩計有〈表哀詩〉、〈十二月十九日奉先妣薄葬〉、〈十月二十日奉先妣葬於先曾祖兵部侍郎公墓之左〉、〈墓後結廬三楹作〉（卷一）、〈先妣忌日〉（卷五）、〈寄題貞孝墓後四柿〉（卷六）六首。

傳》：「春秋內其國而外諸夏，內諸夏而外夷狄」（成公十五年）和「不與夷狄之執中國也」（隱公七年）之濃厚國家思想之先聲。孟子從學術文化觀點，主張「用夏變夷」：

> 吾聞用夏變夷者，未聞變於夷者也。陳良，楚產也。悅周公仲尼之道，北學於中國，北方之學者，未能或之先也，彼所謂豪傑之士也。子之兄弟（案：指陳相、陳辛），事之數十年，師死而遂倍之。……今也南蠻鴃舌之人，非先王之道，子倍子之師而學之，亦異於曾子矣。吾聞出於幽谷，遷於喬木者；未聞下喬木，而入於幽谷者。魯頌曰：戎秋是膺，荊舒是懲。周公方且膺之，子是之學，亦為不善變矣。（《滕文公》上）

宋之亡，王應麟慨然曰：「士不以秦賤，經不以秦亡，俗不以秦壞。」應麟此語，誠中國文化之偉大呼聲。蓋國可滅、文化不可滅，苟文化不滅，則光復河山指日可待。當清人入關，明士子激烈反抗，其反抗異族之力量雖微薄，然其意識極普遍深刻，其中於民族思想之闡揚，影響最大者，則世推顧亭林。亭林是一位具有深度種族中心主義之儒者〔註58〕，渠於夷夏之防，極具深刻之體認，以為滿人征服中國之後，行薙髮，改衣冠，已嚴重威脅中華文化之存亡絕續。《日知錄》云：

> 胡服縵纓，咸為戎俗，高冠重履，非復華風。有識之士得不悼其橫流，追其亂本哉？（卷二十九〈胡服〉條）

> 君臣之分所關者在一身，夷夏之防所繫者在天下。……蓋權衡於大小間，而以天下為心也。夫以君臣之分，猶不敵夷夏之防，春秋之志可知矣。（《日知錄・卷九・管仲不死子糾》）

因「夷夏之防所繫者在天下」，「故夫子之於管仲，略其不死子糾之罪」，「以被髮左衽之禍尤重於忘君事讎也」。（同前條）申言之，反顏事讎，易姓改號，謂之亡國；被髮左衽，謂之亡天下。渠於種族文化

〔註58〕見石錦《顧炎武經世思想的界限》，台大《史原雜誌》第三期，頁125。

之重視尤尚於國家意識，故曰：「保天下者，匹夫之賤，與有責焉耳矣。」（《日知錄・卷十七・正始》條）亭林遂追溯經典、隱筆褒貶或抗志反清，或由言論、或從行動以嚴夷夏之分，俾保存種族文化。

亭林從六經追溯外夷之思想，示自古聖哲已然，云：

六經所載，帝舜猾夏之咨〔註59〕，殷宗有截之頌〔註60〕，禮記明堂之位〔註61〕，春秋朝會之書，凡聖人所以爲內夏外夷之防也，如此其嚴也！（《日知錄・卷九・素夷狄行乎夷狄》條）

尤其是《春秋》所蘊涵之內夏外夷思想，成爲先秦儒家歷史文化意識之核心。施之於明清之交，其理亦然。於是在亭林著述中，有書及滿清者，則以春秋之筆加以貶抑，明辨夷夏。

就隱筆以褒貶言，在《亭林詩集》中，輒呼滿人爲胡、虜、夷、戎；稱滿主爲秦皇、阿骨打、單于。亭林爲使其詩集傳世，遂運用聲韻學知識，以韻目代替其隱諱字，俾掩過清人耳目〔註62〕，而後人在刊刻之際，遇觸諱處，又加以剜改、刪削，詩集之眞面目乃愈發不可見。然類此隱諱處，輒爲亭林最沈痛血淚之所在，幾經孫毓修、戴望、孫詒讓、潘師重規與王蘧常、吳丕績諸位先生之研究〔註63〕，以及潘耒手鈔原本之發現，詩中隱語始逐一揭去面紗，其眞相、眞精神方大白於世。茲舉《詩集》卷一爲例：

〔註59〕《書・舜典》：「蠻夷猾夏，寇賊姦宄。汝作士，五刑有服。」
〔註60〕《詩・商頌殷武》首章：「撻彼殷武，奮伐荊楚，深入其阻，裒荊之旅，有截其所，湯孫之緒。」
〔註61〕《禮記・明堂位第十四》：「昔者周公朝諸侯于明堂之位，天子負斧依南鄉而立；三公，中階之前，北面東上；諸侯之位，阼階之東，西面北上；諸伯之國，西階之西，東面北上；諸子之國，門東，北面東上；諸男之國，門西，北面東上；九夷之國，東門之外，西面北上；八蠻之國，南門之外，北面東上……。」依華夷親疏、身份貴賤，各國晉見天子時，有一定之位。
〔註62〕參見潘師重規〈亭林詩發微〉，收入《亭林詩考索》，頁5。
〔註63〕詳見孫毓修《亭林詩集・校補序》，收入四部叢刊本《亭林詩集》；孫詒讓《亭林詩集校文・跋》，收入《古學彙刊》第二集；潘師重規《亭林詩考索》暨王蘧常等標校本《顧亭林詩集彙注》編例。

潘耒手鈔原本（簡稱原鈔本）		潘　刻　本	徐　注　本	（孫毓修）
詩　題	詩　句			孫　校　本
感事詩之五	城中屠各虜	陵邊屯牧馬	同　左	城中屠各虜
之六	無	無	無	感事詩之六
京口即事之二	匈奴出塞時	□原望塞時	中原望塞時	匈奴出塞時
金陵雜詩之二	天下想中興	灑掃及冬烝	同　左	天下想中興
秋山之一	胡　裝	北　去	同　左	虜　裝
				聞囂注云：囂作詔，作囂，韻目代字也。
聞　詔	滅　虜	無	無	滅　虜
十二月十九日奉先妣藁葬	胡　兵	牧　騎	同　左	虜　兵
贈顧推官咸正	東　胡	東　虜	同　左	同　左
塞下曲之二	一從都尉拜單于	一從都尉生降去	同　左	同　左
哭楊主事廷樞	竝奏東胡狀	竝奏北邊狀	同　左	竝奏多虜狀
哭顧推官	談笑東胡空	誓揮白羽扇	同　左	談笑多虜空
	幾墮猏虜睨	幾墮□□睨	幾墮旃裘睨	幾墮猏虜睨
哭陳太僕子龍	欻見胡馬逼	欻見牧馬逼	同　左	欻見虜馬逼
	恥汙東夷刀	恥為南冠囚	同　左	恥汙東支刀
吳興行贈歸高士祚明	胡塵沒中原	塵沙沒□□	塵沙沒中原	同　左
	拜掃十八陵	拜□□□□	拜掃十八陵	同　左
常熟縣耿侯橘水利書	況此胡寇深	況多鋒鏑驚	同　左	況此虜寇深
浯溪碑歌	胡兵入西京	賊兵入西京	同　左	同　左
	胡騎已如林	牧騎已如林	同　左	虜騎已如林
京口之二	東　胡	東　吳	同　左	同　左

（案：本表參考標校本《顧亭林詩集彙注》一書彙校部分製成）

　　據上表，潘刻本及徐注本均無〈感事〉詩之六及〈聞詔〉詩。追究原因，〈感事〉詩之六云：

　　　　傳聞阿骨打，今已入燕山。毳幕諸陵下，狼煙六郡間。

　　　邊軍嚴不發，驛使去空還。一上江樓望，黃河是玉關。

阿骨打即金太祖本諱，以阿骨打喻清世祖福臨，言福臨即位北京之情形。通首以阿骨打、毳幕、狼煙、玉關等與邊夷有關之意象喻清，可謂「詞句偏謬」，無怪乎潘刻本、徐注本未收。至於〈聞詔〉詩：

　　　　聞道今天子，中興自福州。二京皆望幸，四海願同仇。

　　　　滅虜須名將，尊王仗列侯。殊方傳尺一，不覺淚頻流。

稱唐王為天子，滿人為虜，又「尊王」一句大有攘夷意味，故潘、徐
二本亦不收。

　　相對於呼滿人為胡、虜、夷狄、戎夷，稱滿主為秦皇、阿骨打、
單于，亭林稱崇禎為先皇，對於故國輒曰漢。如《詩集·卷四·孟秋
朔旦有事於先皇帝欑宮》及卷五〈三月十二日有事於先皇帝欑宮同李
處士因篤〉，卷六〈二月十日有事於先皇帝欑宮〉，各詩均稱崇禎為先
皇。而〈和陳生芳績追痛兩尊人之作〉之三云：「祭禰不從王氏臘，
朝正猶用漢家春。」（卷三）〈又酬傅處士次韻〉之一云：「時當漢臘
遺臣祭。」（卷四）及〈冬至寓汾州之陽城里中尉敏浮家祭畢而飲有
作〉之三：「傳與兒曹記，無忘漢臘年。」（卷六）均以漢臘代表明朔，
意即明朔方為中華正統文化之所在。故不奉當朝正朔，而以明曆紀年
〔註64〕。

　　就抗志以反清言，亭林終其生以遺民自居，認為：

　　　　興亡有迭代之時，而中華無不復之日，若之何以萬古
　　之心胸而區區於旦暮乎！^{楊循吉作金小史序曰：由當時觀之，則完顏氏帝也，盟主也，大國也。由後世觀之，則夷狄也，盜賊也，禽獸也。}此所謂偷也。（《日知錄·卷九·素夷狄行乎夷狄》條）

教人當放眼未來，求沒世之名，不當近視短利，貪圖一時榮祿。其反
清事蹟，前此一再提及，此不贅述。雖然明朝終未能興復，然而代表
中華文化之思想種子，却經由亭林諸人之苦心散播，而影響清末之民
族革命，於是開花結實——推翻滿清，恢復中華。

4. 守死善道

　　《論語·泰伯第八》云：

　　　　子曰：篤信好學，守死善道。

宋·邢昺疏：「言厚於誠信而好學問也，守節至死，不離善道也。」
申言之，守死善道即於正道擇善固執、至死不變。然則何謂正道？孔
子以為：

　　　　志士仁人，無求生以害仁，有殺身以成仁。（《論語·衛

〔註64〕 詳見潘師重規〈元日詩表微〉，收入《亭林詩考索》，頁105～114。

靈公第十五》)

所謂「善道」無非「仁」耳！爲實踐「仁」道，甚至可以身相殉。《史記·孔子世家》記載孔子厄於陳蔡，不得糧，從者病。子路忿忿然見孔子，子貢亦作色見之，孔子遂以「詩云『匪兕匪虎，率彼曠野』，吾道非邪？吾何爲於此？」開導弟子，子路此時最爲動搖，乃曰：「意者吾未仁邪？人之不我信也。意者吾未知邪？人之不我行也。」子貢稍爲堅定，然以爲孔子之道未免與現實脫節，乃曰：「夫子之道至大也，故天下莫能容夫子。夫子蓋少貶焉？」孔子答曰：「賜，良農能稼而不能爲穡，良工能巧而不能爲順。君子能脩其道，綱而紀之，統而理之，而不能爲容。今爾不脩爾道而求爲容。賜，而志不遠矣！」可見子路、子貢俱不能了解孔子，最後只有顏回能體會孔子生命之眞精神，曰：

> 夫子之道至大，故天下莫能容。雖然，夫子推而行之，不容何病？不容然後見君子。夫道之不脩也，是吾醜也。夫道既已大脩而不用，是有國者之醜也。不容何病？不容然後見君子。〔註65〕

此段本事，誠然是「擇善固執」、「死守善道」之最佳注腳。而後孔門曾子頗能承其心傳，嘗言：

> 士不可不弘毅，任重而道遠，仁以爲己任，不亦重乎？死而後已，不亦遠乎？（《論語·泰伯第八》）

「仁爲己任，死而後已」是孔門弟子於孔子「守死善道」之再詮釋，可謂體驗入微！迨乎亭林，與〈友人論門人書〉亦提及：

> 大匠不爲拙工改廢繩墨，羿不爲拙射變其彀率，若狥衆人之好，而自貶其學，以來天下之人，而廣其名譽，則是枉道以從人，而我亦將有所不暇。（《文集》卷三）

枉道以從人，是亭林所不願者，與孔子「君子能脩其道，而不能爲容」，堪稱爲絕代雙響！至於亭林之道爲何？從〈病起與薊門當事書〉可略

〔註65〕參見《史記·卷四十七·孔子世家第十七》。

見端倪：

> 今日者拯斯人於塗炭，爲萬世開太平，此吾輩之任也。
> 仁以爲己任，死而後已，故一病垂危，神思不亂，使遂溘焉
> 長逝，而於此任已不可謂無尺寸之功，今既得生，是天以爲
> 稍能任事而不遽放歸者也，又敢怠於其職乎？（《文集》卷三）

拯斯人於塗炭，爲萬世開太平，是亭林所謂之任、之道，亦是孔子所
謂之仁。此一職責是「死而後已」，因此「一病垂危，神思不亂」。

對國家民族，亭林堅持忠誠與志節。順治四年，先生作〈精衛〉
詩以賦志：

> ……長將一寸身，銜木到終古。我願平東海，身沈心
> 不改。大海無平期，我心無絕時。（卷一）

隱寓恢復家國，矢志不渝。順治十六年，〈寄弟紓及友人江南〉詩之
三云：「秉心在忠信，持身類迂闊。」亭林效忠明朝，就時人看來可
謂愚忠；亭林潔身遠游，不願爲清見用，就時人看來可謂不知變通。
然而先生依然堅持「不踐脂韋徑」（《詩集·卷三·謁夷齊廟》），其目
的在「欲爲生人植大倫」（卷三〈和陳生芳績追痛兩尊人之作〉之二），
當南明永曆朝覆亡之後，清廷對明遺民極盡籠絡之能事，然而亭林毫
不動心，自比爲公晳哀之「未肯作家臣」（卷三〈七十二弟子〉），若
有威迫招致者，則必以身殉節。如清康熙十年，清廷開明史館，以「非
死則逃」堅拒大學士熊賜履束招明史館職；康熙十七年，博學鴻詞科
詔下，亭林同邑葉方藹及長洲韓菼，爭欲以先生名應，以「刀繩俱在，
勿速我死」致書固辭；康熙十八年，大修《明史》，葉又欲招致亭林，
貽書將以身殉其嗣母王氏無仕異代之遺命力却之。

對天下百姓，亭林懷抱悲天憫人之情。當康熙二十年，先生患嘔
瀉，幾危殆，爾後少瘥，即作書與薊門當事者于公，對秦中徵糧以銀
之現象提出建言：

> 目見鳳翔之民舉債於權要，每銀一兩，償米四石，此
> 尚能支持歲月乎？捐不可得之虛計，猶將爲之，而況一轉
> 移之間，無虧於國課乎？然恐不能行也。

並且提出救民之策：

> 請舉秦民之夏麥秋米及豆草一切徵其本色，貯之官
> 倉，至來年青黃不接之時而賣之，則司農之金固在也，而
> 民間省倍蓰之出。(《文集‧卷三‧病起與薊門當事書》)

其悲天憫人、憂在百姓之精神，誠令人感動不已。

5. 經世致用

> 子曰：「用之者行。」(《論語‧述而第七》)
>
> 子路問君子。子曰：「修己以敬……修己以安人……修
> 己以安百姓。」(《論語‧衛靈公第十五》)
>
> 子夏曰：「仕而優則學，學而優則仕。」(《論語‧子張第
> 十九》)

所謂「經世致用」，其根本觀念傳自孔門，爲歷代學者所倡導。「經世」
之世，係指當世。經世致用即求用於當世，亭林以爲「君子之爲學也，
非利己而已也，有明道淑人之心，有撥亂反正之事，知天下之勢之何
以流極而至於此，則思起而有以救之。」(《餘集‧與潘次耕札之一》)

　　經由仕途，一展抱負，乃昔日士人一致之願望。亭林一生曾兩次
受官，分別在弘光朝及隆武朝。然而二次任命，亭林均未就職。當順
治二年（弘光元年四月），亭林偕叔父往南京，目睹福王朝昏闇荒淫，
群小把政，知事無可爲，遂毅然不仕，返回故里。而隆武朝之任命，
值母喪未葬，不克墨縗趨從，是以亭林未嘗出仕於明。雖未有官守，
然亦參與江南義軍抗清之役（《詩集‧卷一‧千里》），且對於唐王之
忠義奮發、誓志復仇、愛民勤政、恭儉好學，早已聞風景從，是以感
激知遇，欲有所爲。如〈哭顧推官〉詩云：「與君共三人，其一歸高士／明獨奉詐
南陽帝。談笑東胡空，一掃天日翳。」（卷一）即欲擁護唐王，掃蕩
胡虜。然而南明局勢急轉直下，亭林抱負尚未實現而滿清政權業已鞏
固。亭林乃北遊尋求志士，「所至每小試之，墾田度地，累致千金，
故隨遇即饒足。」（全祖望〈顧亭林先生神道表〉）〔註66〕

〔註66〕對於亭林北游之經濟來源，曾有多人研究。黃秀政以爲主要來源乃

　　入清之後，清大吏數度薦引先生，亭林每欲殉節以卻之。雖未出
仕清朝，不克救民以事，然而韋布之士亦庶幾救民以言。亭林〈與顏
修來札〉云：「……近日又成《日知錄》八卷，韋布之士，僅能立言，
惟達而在上者，爲之推廣其教，於人心世道不無小補也。」（《佚文輯
補》）當亭林目睹隴西、上郡、平涼旱荒，惟恐民不聊生；復聞秦令
買臨晉小兒，閹爲火者，至割死一人，何其不人道且敗壞官方，而三
藩亂起，關輔百姓，無論老壯，均得飛芻輓粟、挈米赴營，民不堪憂。
凡諸現象，告之元文，欲其謀求紓救之策。亭林六十九歲，大病初癒，
書一函致薊門當事者于公，言及秦人舉債於權要以輸銀納賦之危殆。

　　夫邦國殄瘁，沈淪難挽，慟則慟矣，然亭林絕無懷憂喪志，益且
引古籌今，冀啓多聞於來學，待一治於後王。嘗云：

　　　　愚不揣，有見於此，此故凡文之不關於六經之指，當
　　世之務者，一切不爲。（《文集·卷四·與人書三》）

古之君子，著書待後，有王者起而用之，即非空言，而名之曰行事可
也〔註67〕。亭林並以隋末文中子王通爲例，言唐太宗用文中子之言以

　　　　土地之歲入和經商之所得。就土地歲入言，北游之後，亭林曾於山
　　　　東章邱之大桑家莊廣置田宅，大事開墾，以爲遊歷之資。並與友人
　　　　李因篤等鳩資墾田于雁門之北、五臺之東。此外在華陰亦買水田四、
　　　　五十畝，以爲饔飧之計。就經商所得而言，亭林長於貨殖，爲一經
　　　　濟學者，見《顧炎武與清初經世風》，頁 45，注 74。近人鄭行巽
　　　　認爲亭林之經濟思想較同時期的西洋經濟學者有超過之處，稱讚亭
　　　　林「于近代生計學上之學理多所發明」，見《國聞週報》第七卷第三
　　　　十二期，〈顧亭林之經濟思想研究〉，頁 1。今人錢穆亦將亭林列爲
　　　　明末遺民生活狀況之第七項經濟，錢先生以爲「顧氏浪迹北方，對
　　　　耕殖經商，均甚留意，其私人經濟，可無問題。」見《國史大綱》
　　　　下冊，第八編第四十章，頁 612。章炳麟亦稱：「近聞山西人言，亭
　　　　林嘗得李自成窖金，因設票號，屬傅青主主之。始明時，票號規則
　　　　不善，亭林與青主更立新制，天下信從，以是饒於財用，清一代票
　　　　號制度，皆亭林青主所創也。」見《華國月刊》第一卷第六期，〈書
　　　　顧亭林軼事〉。

〔註67〕　《日知錄·卷二十一·立言不爲一時》條云：「天下之事，有言在一
　　　　時，而其效見於數十百年之後者。……有王者起，必來取法。是爲
　　　　王者師也。嗚呼！天下之事有其識者不必遭其時，而當其時者或無

為治，任文中子之門人以為輔，故能成就貞觀之治，若謂其言為空言，何以能沾溉後世、啓廸後人之若斯？亭林處於異族統治下，不得施展抱負，然而其願望是：「至于三代之英，固聖人所有志，百姓之病，亦儒者所難忘，竊欲待一治於後王，啓多聞於來學。」(《蔣山傭殘稿‧卷一‧與友人書》)因此對所著《日知錄》、《音學五書》寄望甚殷：

> 別著《日知錄》上篇經術，中篇治道，下篇博聞，共三十餘卷。有王者起，將以見諸行事，以躋斯世於治古之隆。(《文集‧卷四‧與人書二十五》)

> 《日知錄》意在撥亂滌污，法古用夏，啓多聞於來學，待一治於後王。(《文集‧卷六‧與楊雪臣》)

> 一生所著之書，頗有足以啓後王而垂來學者。《日知錄》三十卷已行其八，而尚未愜意，《音學五書》四十卷，今方付之剞劂……。(《文集‧卷三‧答曾庭聞書》)

《日知錄》依原鈔本所分卷帙，一至十卷為經術，十一至二十九卷為治道，餘三卷為博聞。內容主要以中篇治道為主，無怪乎亭林言「平生之志與業皆在其中」。而其中之致用大方有分權眾治之原則，富國裕民之經濟政策，安和社會之形成要素及人才教育之改進等〔註68〕。

經世致用之先在於明道通經，而為學之目的即在於「明道」與「救世」。嘗言：

> 君子之為學也，非利己而已也，有明道淑人之心，有撥亂反正之事，知天下之勢之何以流極而至於此，則思起而有以救之。(《餘集‧與潘次耕札》)

> 君子之為學也，以明道也，以救世也。(《文集‧卷四‧與人書二十五》)

然經籍自曹劉以下，今音行而古音亡，音學已變；宋理宗以後，宋韻行而唐韻亡，音學再變，「世日遠而傳日訛，此道之亡，蓋二千餘歲

其識。然則開物之功，立言之用，其可少哉？」

〔註68〕詳見黃秀政《顧炎武與清初經世學風》，第三章第二節，〈顧炎武的經世主張〉，頁53～82。

矣。」(《文集・卷二・音學五書序》) 故通經之要在於治音韻。因此撰著「音學五書」,其旨在「舉今日之音而還之淳古者。」(《文集・卷二・音學五書序》) 俾六經之文,人人可讀,因深習六經之文,詳考百工之典,究綜當代之務,而臻致救世之目的〔註69〕。

此種致用觀一運用於評文時,遂發展出一套強調內容、反映現實、重視社會作用之理論。如先導者孔子,提到學詩之功能曰:

> 詩可以興,可以觀,可以群,可以怨,邇之事父,遠
> 之事君,多識於鳥獸草木之名。(《論語・陽貨第十七》)

說詩可以感發志意,鼓舞人心;考察政治之得失,觀測風俗之盛衰;溝通群眾之情意以及怨刺上政,又足以事君事父,多識於鳥獸草木之名。此一體會,全然側重在詩之用,尤其是政教方面。至於亭林之文論,亦絕對之尚用也。

是以摯友李顒「為其姊求傳再三,終已辭之,蓋止為一人一家之事,而無關于經術政體之大,則不作也。」(《文集・卷四・與人書十八》) 渠以為不可絕於天地間之文:「曰明道也,紀政事也,察民隱也,樂道人之善也。若此者有益于天下,有益于將來,多一篇多一篇之益矣。」(《日知錄・卷二十一・文須有益於天下》) 再論作詩之旨云:

> 舜曰:「詩言志」此詩之本也。王制:命太師陳詩,以
> 觀民風,此詩之用也。荀子論小雅曰:疾今之政,以思往
> 者,其言有文焉,其聲有哀焉,此詩之情也。故詩者,王
> 者之迹也。(《日知錄・卷二十二・作詩之旨》)

又極讚賞白居易諷諭詩,許為深知立言之旨,並且承襲其諷諭詩風格,以為「詩之為教,雖主於溫柔敦厚,然亦有直斥其人而不違者。」(《日知錄・卷二十一・直言》)

綜言之,亭林致用之文學觀,於其詩歌之創作實踐,發揮莫大影響,將於第六章「亭林詩歌之內容」部分論述之。

蓋潘耒親炙先生最久,與先生之關係至為密切,嘗為《日知錄》

〔註69〕 見錢穆《中國近三百年學術史》上,頁 134。

作序，曰：

> （崑山顧寧人先生）尤留心當世之故，實錄奏報，手
> 自鈔節，經世要務，一一講求，當明末年，奮欲有所自樹，
> 而迄不得試，窮約以老，然憂天閔人之志，未嘗少衰，事
> 關民生國命者，必窮源溯本，討論其所以然，足跡半天下，
> 所至交其賢豪長者，考其山川風俗，疾苦利病，如指諸
> 掌。……先生非一世之人，此書非一世之書也。……異日
> 有整頓民物之責者，讀是書而憬然覺悟，採用其說，見諸
> 施行，於世道人心，實非小補。

頗能彰顯先生經世致用之精神。

　　綜上所述，亭林救民心切，其治學皆以實用爲主。渠強調「經世
致用」之學，實即安人、安百姓之學。其考古，要在知今；明古，旨
在解今；據古，意在論今；惟其如此，始臻經世致用之目的。是以下
一單元，即探討亭林治學之態度。

二、治學之態度

　　亭林一生治學，勤勉奮發，始終不懈，渠強調「君子之學，死而
後已。」（《文集・卷四・與人書六》）學問是學者終身之事業。

　　自六歲起，嗣母王氏於閨中授亭林《大學》。七歲，就外傅。九
歲，讀《周易》。十歲，讀古兵家《孫子》、《吳子》諸書，及《左傳》、
《國語》、《戰國策》、《史記》。十一歲，讀《資治通鑑》，已而習科
舉文字，用力於四經〔註70〕。十四歲，讀《通鑑》畢，閱邸報〔註71〕，
旋爲諸生，讀《詩》、《書》、《春秋》。十六歲，嗜讀五經及宋人性理
書，嗣祖紹芾乃誨之以「士當求實學，凡天文、地理、兵農、水土
及一代典章之故，不可不熟究。」〔註72〕二十七歲，秋闈被擯，退

〔註70〕　《文集・卷三・答汪苕文書》：「弟少習舉業，多用力於四經。」
〔註71〕　《文集・卷六・答徐甥公肅書》：「幼時侍先祖，自十三、四歲讀完
　　　　資治通鑑後，即示之以邸報，泰昌以來頗窺崖略。」
〔註72〕　參見《餘集・三朝紀事闕文序》。

而讀書，歷覽二十一史、天下郡縣志書、一代名公文集及章奏文冊之類，有得即錄，共成四十餘帙，日後著成《肇域記》及《天下郡國利病書》〔註73〕。三十歲以後，讀經史輒有所筆記（《譎觚·序》），而後雖出入軍旅，仍不廢學業〔註74〕。年至四十，斐然欲有所作（《文集·卷二·鈔書自序》）。四十五歲北游，至萊州，與唐任臣定交，假得《吳才老韻譜》讀而校之。康熙元年，年五十，聞桂王見弒於雲南，明祚至此斷絕，遂轉移注意力於文化，欲藉此喚醒民族靈魂，自是年起，篤志經史、音韻〔註75〕及禮學〔註76〕，著《音學五書》以續三百篇以來久絕之傳，別著《日知錄》，上篇經術，中篇治道，下篇博聞〔註77〕。五十五歲，入都，從孫思仁抄得《春秋纂例》、《春秋權衡》、《漢上易傳》諸書〔註78〕。五十八歲，再入都，與朱彝尊、陸元輔諸同人於北平孫承澤研山齋詳定所藏古碑刻〔註79〕。六十歲，讀承澤藏書〔註80〕。六十一歲，藉山東通志局之藏書，成《山東肇域記》。六十三歲，寓太原祁縣戴廷栻宅，盡取其丹楓閣藏書讀之。既而廷栻為築室祁之南山，先生因之置書堂焉，取家中所藏十四經、廿一史，暨明累朝實錄而充實之，並欲徵天下之書藏之，以貽後之學者（《同志贈言·為顧寧人徵天下書籍啓》）。

　　以上為亭林一生之治學歷程。亭林在世七十年，自六歲起讀大學至七十歲臨終為止〔註81〕，計六十五年，無時不在讀書。四十五歲北

〔註73〕　參見《文集·卷六·天下郡國利病書序》。
〔註74〕　《蔣山傭殘稿·卷二·答李紫瀾》：「中遭憂患，不廢學業，稍有所窺。」
〔註75〕　《蔣山傭殘稿·卷一·與人書》。
〔註76〕　《文集·卷三·答汪苕文書》：「年過五十，乃知不學禮無以立之旨，方欲討論……。」
〔註77〕　《文集·卷四·與人書二十五》。
〔註78〕　同註5，頁39。
〔註79〕　同註5，頁44。
〔註80〕　同註5，頁47。
〔註81〕　《文集·卷四·與潘次耕書》：「《日知錄》再待十年，如不及年，則以臨終絕筆為定。」

游，「頻年足跡所至，無三月之淹。」（《文集・卷六・與潘次耕書》）
而未嘗一日廢書。此種劇而不亂、老而不衰之精神，乃其學問大成之
主要原因。據其門人、知交及後人之描述：

> 精力絕人，無他嗜好，自少至老，未嘗一日廢書。出
> 必載書數麗自隨，旅店少休，披尋搜討，曾無倦色。有一
> 疑義，反覆參考，必歸於至當；有一獨見，援古證今，必
> 暢其說而後止。（潘耒〈日知錄序〉）

> （亭林）四方之游必以圖書自隨，手所鈔錄，皆作蠅
> 頭行楷，萬字如一。每見予輩或宴飲終日，輒爲攢眉。客
> 退，必戒曰：可惜一日虛度矣！其勤屬如此，所著《昌平
> 山水記》二卷，巨細咸存，尺寸不爽，凡親歷對證，三易
> 稿矣，而亭林猶以爲未愜。（王弘撰《山志》）

> 或徑行平原大野，無足留意，則於鞍上默誦諸經注疏，
> 偶有遺忘，則於坊肆中發書而熟復之。（全祖望〈顧亭林先生
> 神道表〉）

除勤、謹之外，亭林治學尙力主精益求精。嘗言：

> 《日知錄》再待十年，如不及年，則以臨終絕筆爲定，
> 彼時自有受之者，而非可豫期也。詩云：「如切如磋，如琢
> 如磨。」此之謂也。（《文集・卷四・與潘次耕書》）

> 且續錄又得六卷，未必來者之不勝於今日也。（《佚文輯
> 補・答李武曾書》）

> 愚自少讀書，有所得輒記之，其有不合，時復改定，
> 或古人先我而有者遂削之，積三十餘年乃成編，取子夏之
> 言，名曰《日知錄》，以正後之君子。（《日知錄・自序》）

> 余纂輯此書三十餘年，所過山川亭鄣，無日不以自隨，
> 凡五易稿而手書者三矣。……已登版而刊改者猶至數四。
> （《文集・卷二・音學五書後序》）

> 顧近寄所著《日知錄》內辨勞山三則，又與前說不同。
> （王士禎《池北偶談》卷下引亭林「勞山」說爲注）

可知其爲學精神正是「苟日新，日日新，又日新」！（〈湯盤銘〉）

此外，亭林治學異常謙虛，不自滿假。作〈廣師篇〉云：

> 夫學究天人，確乎不拔，吾不如王寅旭；讀書爲己，探賾洞微，吾不如楊雪臣；獨精三禮，卓然經師，吾不如張稷若；蕭然物外，自得天機，吾不如傅青主；堅苦力學，無師而成，吾不如李中孚；險阻備嘗，與時屈伸，吾不如路安卿；博聞強記，群書之府，吾不如吳任臣；文章爾雅，宅心和厚，吾不如朱錫鬯；好學不倦，篤於朋友，吾不如王山史；精心六書，信好而古，吾不如張力臣。(《文集・卷六・廣師》)

上述所舉友人，或在德性、或在學術、或二者賢於亭林，亭林本於以友輔仁、以友輔文之立場，納眾善而聚於一身，遂在德性、學問方面成爲明末清初之巨擘。據《潛研堂集・閻（若璩）先生傳》，康熙十一年，亭林由河南至山西，與閻若璩相遇於太原，亭林以所撰《日知錄》相質，閻若璩即爲改訂數條，先生虛心從之〔註82〕。康熙十五年，致書與黃宗羲，請渠抨彈《日知錄》，「以開末學之愚」〔註83〕。又如康熙六年，亭林開雕《音學五書》於淮上，請張弨任校寫之役，張弨爲之考《說文》、采《玉篇》、倣《字樣》，考正一、二百處〔註84〕。常人皆貴古賤今，然而先生於時人之言亦不敢沒，眞所謂「君子之謙也，然後可與進於學」(《日知錄・卷二十一・述古》條) 也。

以上是就亭林治學之態度言。其次，亭林之所以能當一代開派宗師之名者，梁啓超以爲由其研究方法故〔註85〕。其治學方法有三，曰：實地考證、博稽詳核及力戒雷同勦說。

亭林自順治十四年北游至康熙二十一年沒世止，凡二十六年，奔波於大河南北。所歷之地既廣，每至一地，又皆深入調查研究，並以書中之記載與實地所見相互對勘，誠如全祖望所言：

〔註82〕張穆《顧亭林先生年譜》卷三，頁64～65引。
〔註83〕見《佚文輯補・與黃太沖書》。
〔註84〕見《文集・卷二・音學五書後序》。
〔註85〕見梁啓超《清代學術概論》，頁20。

> 凡先生之遊，以二馬二騾載書自隨。所至阨塞，即呼
> 老兵退卒詢其曲折，或與平日所聞不合，則即坊肆中發書
> 而對勘之（〈顧亭林先生神道表〉）。

亦如潘耒所言：

> 足跡半天下，所至交其賢豪長者，考其山川風俗，疾
> 苦利病，如指諸掌。（《日知錄·序》）。

全、潘二氏，誠然道出亭林治學方法之特點。亭林之著述如《山東考
古錄》、《京東考古錄》、《營平二州地名記》即結合文獻資料與實地考
證之研究成果。又如《日知錄》，關於歷代制度、風俗與民生利病，
多係由身歷各地、實地考證而得〔註86〕。

　　其次，亭林治學，最重證據。《四庫全書·日知錄提要》云：

> 炎武學有本原，博贍而能貫通，每一事必詳其始末，
> 參以證佐，而後筆之於書，故引據浩繁，而牴牾者少。

此語最能切中亭林治學法門。而先生門人潘耒亦言：

> 有一獨見，援古證今，必暢其說而後止。（《日知錄·序》）

亭林自述作《天下郡國利病書》曰：

> 歷覽二十一史以及天下郡縣志書，一代名公文集及章
> 奏文冊之類〔註87〕

作《肇域志》，曰：

> 先取一統志，後取各省府州縣志，後取二十一史參互
> 書之，凡閱志書一千餘部。〔註88〕

治音韻之學，曰：

> ……列本證旁證二條，本證者詩自相證也，旁證者采
> 之他書也，二者俱無，則宛轉以審其音，參伍以諧其
> 韻……。（《音論》）

胡適亦指出

> 顧炎武作《詩本音》，於「服」字下舉出本證十七條，

〔註86〕　參見黃秀政《顧炎武與清初經世學風》，頁122～123。
〔註87〕　同註73。
〔註88〕　見《文集·卷六·肇域志序》。

> 旁證十五條，顧氏作《唐韻正》，於「服」字下，共舉出一
> 百六十二個證據。〔註89〕

所搜集和參閱之資料若是詳博。博覽之後復經「早夜誦讀，反覆尋究」
庶幾乎「采山之銅」（《文集・卷四・與人書十》）而後已。

至於力戒雷同勦說，更爲其著述原則。嘗言著書之難曰：「必古
人所未及就，後世之所不可無，而後爲之。」（《日知錄・卷二十一・
著書之難》條）故凡炎武所著書，絕無一語蹈襲古人。

亭林以爲君子當博學於文，「自身而至於家國天下，……莫非文
也。」（《日知錄・卷九・博學於文》條）因此其治學範圍相當廣泛，「凡
經義、史學、官方、吏治、財賦、典禮、輿地、藝文之屬，一一疏通其
源流，考正其謬誤。」（潘耒《日知錄・序》）而亭林於經濟（案：經世
濟民）學、經學、音韻學、史學、地理學、目錄學、金石學等亦因之成
就極大，著作極豐，並世罕有其匹。張舜徽《顧亭林學記》一書將亭林
重要著述依經、史、子、集四部分類，並有提要說明於後，茲引用之，
藉明亭林治學廣博之一斑〔註90〕：

（一）經　部

1. 《左傳杜解補正》三卷：此書博考典籍，以補杜預《左傳集
   解》的闕失。《四庫全書》收入經部春秋類。

2. 《九經誤字》一卷：此書根據石經及各種舊刻，以勘正監本
   和坊間刻本的誤字。《四庫全書》收入五經總義類。

3. 《音學五書》三十五卷：此書包括音論、詩本音、易音、唐
   韻正、古音表等五部份。《四庫全書》收入經部小學類。

4. 《韻補正》一卷：此書訂正吳棫《韻補》中，關於古音叶讀
   的錯誤和今韻通用的失當。《四庫全書》收入經部小學類。

5. 《五經同異》三卷：此書考證易、書、詩、春秋、三禮等經
   典之問題。

〔註89〕見胡適《戴東原的哲學》，引論部分，頁17。
〔註90〕引自黃秀政《顧炎武與清初經世學風》，頁109～114。

（二）史　部

1. 《顧氏譜系考》一卷：此書辨得姓之本，以及吳郡顧氏之世系。《四庫全書》收入史部傳記類。

2. 《歷代帝王宅京記》二十卷：此書所錄爲歷代建都之制。前二卷爲總論，後十八卷詳載城郭、宮室、都邑、寺觀等建置之本末。《四庫全書》收入史部地理類。

3. 《營平二州地名記》一卷：此書爲《營平二州史事》六卷之一部份，載二州古地名，至五代止，爲未完之書。《四庫全書》收入史部地理類。

4. 《天下郡國利病書》一百二十卷：此書搜集史籍、實錄、方志、文集、說部、邸鈔中，有關國計民生之記載，隨讀隨錄；並參以實地考察所得，爲之考證。規模極大，是一部歷史的政治地理學專著。《四庫全書》收入史部地理類。

5. 《肇域志》一百卷：此書係《天下郡國利病書》之副產品，雜鈔圖經、方志而成，記載明代以前中國的經濟和自然狀況。

6. 《昌平山水記》二卷：此書雜記明十三陵的建造規制和近京一帶形勝之地，多實地考察所得，條錄而成。《四庫全書》收入史部地理類。

7. 《山東考古錄》一卷：此書雜考山東古代地名、人名和史傳記載的錯誤，其中以辨正地名者較多。《四庫全書》收入史部地理類。

8. 《京東考古錄》一卷：此書京東地名爲多。《四庫全書》收入史部地理類。

9. 《譎觚十事》一卷：講地理之書。時有樂安李煥章，僞稱與顧氏書駁正地理十事，炎武特作此書，力加辨正。《四庫全書》收入史部地理類。

10. 《求古錄》一卷：此書所錄，上自漢《曹全碑》，下至明建文《霍山碑》，共五十六種。輯錄全文，並加注釋考證。《四庫

全書》收入史部目錄類。

11. 《金石文字記》六卷：此書錄漢以後碑刻，共三百餘種。每
    種各綴跋語，述其源流，辨其譌誤。《四庫全書》收入史部
    目錄類。

12. 《石經考》一卷：此書考證歷代石經源流、得失，博列眾說，
    互相參校。《四庫全書》收入史部目錄類。

13. 《聖安紀事》二卷：此書爲《明季稗史》本。

14. 《明季實錄》（無卷數）：此書爲《明季稗史》續編本。

（三）子　部

1. 《日知錄》三十二卷：此書爲炎武平生志與業之所在。上
   篇經術，中篇治道，下篇博聞。《四庫全書》收入子部雜家
   類。

2. 《日知錄之餘》四卷：宣統二年，元和鄒福保重刻本，今本
   附刊在《日知錄》後。

3. 《菰中隨筆》三卷：此書係炎武平日讀書筆記。《四庫全書》
   收入子部雜家類。

4. 《救文格論》一卷：此書專考古人有關歲時、年號、官兵、
   地名等之記載。《四庫全書》收入子部雜家類。

5. 《雜錄》一卷；此書分條別記，內容不多。《四庫全書》收入
   子部雜家類。

6. 《經世篇》十二卷：此書門類，悉依場屋策目，每目一篇，
   專供科舉應試之用。《四庫全書》收入子部類書類。

（四）集　部

1. 《亭林文集》六卷：此書分論說、序跋、書札、記敘與碑志、
   補遺等六卷。

2. 《亭林餘集》一卷：此書爲乾隆初年，長洲彭紹升所輯錄。

3. 《亭林詩集》五卷：此書多係炎武寄託亡國悲痛之詩篇，其

中隱語甚多。

4. 《亭林佚詩》一卷：此書凡輯存佚詩十三首。

以上按四部分類之各書，多係已刊，少部份未刊，而有鈔本流傳於世。此外，尚有但存其目，而無刻本者二十三種：

1. 《區言》五十卷。

2. 《營平二州史事》六卷。

3. 《北平古今記》十卷。

4. 《建康古今記》十卷。

5. 《岱嶽記》八卷。

6. 《萬歲山考記》一卷。

7. 《官田始末考》一卷。

8. 《下學指南》一卷。

9. 《當務書》六卷。

10. 《茀錄》十五卷。

11. 《二十一史年表》十卷。

12. 《聖朝紀事》一卷。

13. 《十九陵圖志》六卷。

14. 《詩律蒙告》一卷。

15. 《昭夏遺聲》二卷。

16. 《懼謀錄》四卷。

17. 《唐宋韻補異同》。

18. 《一統志案說》。

19. 《海道經》。

20. 《三朝紀事闕文》。

21. 《熹廟諒陰記》。

22. 《皇明修文備史》。

23. 《海甸野史》。

三、交游之對象

　　友之於人大矣哉！自先聖孔孟即倡言交友之樂〔註91〕、擇友之方〔註92〕及責善之道〔註93〕。荀子言：「蓬生麻中，不扶而直；白沙在涅，與之俱黑。」(〈勸學篇〉)《禮記》言：「獨學而無友則孤陋而寡聞。」(卷三六〈學記〉)凡此均說明朋友於個人學行之重要。諺曰：「不知其人，視其友」，今欲深入瞭解亭林人格，故從事於亭林交游之探索。

　　亭林自十四歲起，即加入有「小東林」〔註94〕之稱之復社〔註95〕。復社上繼東林，下開幾社〔註96〕，以「興復古學」爲號召〔註97〕，間以選文爲手段，士子爭相趨附，蔚爲天下第一大社。復社旨在興復古學，其學術以尊古爲尙。就經學言，復社諸子主張「著書論世，以古人相期許」、「研精古學」和「博雅好古」；就文詞言，對古文尤其仰慕，於各代之文最推重秦、漢，其評文一遵愈古愈佳之原則，且視爲風會所至〔註98〕，不特品文如此，他如詩賦亦然〔註99〕。復社諸子如

〔註91〕　《論語·學而第一》云：「子曰：有朋自遠方來，不亦樂乎？」又〈季氏第十六〉云：「子曰：益者三樂：樂節禮樂，樂道人之善，樂多賢友，益矣。」

〔註92〕　《論語·學而第一》云：「子曰：君子無友不如己者。」〈季氏第十六〉云：「子曰：益者三友，損者三友，友直，友諒，友多聞，益矣；友便辟，友善柔，友便佞，損矣。」《孟子·萬章》下，「孟子曰：友也者，友其德也，不可以有挾也。」又「孟子謂萬章曰：一鄉之善士斯友一鄉之善士；一國之善士斯友一國之善士；天下之善士斯友天下之善士。」

〔註93〕　《論語·顏淵第十二》：「子貢問友。子曰：忠告而善道之，不可則止。」「曾子曰：君子以文會友，以友輔仁。」〈子路第十三〉：「子曰：切切偲偲，可謂士矣，朋友切切偲偲。」《孟子·離婁下》：「孟子曰：責善，朋友之道也。」

〔註94〕　參見謝國楨《明清之際黨社運動考》，頁148。

〔註95〕　同註82，卷一，頁7。

〔註96〕　見鄧實〈復社紀略跋〉，《東林與復社》，頁115。

〔註97〕　見陸世儀《復社紀略》卷一：「(張溥)爲之立規條、定課程曰：『……期與四方多士興復古學，將使異日者務爲有用，因名曰復社。』」

〔註98〕　張溥《古文五刪·總序》，中央圖書館藏明末刊本。

張溥之孳孳道古，實踐人倫〔註100〕，陳子龍與李雯、徐孚遠等切究古文詞〔註101〕，皆富重古色彩。

迨崇禎末年，研究實學為社中共同風氣。如魏學濂之「因請戩山講學於丙舍，讀書柳洲，與長洲薄子珏，務為佐王之學，兵書、戰策、農政、天官、治河、城守、律呂、鹽鐵之類，無不講求，將以見之行事，逆知天下大亂，訪劍客奇才，而與之習射角藝，不盡其能不止。」〔註102〕而社中人士如周鑣、沈壽民、吳應箕等亦好談佐王之學，社中研究此實用之學者尚有許多〔註103〕。因天下多故，是以尚務實、求濟世。

明亡之際，復社諸子多奮勵有為、抗賊拒虜；陵谷既變，天下歸清，更以氣節相高，致力於學術救國，以為興王之準備。

夷考亭林之學行生平，自早年加入復社，壯年出入軍旅，中年以後從事著述，終身未嘗一刻離書，其治學精神在於尚古〔註104〕、尊經、重史〔註105〕、務實〔註106〕。且一生敦礪氣節，不受清祿，究其實，雖不離乎個人因素，然復社同人之砥礪薰化，亦是成因之一。

南都既亡，閩粵亦失，未幾而通海、抗糧及文字獄作。當時社集亦列於時禁，昔日好友良朋乃煙散雲消，而亭林為仇家所迫，甚欲置

〔註99〕　同前註。

〔註100〕　見張采《知畏堂文存·天如合稿序》。

〔註101〕　陳子龍《陳子自述年譜》：「天啓七年，致力于古文詞。」「崇禎二年，始交李舒章、徐闇公，益切礪為古文詞矣。」

〔註102〕　黃宗羲《南雷文定·前集·卷六·翰林院庶吉士子魏先生墓誌銘》，頁90。

〔註103〕　詳見劉莞莞《復社與晚明學風》，頁93。

〔註104〕　《文集·卷二·音學五書序》云：「天之未喪斯文，必有聖人復起，舉今日之音而還之淳古者。」其尚古思想可見一斑。

〔註105〕　《文集·卷六·與楊雪臣》：「人苟徧讀五經，略通史鑑，天下之事，自可洞然。」

〔註106〕　《清史稿·卷四百八十一·列傳二百六十八·儒林二·顧炎武》云：「炎武之學，大抵主於斂華就實，救弊扶衰。凡國家典制、郡邑掌故、天文儀象、河漕兵農之屬，莫不窮究原委，考正得失。」

之死地，順治十四年乃避讐北遊。亭林樂多賢友，至一地，未嘗不見其賢士大夫。至萊州，得交任唐臣，至青州得張爾岐、徐元善，順治十五年，至鄒平得馬驌，至長山得劉孔懷，康熙二年至太原得傅山，至代州得李因篤，至華陰得王弘撰，至盩厔得李顒。又結識流寓於秦晉之秀水朱彝尊，山陽閻若璩，番禺屈大均。大抵亭林在北游之前，所交如陳子龍、歸莊、萬壽祺、潘檉章、吳炎諸人多屬文史之材，北游後所交多為精考覈、擅博古之士〔註107〕。

筆者整理《詩集》、《文集》、《蔣山傭殘稿》、《餘集》、《佚文輯補》之贈答詩及信札，並參考高秋鳳〈亭林詩集所見與其往返者之資料表〉，列成亭林交游表〔註108〕。結合《同志贈言》所錄，則亭林交游計有：

吳暘，顧咸正、其子天遴、天遴，楊廷樞，陳子龍，歸莊，薛寀，陳梅，陳芳績，瞿玄銷，于元凱，萬壽祺，路振飛、其子澤溥、澤濃，王國翰，朱四輔，鄔繼思，楊永言，劉永錫，郝太極，錢肅潤，歸晟，王仍，錢邦寅，張彥之，王煒，潘檉章、其弟潘耒，吳炎，王潢，賈必選，張應鼎，戴笠，王麗正，林古度，黃師正，陸來復，史可程，王略，王寬，張弨，王錫闡，楊瑀，錢秉鐙，元瑛，李雲霑，朱鶴齡，李模，毛今鳳，李符，李良年，張允掄，徐元善，張延登，張光啓，丁雄飛，傅山，李因篤，申涵光，朱存杠、其子朱烈、其甥王太和，孫奇逢，程先貞，劉大來，朱彝尊，屈大均，趙劻鼎，蕭企昭，閻明鐸，李嘉，李濤、李浹昆季，殷岳，李顒，李源，胡庭，張爾岐，王弘撰，王建常，康乃心，朱敏浮，衞嵩，朱明德，葉方恆、方藹昆季，施閏章，汪琬、曾畹，王攄，楊彝，吳其沆，方月斯，顧與治，陸世儀，熊賜履，李天馥，黃宗羲，吳任臣，陳錫嘏，俞汝言，吳志葵，任唐臣，湯斌，戴廷栻，張雲翼，朱樹滋，顏光敏，遲維城，熊儁，梁清標，郭傳芳，任大任，劉太室，周彝初，陳藹，蘇易，周篆，王

〔註107〕錢穆《中國近三百年學術史》上冊，頁151。
〔註108〕見高秋鳳〈亭林詩集所見與其往返者之資料表初稿〉學期報告。

茂衍（以上見於《詩集》、《文集》、《蔣山傭殘稿》、《餘集》、《佚文輯補》）〔註109〕；陳濟生，常延齡，施誼，劉在中，王士祿，柴紹炳，呂章成，馬鳴鑾，曹溶，王秉乘，陳上年，陳正，戚坤，郁植，萬言，沈三曾，宋振麟，劉肅，張曾慶，劉澤傳，楊端本，陳赤衷，呂兆麟，王猷定，毛甡，顧有孝，顧夢麟，陸圻，湯濩，方文等；（以上見《同志贈言》）共一百五十一人〔註110〕。

　　在此先將亭林交游分為烈士、遺民和清臣三類，謹擇要敘述之，若欲通觀，請參考交游表。

1. 烈　士

　　抗清戰爭中，志士此仆彼起，慷慨成仁，為亭林詩、文提及者有吳晹、顧咸正、其子天遴、天遴，楊廷樞，陳子龍，路振飛，吳志葵，王國翰及吳其沆。其中吳晹、楊廷樞、陳子龍三氏俱為復社中人。在此僅敘述吳晹、顧咸正與路振飛。

吳　晹：

　　亭林減吳晹一歲而二人又同入復社。《詩集》有〈上吳侍郎晹〉一詩，編於〈十二月十九日奉先姚藁葬〉詩之後，當是順治二年十二月十九日以後之作。亭林之結識吳晹，以同年閏六月諸義師起兵江南，時吳江由吳晹主之，崑山由王永祚主之，而先生與楊永言、吳其沆、歸莊皆佐永祚軍。此詩通述南都陷、義師起、石椿橋兵敗事，末勉其持重，慮而後動。青年愛國之熱誠、英雄相惜之情義，由斯可見。

顧咸正：

　　字端木，號瓾庵，崑山人。崇禎六年舉人，十三年授延安推官，屢擒劇盜，招降回賊、土賊等。已而陝西全陷，咸正被執。順治三年南歸，以全髮走三千里抵吳，而其弟咸建、咸正已死節矣。順治四年，

〔註109〕另外還有《蔣山傭殘稿・卷一・與魏某》三札，衍生注曰：「章丘令」；卷二〈與徐某〉、〈答徐某〉各一札，衍生注曰：「代健菴。」均不知何人。《詩集》卷二〈懷人〉及〈集外詩〉：「和若士兄賦孔昭元奉諸子游黃歇山大風雨之作」，亦不詳何人。

〔註110〕此外，見於年譜而未錄者，有閻若璩、馬驌諸人。

因吳勝兆反正事發及通海事見知而被執至江寧，不屈而死，父子兄弟一門俱死節。

《詩集》卷一〈贈顧推官〉詩、〈哭顧推官〉詩以至卷六〈華下有懷顧推官〉詩，乃描寫咸正歸吳、期許咸正有為、咸正一門死節乃至居華下時，懷念昔日咸正亦嘗居秦諸事，而以遺民自誓也。

路振飛：

字見白，號皓月，廣平曲周人。方崇禎十六年秋總督漕運時，謁鳳陽皇陵，聞唐王聿鍵方以罪錮鳳陽高牆中，守陵中官虐之，振飛疏乞寬貸罪宗，竟得請，唐王由是感激。而後聿鍵立於閩中，是為隆武帝，百計求致振飛，振飛至，帝大喜而優禮之，時主眷雖隆，然事權不屬，大將逍遙河上，藩鎮潛懷二心，公以義不可去，數數在告，即亭林詩所云：「危難心不怠」。順治六年，卒於廣東順德。

據鄧之誠《清詩紀事》，隆武時，大學士路振飛薦亭林為兵部職方司主事，是後四、五年間，亭林嘗東至海上，北至王家營，僕僕往來，蓋受振飛命，糾合淮徐豪傑。亭林每從淮上歸，必詣洞庭告振飛長子澤溥，或走海上，謀通消息。康熙六年，過曲周，拜路振飛祠，有詩記之。

據《詩集》及《年譜》，順治九年，遇路澤溥於虎邱，有贈詩一首為記（《詩集》卷二）；十年，於澤溥家觀隆武四年曆，感而有作（《詩集》卷二）；十二年，亭林為讐家葉方恆所中，澤溥兄弟盡力營救，有〈贈路光祿太平〉、〈贈路舍人〉（卷三）二詩記此時事，並感激壯士扶危之情。

振飛長子澤溥，字蘇生，亂後奉母居太湖。次子澤淳，字聞符。季子澤濃，字安卿，賜名太平，閩亡，奉永曆帝命徵兵於外，晚年隱於吳門，亭林嘗稱美之：「險阻備嘗，與時屈伸，吾不如路安卿。」

2. 遺　民

明亡之際，官紳士民，多起而捍衛家國以致殉難，而亭林交游之中不乏死節者已如前述。明亡後，其交游率皆不仕新朝、志節超邁之

士，或混迹緇流、黃冠，如萬壽祺、歸莊、錢秉鐙、傅山；或講學著述，如楊瑀、陸世儀、黃宗羲、張爾岐、孫奇逢、李顒；或隱居著述，如潘檉章、吳炎、戴笠、王錫闡、張弨；或逃薦不出，遯迹山林，如王弘撰、李因篤。謹擇歸莊、李顒、李因篤論述之。

歸　莊：

　　字玄恭，號恆軒，崑山人，生於明萬曆四十一年，卒於康熙十二年，年六十一。太僕卿歸有光曾孫，處士歸昌世子。明諸生，博涉群書，工草隸。早年入復社，豪邁尚氣節。

　　生平與亭林最善，稱為同里同學，一心相嚮〔註111〕，以學行相推許，而不諧於俗〔註112〕，時有「歸奇顧怪」之目。嘗同舉義於蘇州，事敗俱遯去。

　　莊之長兄德昭，參史可法幕，揚州破，從死。從兄繼登為德清教諭，城破亦死。順治四年十二月，至吳興，尋兄繼登骨〔註113〕，亭林作〈吳興行〉贈之（《詩集》卷一）。莊素懷壯志，自云：「投筆仗劍之志，無日無之。」（《歸莊集·卷五·上吳鹿友閣老書》）十二年，亭林與葉方恆搆難，莊為書責方恆以戡其奸謀〔註114〕。十四年亭林避讐北游，莊為文贈其行也。（《歸莊集·卷三·送顧寧人北遊序》）亭林自此奔走四方，而歸莊不出里閈，然仍時時寓書相切劘。（見《同志贈言》、《歸莊集》）順治十八年，歸莊有詩及書贈亭林，詩云：「同鄉同學又同心，卻少前人唱和吟，他日貢王今管鮑，不須文字見交深。」（《歸莊集》卷一〈寧人東來，謂白皮陸集中，唱和贈答連篇累牘，我與子交，而詩篇往來殊少，後世讀其集者，能無遺恨，賦此卻寄〉）書亦云：

〔註111〕 見《歸莊集·卷五·與顧寧人書》。

〔註112〕 《文集·卷五·吳同初行狀》：「自余所及見，里中三十年來號為文人者，無以浮名苟得為務，而余與同邑歸生獨喜為古文辭，砥行立節，落落不苟於世。」

〔註113〕 歸莊〈先王考太學府君權厝誌〉：「子昌世，孫昭、繼登、莊。子孫今獨莊在。」王蘧常《顧亭林詩集彙注》，頁393引。

〔註114〕 詳見《歸莊集·卷五·與葉嵋初》。

「一別四載，暮雲春樹，何以爲懷？……每念同里同學，同心同嚮，惟兄一人……。」（《歸莊集・卷五・與顧寧人書》）康熙七年，亭林聞萊州詩獄牽連己身，即星馳赴鞠，作〈赴東〉詩六首寄諸南方友人，歸莊次韻奉答五首（《歸莊集》卷一），並貽書稱之，曰：「此舉光明，乃精於脫禍者」；然復規責曰：「友人頻傳兄論音韻，必宗上古，謂孔子未免誤，此語大駭人聽，因此度兄學益博，則僻益甚，將不獨音韻爲然，其他議論，倘或類此，不亦迂怪之甚者乎？却子語迂，單子知其不免，況又加之以怪乎？」因此勸亭林「抑賢知之過，以就中庸也。」（《歸莊集・卷五・與顧寧人》）其直諒誠款如此。而往覆書札中，多有懷舊之思，勸亟南歸之辭﹝註115﹞。晚年屏居僧舍，作草書、畫竹、賦詩、飲酒如故，嘗作〈萬古愁〉曲子，自古聖君賢相，無不詆訶，而獨痛哭於存亡興廢之際。康熙十二年歿，時亭林客章邱，設位祭之，哭以詩云：「峻節冠吾儕，危言驚世俗。」（卷六〈哭歸高士〉之二）微雲堂主人爲文祭之曰：

> 先王道喪，士習懦懁，孔子有言，必也狂狷，歸奇顧怪，一時之選，漁獵子史，貫穿經傳，志高氣盛，雄傑魁岸。顧游四方，燕塞秦甸：君獨閉門，枯守筆硯。斫弛不羈，俗人笑姍，抱太僕文，蒐羅拾攎，胡忽隕亡，逝如飛電。﹝註116﹞

可想見其人之性情襟抱也。

李　顒：

字中孚，自署二曲土室病夫，學者稱二曲先生。陝西盩厔人，生於天啓六年，卒於康熙四十四年，年七十九。父可從，以壯武從軍，崇禎十五年，戰死襄城，時顒年十六。家甚貧，與其母彭氏并日而食，彭氏日言忠孝節義以督之，顒亦事母至孝，飢寒清苦，無所憑藉，而自拔流俗，以昌明關學爲己任，家故無書，從人借之，自經史子集至

────────────

〔註115〕詳見《歸莊集》卷五〈與顧寧人〉、〈與顧寧人書〉。
〔註116〕見《微雲堂雜記》，張穆《顧亭林先生年譜》，頁67引。

二氏書，無不博覽。亭林嘗云：「堅苦力學，無師而成，吾不如李中孚。」（《文集‧卷六‧廣師》）

康熙二年，亭林過盩厔，友李顒。《二曲集‧處士年譜》敘及亭林來訪情形。其學從陸王入手，與亭林學趨不同，然交好無間，嘗論入學之方：

> 學者當先觀象山、慈湖、陽明、白沙之書，闡明心性，直指本初，以洞斯道之大原，然後取二程朱子及康齋、敬軒、涇野、整菴之書，玩索以盡踐履之功。

與亭林往來論學至數，二人於體用出處，討論辨析再三〔註117〕。嘗曰：「吾人當務之急，原自有在，若舍而不務，惟騖精神於上下古今之間，正所謂拋卻自家無盡藏，沿門托鉢效貧兒。」

康熙十二年，總督鄂善疏薦顒於朝，顒貽書固辭，書數上，不許，顒更辭以病，有司日逼起程，乃以死自誓，督院以實病具題，部覆奉旨疾瘂起送。十四年，避兵富平，亭林遺書曰：「先生龍德而隱，確乎不拔，真吾道所倚為長城，同人所望為山斗者也。」（《佚文輯補‧與李中孚手札之四》）十六年，訪顒於富平東南軍砦北，二人促膝長談，語必達旦。十七年，舉鴻博〔註118〕，徵召頻仍，大吏敦迫，顒絕飲食六晝夜，欲自刎，乃得予假。此段本事，即〈梓潼篇贈李中孚〉詩所云：「從容懷白刃，決絕却華輈。」（卷六）

亭林嘗致書與顒，詳論死生存亡之際，出處大節之權。李顒自是閉關，宴息土室，不與人接。惟亭林至，乃款之。康熙十八年，亭林有西河之行，顒送別，至吞聲下泣，可見交情。（《蔣山傭殘稿‧卷三‧與李子德》）二十年，為其先妣求傳於亭林再三，亭林以止為一人一家之事，固辭不許（《文集‧卷四‧與人書十八》），可見君子

〔註117〕詳見李顒《二曲集‧卷十六‧答顧寧人先生》。

〔註118〕詳見惠霖嗣〈二曲歷年紀略〉、《小腆紀傳》本傳，及《亭林詩集》編年。《清史‧卷四百七十九‧李顒本傳》：「康熙十八年，薦舉博學鴻儒。」與前有殊。案康熙十七年已開博學鴻詞科，當從十七年說。

交之不苟也。

李因篤：

　　字天生，一字子德，生於崇禎四年，明季諸生。見天下大亂，走塞上，訪求奇傑士與殺賊報國，無應者，歸而鍵戶讀經史，貫穿注疏，負重名。入清屢北游雁門，南游三楚，皆有所圖，與李顒、李柏稱關中三李，學以朱子爲宗，深於經學，所著《詩說》，亭林許爲毛鄭嗣音〔註119〕。汪琬亦稱經學脩明者，所見惟亭林與因篤耳〔註120〕。

　　康熙二年，亭林游五臺，與因篤遇，遂訂交，作詩酬之。（《詩集》卷四）因篤亦有〈太原喜晤寧人先生賦贈〉四首。（《同志贈言》）嗣後亭林至關中，數主其家。五年，訪因篤於代州牧陳上年署，作詩贈之。（《詩集》卷五）康熙七年，亭林爲萊州黃培詩案牽連下獄，因篤聞之，走三千里入都，爲故人脫難，復至濟南省視亭林，致觸暑疾作。八年二月朔，事解，與亭林晤保州，重會薊門，因篤有〈奉答亭林前詩廣二十韻之作〉。（《同志贈言》）三月，偕往謁思陵，二人並有詩記之〔註121〕。嗣後亭林與因篤往來贈答不已。十六年，亭林至關中訪因篤，登堂拜其母，有詩四首記當日事（卷六〈過李子德〉）因篤亦奉答之〔註122〕。十七年，因篤被薦鴻博，諭召入都，以母老病辭，不獲而行，涕泣就道。亭林爲致書薦主李天馥、梁清標，請其哀矜放歸，以遂終養之願〔註123〕。及因篤行將入都，又諄諄以書囑之，以能不預試爲上〔註124〕。及因篤與試受職，又勗其善保令名，與時消息〔註125〕。迨因篤有推重援引之意，則又嚴辭責之，

〔註119〕《清史・卷四百七十九・儒林傳一》。
〔註120〕《文集・卷六・廣師》。
〔註121〕亭林有〈三月十二日有事於先皇帝攢宮同李處士因篤〉（《詩集》卷五）。李因篤有〈三月十二日有事於攢宮，同顧徵士炎武賦用來字〉，《同志贈言》，頁26b。
〔註122〕王蘧常《顧亭林詩集彙注》，頁1158引。
〔註123〕詳見《蔣山傭殘稿》卷二〈與李湘北學士書〉、〈與梁大司農書〉。
〔註124〕見《蔣山傭殘稿・卷三・答李子德》。
〔註125〕見《文集・卷四・答李子德書》。

不稍寬假〔註126〕。後因篤授檢討，旋上陳請表，命下即行，未始非亭林之激勵有以成之。十八年，因篤西歸，省亭林於汾州天寧寺，亭林作詩記之。（《詩集》卷五）二十年八月，亭林寓曲沃臥病，小癒，因篤走書相問，並遣使起居，勉以有爲。（《同志贈言》）亭林大受感動，有酬因篤詩一首云：「一從聽七發，欲起命巾車。」（《詩集》卷六）正月，亭林去世，因篤作〈哭亭林先生一百韻〉，並致書顧太學，請其善爲教導嗣孫顧茂引〔註127〕。

　　與亭林交情至密者有三人：歸莊、潘耒及因篤。誠如亭林所言：「知老弟爲我用情，無不周至。」（《蔣山傭殘稿・卷三・與李子德》）即爲因篤特受亭林青睞之主因。間亦由於二人治古韻、好作詩及詩必盛唐等共同作風〔註128〕，聲氣相近故。由於作風相同，因篤與亭林酬贈詩作最多，而亭林亦甚推許其詩〔註129〕。

　　《餘集・與潘次耕札》云：「至於著述詩文，天生與吾弟各留一本，不別與人，以供其改竄也。」亭林卒後，因篤果不負所望，與王弘撰、康乃心共訂亭林遺詩，保存其詩集原貌〔註130〕。

3. 清　臣

　　亭林之交游中，以遺民人數佔最多，而關係又最爲密切。至於清臣，其人數雖亦不少，然與亭林關係畢竟不如前者之深厚。吾人從《亭林詩集》之酬和贈答中，僅得清臣朱彝尊、李源、康乃心、蕭企昭四人可知。彝尊早先以遺民自任，而後易節仕清，亭林與之酬贈者，皆在仕清之前；李源雖一度仕清，然順治六年已罷官歸里，康熙九年，亭林與之晤面時已是布衣。且亭林所作〈題李先生矩亭〉一詩，尾聯

〔註126〕見《蔣山傭殘稿・卷二・答李子德》。
〔註127〕見《續刻受祺堂文集》，〈與顧太學〉。
〔註128〕見趙儷生《顧亭林與王山史》，頁62。
〔註129〕傅山《霜紅龕集》卷九〈爲李天生十首〉之八，詩末自注：「寧人向山云：今日文章之事，當推天生爲宗主，歷敍司此任者，至牧齋死而江南無人勝此矣。」
〔註130〕同註128，〈康熙二十七年戊辰〉條下。

雖收束至李源，然通首重心畢竟在李源之父。是以眞正受亭林青睞者僅蕭企昭、康乃心二人耳。企昭時年三十一，而乃心時年三十八，皆爲清文學。吾人從交游表中所列清臣可見：彼皆鴻博之士而絕無不術之徒，茲舉此中代表人物蕭企昭、康乃心以爲說明。

蕭企昭：

　　字文超，漢陽人，順治十四年副榜貢生。少稟異姿，博聞強記，下筆數千言。嘗游京師，與熊賜履辨儒佛之邪正，朱陸之異同，賜履見其功夫精進，畏服非常，彼此箴規，拳拳不已。企昭之學，尊法朱子，排斥陸王，而心平氣和，無明人喧鬨之習。康熙六年，時亭林五十五歲，於河北一見之（時企昭三十一歲），即深推服，贈詩云：「晚得逢蕭君，探賾窮魯汲，車中服子慎，一見語便洽，上考三傳訛，獨受尼父法，方深得朋喜，豈料歸歟急。」對一青年贊至譽極，可見企昭學識不凡。企昭雖學植淹博，惜體羸善病，康熙八年卒，得年僅三十三，誠天妒英才矣。

康乃心：

　　字太乙，一字孟謀，號恥齋，郃陽人。少善屬文，尤工詩，由縣學生拔入國子監。亭林抱絕學，往來關中，康氏與之游。康熙十九年，乃心歸郃陽，亭林有送別五律一首，末二聯云：「大道疑將廢，遺經重可哀。非君眞好古，誰爲掃莓苔。」（卷六〈送康文學乃心歸郃陽〉）對康氏寄予厚望。康熙二十七年，乃心與王弘撰、李因篤共訂亭林遺詩，嘗作〈暮春岳麓呈懷李太史三十二韻〉詩云：「遺編詩共訂（原注：寧人微君），別緒語難詳。」（《莘野集》）三十一年，王士禎奉使祭告西嶽〔註131〕，游慈恩寺，見其題秦莊襄王墓絕句：「園廟衣冠此內藏，野花歲歲上陵香。邯鄲鼓瑟應如舊，嬴得佳兒畢六王。」亟稱之，康氏以此得名。長安語曰：關中二李，不如一康。康熙三十八年舉人。四十二年，聖祖西巡，問經明行修之士，韓城劉蔭樞以乃心對，

〔註131〕《清史・卷二百六十七・列傳五十三・王士禎本傳》云：「（康熙）三十一年，調戶部，命祭告西嶽、西鎮、江瀆。」

由是名大著。從多位學者之推崇，其才學可想得知矣。

四、生平之閱歷

人格是一持續發展之歷程。個人人格除受本身之才氣、學習、信仰及交游所影響外，生平之閱歷亦是決定因素之一。

明清之交是一動亂之時代，亦爲一偉大之時代。彼時諸多磨難，使人於阽危顛躓之中，益自深刻體悟人生世相。歸莊〈與顧寧人書〉云：

> 使兄不避仇、不破家，則一江南富人之有文才者耳，
> 豈能身涉萬里，名滿天下哉！（《歸莊集》卷五）

窮厄之際遇及遠遊，乃改變亭林一生之契機。是以遇仇、破家雖爲先生之禍，抑亦先生之福，其互爲倚伏，於先生一生所關者至深且巨。古人有云：「詩窮而後工」，韓愈亦言：「懽愉之辭難工，而窮苦之辭易好。」（〈荆潭唱和詩序〉）豈獨詩哉！他若名山事業亦有置諸非常境而後傳之百代者。

至於遨遊四方、行萬里路，目睹山川之盛，親驗人事之域，可以開拓萬古之心胸，增長無窮之見識，亭林〈寄弟紓及友人江南〉之三云：「卻喜對山川，壯懷稍開闊。」（《詩集》卷三）〈土門旅宿〉云：「從知宇宙今來闊，不似園林獨臥時。」（《詩集》卷五）皆是中心感受。

1. 歷經禍亂

亭林一生可分作三階段：崇禎十七年（甲申）以前；崇禎十七年至順治十八年；康熙元年至二十一年。（王蘧常《顧亭林詩集彙注》前言）

甲申以前，雖國事蜩螗，兵連禍結，然而國未亡、家未破，戰火亦未波及江東，亭林尚未有切身之痛。雖然，崇禎十二年清兵直驅濟南，連下州縣七十餘，震動鄰近之江蘇，使亭林於秋闈被擯之餘，不免「感四國之多虞，恥經生之寡術。」（《文集‧卷六‧天下郡國利病書序》）於是發憤著書，圖挽危亡，重以十四年復值丙丁，有驚無險，

但是大部分時間，據亭林自述：

> 天下嗷嗷方用兵，而江東晏然無事。以是余與叔父泊
> 同縣歸生，入則讀書作文，出則登山臨水，間以觴詠，彌
> 日竟夕。（《餘集・從叔父穆菴府君行狀》）

> 臣少年好游，往往從諸文士賦詩飲酒，不知古人愛日
> 之義，而又果以爲書生無與國家之故⋯⋯。（《餘集・三朝紀
> 事闕文序》）

> 伏念炎武自中年以前，不過從諸文士之後，注蟲魚、
> 吟風月而已。（《佚文輯補・與黃太沖書》）

崇禎十七年，正月，張獻忠寇四川；二月，李自成陷太原、眞定、
寧武關；三月陷京師，十九日崇禎自縊〔註 132〕；四月，清兵擊潰李
賊；五月，清師入京，睿親王執政，是月初一，鳳陽總督馬士英等迎
立福王即位於南都。同年四月，亭林率家人侍母遷居常熟之唐市，十
月，歸千墩，被劫〔註 133〕，十二月，復遷居常熟之語濂涇。崑山令
楊永言應南都詔，薦先生名於行朝，詔用爲兵部司務。十月朔，爲清
順治元年。順治二年，弘光元年，春，亭林膺楊永言之薦至京口；四
月赴南京。五月，將復詣闕而南都陷，十五日，清師入南都。亭林從
軍至蘇州，兵敗〔註 134〕；六月，仍歸語濂涇〔註 135〕，丁未唐王即位
於福州，改元隆武；魯王亦稱監國於紹興；七月初六，清兵下崑山城，
亭林生母何氏被游騎斫右臂折，弟纘、繩並遭難；十六日，清兵下常
熟，嗣母王氏聞變即絕食，遺命先生毋仕異朝。嗣後唐王遙授亭林兵
部職方司主事，以母喪未葬，不克赴任。順治三年十一月，唐王見殺

〔註 132〕 同註 82，卷一，頁 15。
〔註 133〕 張穆《顧亭林先生年譜》，卷一，頁 15 引〈望雲樓帖刻亭林手札〉
云：「⋯⋯往日之舉，犯而不校，逆歐已無所用其愁然，今乃黑夜
逆人縱火，焚佃屋一所⋯⋯。」則往日之舉指崇禎十四年火作於門；
今乃黑夜令人縱火，指崇禎十七年千墩被劫事。參見《蔣山傭殘稿・
卷一・答再從兄》。
〔註 134〕 參見《文集・卷五・吳同初行狀》。
〔註 135〕 見《餘集・常熟陳君墓誌銘》。

於汀州；唐王弟聿鐭繼立於廣州，改元紹武，十二月見殺。順治四年，摯友陳子龍，同邑顧咸正、咸建、咸受，咸正子天遴、天逵及吳縣主事楊廷樞先後死難。五年，語濂涇家中又被劫。七年，怨家有欲傾陷之者，乃變衣冠，僞作商賈，游江浙。九年，三世僕陸恩叛，投里豪葉方恆。十年，魯王去監國號，不知所終。十二年，擒叛僕陸恩，數其罪、沈諸水，叛黨復投葉氏，訟之官，移獄松江，以殺有罪奴論，擬杖而事解〔註136〕。十三年，本生母何氏卒；獄解後，葉氏憾不釋，遣刺客刺亭林於金陵太平門外，傷首，遇救得免。順治十四年，避讐北游。

綜觀此期，亭林屢遭顛踣，如國喪、家破、親友死難、怨家傾陷和奴案見繫等。即自言「兩京淪喪，一身奔亡。」（《餘集‧三朝紀事闕文序》）「已而山嶽崩頹，江湖沸渭，酸棗之陳詞慷慨，尚記臧洪（案：指從軍至蘇州）；睢陽之斷指淋漓，最傷南八（案：指殉國同人）。」（《文集‧卷三‧答原一公肅兩甥書》）「已而奴隸鴟張，親朋瀾倒。」〔註137〕（同上）「田園已侵并，書卷亦剽奪。尚虞陷微文，雉羅不自脫。」（《詩集‧卷三‧寄弟紓及友人江南》）。

順治十八年，緬國獻桂王由榔與清軍。康熙元年，吳三桂殺由榔於雲南，明祚至此斷絕。二年，在汾州聞摯友吳炎、潘檉章遭湖州莊氏史難，遙祭於旅舍。七年，爲萊州黃培詩案牽連下獄，十月，獄解得釋。八年，四月至章邱，與謝長吉對簿，章邱大桑田莊案始結。

此期滿清政權日益鞏固，遂借文字獄以整肅思想、荼毒遺民。如亭林摯友潘、吳二氏及亭林本人，皆身歷其事。

一生經歷如許波折之亭林，感慨自然深沈。方清朝盛世，渠又如何自處？〈答李紫瀾〉一札云：

〔註136〕亭林殺奴事之本末經過，見《詩集‧卷三‧贈路光祿太平詩詩序》。《歸莊集‧卷三‧送顧寧人北遊序》。張穆《顧亭林先生年譜》自訂編引〈陸清獻日記〉，見王蘧常《顧亭林詩集彙注》引。

〔註137〕親朋瀾倒，指族人顧維啓釁事，見《蔣山傭殘稿》卷一，頁193。

　　　　弟老矣，自舞象之年，即以觀史書，閱邸報，世間之
　　　事，何所不知。五十年來存亡得失之故，往來于胸中，每
　　　不能忘也。中遭憂患，……常歎有名不如無名，有位不如
　　　無位。(《蔣山傭殘稿》卷二)

因見李顒以講學知名，爲上官交薦並迫至京郊，至臥操白刃，誓欲自
裁，而感嘆曰：「有名不如無名。」又〈答次耕書〉云：

　　　　處此之時，惟退惟拙，可以免患。吾行年已邁，閱世
　　　顧深，謹以此二字爲贈。(《文集》卷四)

　　方明清之交，亭林可以擁田舍以退處山林，却不願幽隱，乃執干
戈以衞家國，破盡萬金、飄泊青齊幽燕，以尋同志；方清朝盛世，亭
林可以仕而不願仕，寧守節以終。蓋常人所求者當世之名，而先生所
求者沒世之名也。諸多憂患，適益礪其心志而堅忍其節操爾。

2. 四處飄泊

　　亭林自順治十四年北遊，「自此絕江踰淮，東躡勞山、不其，上
岱嶽，瞻孔林，停車淄右。入京師，自漁陽、遼西，出山海關，還至
昌平，謁天壽山十三陵，出居庸，至土木，凡五閱歲而南歸於吳，浮
錢塘，登會稽。」(《佚文輯補・書楊彝、萬壽祺等爲顧寧人徵天下書
籍啓後》) 康熙元年以後，西南既覆，鄭成功亦沒，乃浩然長往，再
度北遊：

　　　　度沂絕濟，入京師，遊盤山，歷白檀，至古北口，折而
　　　南，謁恆嶽，踰井陘，抵太原，往來曲折二、三萬里。(同上)

所至交其賢豪長者，考其山川風俗、古今治亂之迹，證以金石碑碣，
自是聞見益廣。如至山東，質諸官長當地風俗，曰：「齊民之俗有三：
一曰逋稅，二曰刼殺，三曰訐奏。」加以多年體驗，「則見夫巨室之
日以微，而世族之日以散，貨賄之日以乏，科名之日以衰，而人心之
日以澆且僞；盜誣其主人而奴訐其長，日趨於禍敗而莫知其所終。」
(《文集・卷二・萊州任氏族譜序》) 以爲當地風俗澆薄浮僞。至河北，
曰：「河北之人鬪狠劫殺，安史諸凶之餘化也。」(《日知錄・卷十七・
南北風化之失》條) 至關中，對該地風俗極予稱美：「此間風俗大勝

東方。」(《文集‧卷四‧與李霖瞻書》) 以「秦人慕經學、重處士、
持清議,實與他省不同。」(《文集‧卷四‧與三姪書》)「關中故多豪
傑之士,其起家商賈為權利者,大抵崇孝義,尚節概,有古君子之風,
而士人獨循循守先儒之說不敢倍。」(《文集‧卷五‧富平李君墓誌銘》)
「彼中官長紳缺,並知下士。」(《蔣山傭殘稿‧卷三‧與原一公肅兩
甥》) 無論官紳士民俱有古君子風,無怪乎先生有安土之意。再將各
地風俗與江南比照,則發現「江南之士,輕薄奢淫」,追溯成因曰:「梁
陳諸帝之遺風也。」(《日知錄‧卷十七‧南北風化之失》)

　　再者,亭林藉以從事學術研究,如《山東考古錄》、《京東考古錄》、
《營平二州地名記》、《肇域記》乃結合文獻資料與實地考證之研究成
果,而《日知錄》關於歷代制度、風俗與民生利病,多係由身歷各地、
實地考證而得。又周遊天下二十年,所至名山、巨鎮、祠廟、伽藍之
跡,無不尋求古人金石之文,甚且登危峯、探窈壑、捫落石、履荒榛、
伐頹垣、畚朽壤〔註138〕。

　　亭林四處飄泊之最大目的,在尋求遺民、志謀恢復。蓋東南為清
廷注意之焦點,難以成就功業,於是飄然高舉。如〈贈萬舉人壽祺〉
詩云:「南方不可託,吾亦久飄蕩,崎嶇千里間,曠然得心賞。」(卷
二)〈丈夫〉詩云:「丈夫志四方,有事先懸弧,焉能釣三江,終年守
菰蒲。」(卷二)〈京師作〉云:「河西訪竇融,上谷尋耿況。」(卷三),
〈玉田道中〉云:「豈有田子春,尚守盧龍塞。」(卷三)。

　　康熙元年以後,踪跡多在山左右,嘗出雁門,兩至大同,蓋明亡
邊兵多有存者;並致意關中形勢之佳,進可攻,退可守〔註139〕。鄔
慶時編《屈翁山年譜》引屈大均言,曰:

　　　先生(案:指屈大均) 知山陝之間,僻處一隅,清不
　　甚防閑,有志之士,多匿處以圖恢復,因與杜蒼舒入陝聯
　　絡。顧亭林、李天生、朱竹垞、傅青主等先後集太原,定

〔註138〕參見《文集‧卷二‧金石文字記序》。
〔註139〕同註24。

計分進，送顧、李出雁門之後，先生亦即南歸，徧遊廣東
南路，事雖未成，而其志可知矣。〔註140〕

足爲一徵。而亭林詩又云：「我欲西之秦，潛身睨霸王」（卷四〈酬李
處士因篤〉）更可爲佐證。

亭林晚年，薦剡方殷，欲免當局之招致，遂於康熙十八年出關，
作嵩少之游，四月至曲周，旋由河南抵汾州，十一月回華陰。〈與李
紫瀾書〉云：

弟以三月十日出關，歷崤、函，觀雒、汭，登太室，
游大驪，域中五嶽得游其四，不惟遂名山之願，亦因有帥
府欲相招致，及今未至，飄然去之。鴻鵠之意，意南而至
於南，意北而至於北，此亦中材而處末流之一術矣。（《蔣山
傭殘稿》卷二）

則是以游爲隱。又〈與潘次耕書〉云：

蓋此時情事，不得不以逆旅爲家，而燕中亦逆旅之一，
非有所干也。若塊處關中，必爲當局所招致而受其籠絡，
又豈能全其志哉！（《蔣山傭殘稿》卷三）

當此之時，更不敢返回鄉里，以清吏行取，「必在元籍」（《餘集・與
潘次耕札》之四），終至老死異鄉。

亭林自稱爲東西南北之人〔註141〕，「頻年足迹所至，無三月之
淹，一年之中半宿旅店。」（《文集・卷六・與潘次耕書》）渠飄泊四
方，「九州歷其七，五嶽登其四。」〔註142〕，總計亭林北游二十餘年，
所歷省份如下：

明桂王永曆十一年（清順治十四年，1657）：江蘇－山東。

明桂王永曆十二年（清順治十五年，1658）：山東－直隸。

明桂王永曆十三年（清順治十六年，1659）：直隸－山東－江蘇

〔註140〕見王蘧常《顧亭林詩集彙注》，頁936引。

〔註141〕見《餘集・與陸桴亭札》。

〔註142〕見《文集・卷六・與楊雪臣書》、〈與戴耘野書〉；《蔣山傭殘稿・卷
三・與陳介眉》。

－山東。

明桂王永曆十四年（清順治十七年，1660）：山東－直隸－山東－江蘇。

明桂王永曆十五年（清順治十八年，1661）：江蘇－浙江－江蘇－山東。

清康熙元年（1662）：山東－直隸－山西。

清康熙二年（1663）：山西－陝西－山西。

清康熙三年（1664）：山西－直隸－河南－山東。

清康熙四年（1665）：山東。

清康熙五年（1666）：山東－直隸－山西－直隸－山東。

清康熙六年（1667）：山東－江蘇－山東－直隸－山東。

清康熙七年（1668）：山東－直隸－山東。

清康熙八年（1669）：山東－直隸－山東－直隸－山東－直隸－山東－直隸。

清康熙九年（1670）：山東－直隸－山西。

清康熙十年（1671）：山西。

清康熙十一年（1672）：山西－直隸－山東－直隸－山東－河南－山西。

清康熙十二年（1673）：山西－山東－直隸－山東－直隸。

清康熙十三年（1674）：直隸－山西－山東。

清康熙十四年（1675）：山東－河南－山西。

清康熙十五年（1676）：山西－山東－直隸－山東－直隸。

清康熙十六年（1677）：直隸－山東－直隸－山西－陝西－山西。

清康熙十七年（1678）：山西－陝西。

清康熙十八年（1679）：陝西－河南－直隸－河南－山西－陝西。

清康熙十九年（1680）：陝西－山西。

清康熙二十年（1681）：山西－陝西－山西。

清康熙二十一年（1682）：山西。〔註143〕

計有江蘇、山東、直隸、浙江、山西、陝西、河南七省。所攀游名山有岱（泰山）、恆山、華山、嵩山〔註144〕，無怪乎亭林自道「九州歷其七，五嶽登其四」！

〔註143〕 見 Willand J. Peterson, "The life of ku Yen-Wu （1613-1682）", PartII, P. 247～Appendix. 引自黃秀政《顧炎武與清初經世學風》，頁26～28。

〔註144〕 參見《詩集·卷三·登岱》，卷四〈北嶽廟〉、〈華山〉，卷六〈嵩山〉。

第四章　從晚明到清初之時代背景

　　自神宗萬曆末年，秕政叢起，國防軍事、民生經濟、教化風俗，均不足觀。重以黨爭、閹患之蠹蝕，民變、外寇之鉅創，更加速明室之敗亡。清人乘間而起，自努爾哈赤、皇太極、多爾袞、清世祖、聖祖，且重用漢人降臣，為其運籌帷幄、決勝疆場，滿清基業遂由初步經營、奠定以至完成穩固。蓋清初政治，乃高壓懷柔並施，行之有效，使漢人臣服於異族達二百餘年之久。

　　明廷之自壞長城，為滅亡之主因；清人之入主中國，亦非憑恃其強大之武力。明遺民不甘九鼎見竊，遂組織武力抗清，更且於棄戈之後，退隱絕仕，深入檢討明室敗亡之因，以為後世為政之龜鑑，故種種經世致用之說層出不窮。而明遺民之高風亮節，影響及於清末之國民革命，因而漢人卒能推翻滿清，締造民國。推究明遺民之苦心貞志及其身後事業，原是宋遺民未能企及者。

第一節　政治局勢

一、明末政治述略

　　神宗初年，張居正當國，慨然有任天下之志，十年首輔，海內清平。然居正沒後，繼之者皆非其人；而神宗怠政，威柄下移，礦稅貂

璫，苛毒天下，秕政叢起，卒致亂階。茲述明末政情如左：

1. 東林黨議

先是，無錫有東林書院，爲宋楊時講道之處，顧憲成忤朝旨〔註1〕，削籍歸里復修之，與高攀龍、錢一本講學於此。其後，孫丕揚、鄒元標、趙南星等相繼講學。天下之士，聞風而集，往往諷議時政，裁量人物，朝士慕之，遙相應和。由是東林黨之名，遂不脛而走。究其實，當日講學於東林書院者，並未稱黨，然其諷評朝政，往往一致，世人遂名之爲東林黨。當時廷臣亦競立朋黨，大致分爲東林黨與非東林黨二派，其非東林者，有宣崑黨及齊、楚、浙三黨，聲勢相倚，務以攻東林、排異己爲事。既而三案起〔註2〕，遂爲二派紛爭之焦點，而傾軋愈烈，乃由意見之爭轉成門戶之爭。

2. 三案之爭

黨爭之烈，以請立東宮爲始。初，神宗寵鄭貴妃，兼愛其子常洵，久不立太子，羣臣疑慮，數以爲請，所謂爭國本是也。帝不得已，立長子常洛爲太子，遇之甚薄。四十三年，有男子張差者持梃入東宮，擊傷門者，提牢偵爲鄭妃宮監所嗾使，鄭妃懼，請於帝及太子，磔張差，其事遂寢，是爲梃擊一案。

神宗崩，常洛即位，爲光宗，數日病篤，召見閣臣方從哲等於乾清宮，從哲薦李可灼進紅丸，病俄革，翌日猝殂。而方從哲乃稱遺旨賞李可灼銀五十兩，御史王安舜首爭之，劾從哲輕薦狂醫，又給賞以自掩；給事中等又數從哲十三可殺罪，是爲紅丸一案。

明光宗崩，而李選侍據乾清宮，與閹宦魏忠賢及客氏，謀挾皇長

〔註1〕 顧憲成，字叔時，無錫人，萬曆四年擧鄉試第一，八年成進士，授戶部主事，大學士張居正病，朝士群爲之禱，憲成不可。同官代之署名，憲成手削去之，居正卒，改吏部主事，請告歸三年，補驗封主事。十五年，都御史辛自修以事得罪執政，御史承風旨糾彈自修，憲成不平，上疏語侵執政，被旨切責，謫桂陽州判官。其風概可見一斑。事見《明史‧卷二百三十一‧列傳第一百十九‧顧憲成傳》。

〔註2〕 詳見趙翼《廿二史劄記‧卷三十五‧三案》條。

子以自重，不聽諸臣入臨；諸臣乃掖皇長子出，立於文華殿。楊漣、左光斗等遂勒選侍移居噦鸞宮，太子復還乾清正位，是爲移宮一案。

　　三案並起，狺狺不休，大抵東林黨以梃擊爲鄭貴妃主之，進紅丸爲方從哲之過，不移宮爲李選侍之罪；非東林黨則以張差爲顚人，紅丸爲有效，移宮爲薄待先朝嬪御〔註3〕。蓋兩派初爭，各有其是，其後黨見日深，三案遂爲爭持之資。洎魏閹得志，非東林黨人與之勾結，殺人則借三案，朝中善類，誅戮無算，而國運傷矣〔註4〕。

3. 客魏之禍

　　魏忠賢與熹宗乳母客氏相結，並爲熹宗所寵信。二人忌司禮監王安持正，矯旨殺之。日引帝爲內操遊樂，益無所忌。魏氏援引羣小，入備贊畫，凡宮嬪內侍之不如意者，百計讒殺之。時東林勢盛，眾正盈朝，激揚諷議，魏氏頗憚之，於外事未敢大肆。後用顧秉謙等爲相，羽翼爪牙，漸次堅固，遂得肆其毒噬。楊漣劾魏氏二十四大罪，語語皆可指實，而帝不悟，中旨切責。諸臣益憤，交章論魏氏不法，帝反溫諭數魏氏勤勞，責諸臣附和。魏氏矯殺萬燝，借以立威，希旨者遂劾楊漣、左光斗諸人，黨同伐異，招權納賄，東林之禍乃作。初，王紹徽編東林一百八人，繫以宋時梁山泊宋江等名目，爲《點將錄》，令魏氏按名黜汰。崔呈秀復進〈同志〉、〈天鑒〉諸錄，分別異道，由此群小登據，善類一空。乃更假三案與封疆事，以逮楊、左等六君子（楊漣、左光斗、魏大中、袁化中、周朝瑞、顧大章）遂斃於獄中。高攀龍畏禍自投於池，熊廷弼、孫承宗或殺或罷，邊事益不可爲。魏氏復修《三朝要典》，以梃擊、紅丸、移宮三案事，編輯成書，極意詆諆東林，榜東林黨人姓名示天下。嗣後進爵上公，潛竊神器。及崇禎立，魏氏乃伏誅，然七年之間，無惡不作，明閹之患，至此爲極！

　　明末，以東林起黨議之端，以三案爲交戰之點，而禍成於魏閹之當國。清流挫折，佞幸竊位，名將傳首，邊功冤抑，內政外交，不堪

〔註3〕見黎傑《明史》，頁149。
〔註4〕見蕭一山《清代通史》，頁244。

問矣，流寇因之而起〔註5〕。

4. 邊事日壞

萬曆四十七年，楊鎬喪師，廷議以熊廷弼經略遼東。廷弼乃招流亡，繕守具，示邊民以邊地必守之意，人心日趨安定，遼事漸有可爲。然廷弼性素剛，結怨者眾，爲給事中姚宗文、御史馮三元先後論劾，乃辭去。天啓元年，復起用爲遼東經略，而王化貞爲廣寧巡撫。然經撫不和，東林黨人，恆不喜廷弼，多右化貞，天啓二年，廣寧一陷，化貞、廷弼並論死。及楊漣、左光斗下獄，俱被閹黨誣陷，謂其曾受廷弼賄，甚其罪。天啓五年，廷弼遂被棄市，傳首九邊。章炳麟先生嘗論及此段本事，曰：「東林故與熊廷弼不怡，不欲專任，故使王化貞旁掣之，以召河西之挫，所挫者豈獨一隅，繫明之存亡是係，任其責者非向高則誰乎？（《太炎文錄續編・卷二上・東林誤國》）一代名將之誣死，國事有誰復可支拄？究其實，寧非東林致之，是耶？非耶？

熊廷弼既下獄論死，繼之者孫承宗、袁崇煥，皆以蓋世之才，能稱其職，而諸將委身許國，效死不屈，亦前後相望，顧奄豎宵小，陰相排擠，文墨議論之徒，從而撓之，故邊事日壞，戰無悻勝。方崇禎二年，袁崇煥復起〔註6〕，言：

> 以臣之力，制全遼有餘，調眾口不足，一出國門，便成萬里，忌能妒功，夫豈無人？即不以權力掣臣肘，亦能以意見亂臣謀。〔註7〕

而孫承宗之言，尤爲痛切，其奏議有曰：

> 邇年兵多不練，餉多不覈。以將用兵，而以文官招練；以將臨陣，而以文官指發；以武略備邊，而日增置文官於幕；以邊任經撫，而日問戰守於朝；此極弊也。〔註8〕

〔註5〕 同註4，頁245。
〔註6〕 袁崇煥罷而復起之始末，詳見《明史・卷二百五十九・列傳第一百四十七・袁崇煥傳》。
〔註7〕 同前註。
〔註8〕 見《明史・卷二百五十・列傳第一百三十八・孫承宗傳》。

無何，承宗去官〔註9〕，崇煥罹刑〔註10〕，明人自壞長城，深可慨矣。

5. 流寇猖獗

流寇起於陝西。先是，神宗委宦官爲礦使、稅使，四出騷擾，任情需索；萬曆四十六年，以建州兵起，加派民賦，曰遼餉，又值荒年，叛卒、驛夫、饑民，乃結夥群起。崇禎十年、十二年，復增剿餉、練餉，民力益無法負擔，遂鋌而走險，與流寇匯聚，於是寇益剿益盛矣。

先是，寇酋高迎祥，竄擾秦、晉、豫、鄂四省，崇禎二年，自號闖王，九年，孫傳庭捕誅高迎祥，李自成繼爲闖王，竄擾秦、晉、冀、豫諸地，十六年，攻襄陽，改爲襄京，自稱爲大元師，遂圖攻取關中、山西、北京。十七年正月，稱王於西安，同年三月，陷北京，崇禎縊死煤山，大明江山，遂告瓦解。另一流寇張獻忠，原與李自成沆瀣一氣，後以小隙，分道揚鑣，李向陝西，張下盧州。張獻忠初流竄四處，崇禎十七年，進謀四川。八月陷成都，屠戮全蜀，僭號大西國王，建元大順，十一月即位，設官分職，已而更屠殺官紳。其手段之酷，殺伐之慘，亙古未有〔註11〕。

崇禎十七年四月二十三日，吳三桂開山海關迎清軍，西山一役，李自成兵敗潰走，入陝，順治二年，清軍破潼關，迫自成走延寧，至通城，竄於九宮山。秋九月，自成留將守寨，率二十騎略食山中，爲村民所困，不能脫，遂縊死。或曰，村民方築堡，見賊少，爭前擊之，人馬俱陷泥淖中，自成腦中鉏死，清軍至，糜爛不可辨。自成一死，餘眾或降或逃或死〔註12〕。順治三年，獻忠謀窺西安，盡焚成都宮殿

〔註9〕　同前註。

〔註10〕　崇禎二年，滿洲兵以間道入關，崇煥聞警入援，都人驟遭兵，怨謗四起，謂崇煥縱敵。會滿洲設間，謂崇煥密有成約，令所獲宦官知之，陰縱使去，其人告帝，遂誅崇煥。事見《明史‧卷二百五十九‧列傳第一百四十七‧袁崇煥傳》。

〔註11〕　詳見《明史‧卷三百九‧列傳第一百九十七‧流賊李自成，張獻忠傳》。

〔註12〕　同前註，〈李自成傳〉。

廬舍，率眾出川北，又欲盡殺川兵，其將劉進忠故統川兵，聞之，率一軍逃，會清軍至漢中，進忠來降，乞爲嚮導，清軍追至西充鹽亭鳳凰坡，與獻忠遇，發矢射之，獻忠中矢墜馬，伏積薪下，清兵擒斬之，十二月，川陝全定〔註13〕。

二、清初政治述略

滿州族在明時爲建州女眞，統於明之建州衞。萬曆十一年，明將李成梁誤殺滿人景、顯二祖，遂與之結怨。萬曆四十四年，努爾哈赤併旁近諸部，創後金汗國。四十六年，以七大恨告天，興師叛明，取撫順。滿人趁有明內憂頻仍，自崇禎二年起，四度繞道深入，逼犯關輔，關內外均劫掠殘破。而邊關亦屢舉烽警，崇禎十四年，清軍圖破寧錦諸城以逼山海關，錦州告急，遼薊經略洪承疇率八總兵，十三萬軍來救，是役終亦大敗，士卒死傷無數，洪承疇敗降，轉爲清效命。明清最後交戰，在崇禎十五年冬，清軍第四度入塞，自河北直攻山東，連陷八十餘城，俘人民近三十萬，劫掠財貨不可勝計，南北驛路，無一可與爲敵者，人力物力摧毀一空，直隸畿輔，幾無完土，北京宛如孤城。未幾，流寇犯關，明亡。泊吳三桂啓關迎降，清軍遂長驅直入，定都北京。六歲稚子福臨稱帝，即清世祖，改元順治，多爾袞以皇叔輔政，告廟祭天。新政以高壓懷柔，恩威並施，清祚得以延續二百六十餘年，即此政策所發生之效果，是皆有賴於降臣范文程、洪承疇輩爲之營謀。今略述清初政治策略如下：

1. 懷柔政策

方努爾哈赤時，范文程以瀋陽諸生，杖策謁降，得入贊帷；皇太極時，孔有德、耿仲明來歸，與行抱見大禮，而後祖大壽、吳三桂來降，益優禮之，皆所以實行以漢制漢之政策。迨清入京，流寇未除，南京福王朝且新立，故此時新政多籠絡人心，俯順輿情。如爲明帝后

〔註13〕同註11，〈張獻忠傳〉。

發喪，謚崇禎帝曰莊烈愍皇帝，陵曰思陵；錄用明降臣、明宗室，禮俗衣冠暫從明制，開科取士，廢明苛稅，禁止圈地。順治二年至康熙十年，一則招納降臣，以漢制漢；一則高壓統制。康熙十二年，吳三桂起事，聖祖爲籠絡人心，於是一變高壓爲懷柔，如十二年薦舉山林隱逸，十七年徵博學鴻儒，十八年開明史館，圖以國史大業牢籠遺民志士，企圖於動盪之局勢中，起安定人心之作用。

2. 高壓手段

順治二年，自福王、潞王朝相繼瓦解，遂下令薙髮，限旬日實行，違者格殺無赦，有留頭不留髮、留髮不留頭之命。胡蘊玉〈髮史序〉云：

> 薙髮令下，吾民族之不忍受辱而死者，不知凡幾。幸而不死，則埋居土室，或遁跡深山，甚且削髮披緇，其百折不回之氣，腕可折，頭可斷，肉可臠，身可碎，白刃可蹈，鼎鑊可赴，而此星星之髮，必不可薙，其意豈在一髮哉！蓋不忍視上國之衣冠，淪於夷狄耳。〔註14〕

可知激變之由，大抵緣於辮髮胡服之新制也〔註15〕。其無力反抗者，或逃隱山林，或憤而自殺，或祝髮爲僧，或建髮塚而痛哭致祭；有力者則興師動眾，流血百萬，前仆後繼，橫遭屠戮，江陰嘉定，其最慘者。

順治十四年，清廷大興科場案，以順天及江南闈獄最鉅，而江南闈獄之荼毒，尤倍蓰於北闈。兩科場案，主司房考及中式之士子，誅戮及遣戍者無算〔註16〕。十七年，張晉彥序劉正宗詩，有「將明之材」語，世祖以其言詭譎，絞正宗而斬晉彥，開爾後之文字獄〔註17〕。十

〔註14〕同註4，頁315。
〔註15〕中國之漢族，自古即總髮爲髻之民族，而滿清髮式則剃四周髮留顱後作辮。詳見李思純〈說民族髮式〉一文，見《江村十論》，頁45～62。
〔註16〕同註4，頁398。
〔註17〕見《清史列傳‧卷七十九‧貳臣傳乙‧劉正宗傳》。

八年，江寧巡撫朱國治奏報江南欠糧士紳一萬三千人，清室皆治以抗糧之罪〔註18〕。世祖殂，蘇州諸生以不滿吳縣知縣濫用非刑，貪賄浮征，聚哭於文廟，以「大不敬」而被殺者十八人〔註19〕。當時以故明海上之師深入南京，清廷憤怒南人未盡貼服，特假大獄以示威，地方官又牽連逆案以成獄，意有不慊，任情荼毒。康熙二年，湖州莊氏史案起，潘檉章、吳炎等七十人遇難，妻子發放戍邊；〔註20〕三年，孫奇逢以〈甲申大難錄〉一編被告對簿〔註21〕；六年，沈天甫、夏麟奇、呂中等，撰詩二卷，詭稱明御史黃尊素所作，明大學士吳甡等為之序，持向吳甡之子中書吳元萊索賄，元萊察非其父手筆，控於巡城御史，鞫訊之果，沈氏等皆棄市，其被誣者不問〔註22〕；七年，萊州黃培詩案，顧亭林牽連下獄〔註23〕。

另外，順治十七年，清廷下令士子不得妄立社名，糾眾盟會，其投刺往來，亦不許用同社同盟字樣，違者治罪〔註24〕。至是，文人學者乃潛心經史於庭戶之間，不復有聚集講論之事，清初大儒，因此多治實學。

清廷不僅加意箝制一般紳民，對於有功清廷之降臣，至大勢己定後，又從而摧抑之，如陳名夏〔註25〕、陳之遴〔註26〕、劉正宗〔註27〕、龔鼎孳〔註28〕、錢謙益等〔註29〕；甚欲奪其兵權，以致三藩亂作，從此戎馬洶洶，蔓延十省，達八年之久（康熙十三年至二十年），始平定之。

〔註18〕 同註4，頁426。
〔註19〕 同註4，頁424。
〔註20〕 同註4，頁917。
〔註21〕 見湯斌《孫夏峯先生年譜‧卷下‧康熙三年》條。
〔註22〕 同註4，頁918～920。
〔註23〕 詳見全祖望《鮚埼亭集‧卷十二‧顧亭林先生神道表》。
〔註24〕 同註4，頁389。
〔註25〕 同註17，〈陳名夏傳〉。
〔註26〕 同註17，〈陳之遴傳〉。
〔註27〕 同註17。
〔註28〕 同註17，〈龔鼎孳傳〉。
〔註29〕 同註17，〈錢謙益傳〉。

三、抗清運動之次第平息

1. 南都始末

崇禎十七年五月，福王即位，馬士英以擁立有功，圖專擅朝政，陰使劉澤清等疏趨史可法督師淮揚，時廷議分南北四鎮，而四鎮跋扈不馴，可法調停其間，不能有所作為，朝政俱為馬士英把持，彼一則盡斥朝中直臣，一則引進閹黨，如阮大鋮、楊維垣之徒，且借口籌餉，苛斂民財，賣官鬻爵，不問人品，時有「掃盡江南錢，填塞馬家口」、「職方賤如狗，都督滿街走」之謠。大臣如此，而福王更日日深居宮中，徵歌選色，雜宦伶串戲為樂，於國事絕不關心。岌岌南朝，惟可法一人支拄大局耳。

順治二年四月，多鐸率師圍攻揚州。可法檄各鎮來援，無一至者。多鐸五次致書勸降，可法俱不應，終於力拒身亡。揚州人民慘遭兵禍，凡十日間，亡者八十餘萬，其被擄與落井投河，閉門焚縊者，不與焉〔註30〕。揚州既破，清軍乘勝而南，五月抵京，時馬士英在京，尚有「長江天塹」之語，及敗報至，馬士英遁逃，而福王方荒宴至夜半，亦倉皇出走，為總兵田雄執得降清，一朝文武勳戚，乃率相迎降。南都既破，馬士英遁至杭州，熊汝霖、王思任皆責以當從福王，馬氏無以應。時清軍乘勝進攻浙江，馬士英與總兵方國安，渡錢塘江東遁，時潞王常淓流寓至此，乃從巡撫張秉貞及陳洪範計，率眾迎降。高宏圖、劉宗周等死之，浙西遂略定〔註31〕。

2. 民兵起滅

順治二年，福王、潞王既相繼殞滅，清廷便下薙髮令，令至江南，士民大憤，群起抗之。然大率起於倉卒，未經訓練，又苦於餉械不足，皆旬日即敗，事雖不成，其義有足多者，重要戰役如下。

松嘉之役：南京既亡，嘉定士民推侯峒曾與黃淳耀等誓死固守，

〔註30〕 見《清史‧卷五百三十‧補編一‧南明紀一‧安宗皇帝本紀》。
〔註31〕 同註4，頁311～314。

江陰松江等處，亦多攖城自保，與吳淞總兵吳志葵、無錫黃蜚聯絡。
閏六月，志葵由泖湖進窺蘇州，中伏兵，盡死之。七月，清軍敗王佐
才之兵於崑山，宜興、常熟悉下，遣劉良佐圍江陰，李成棟亦破崇明、
圍嘉定，會天雨城圮，清兵遂入，峒曾率二子沈於池，淳耀與弟淵耀
則自縊死，清軍憤嘉定人之抵抗，屠之而東，凡二萬餘。其時有義士
朱瑛憤清軍之濫殺，復收集流亡，重據嘉定城與清軍對抗，清軍遂二
度攻取嘉定，城破之後，再度屠城。事未逾月，明將吳之蕃起兵江東，
率兵反攻嘉定，為清軍所敗，清軍為洩忿，三屠嘉定。至此上下江之
師，多被平定，惟吳江吳昜一軍，江陰閻應元一軍，稍有紀律，猶負
嵎自守，為清勁敵〔註32〕。

　　江陰之役：吳昜既起義吳江，七月，敗嘉興總兵李遇春於平望，
復敗提督吳兆勝軍。清博託至杭州，俘潞王北上，振旅至吳江，與兆
勝軍合，盡斷諸港走路，乘大雨殲吳昜軍殲之，進圍江陰。江陰主兵
者閻應元力守之，八月，清軍大至，四面攻之，會大雨城崩，清兵從
祥符寺後城入，應元坐東城敵樓，索筆題門曰：「八十日帶髮效忠，
表太祖十七朝人物。十萬人同心殺賊，留大明三百里江山。」題訖，
引千人上馬格鬥，殺敵無算，力盡乃死。江陰一役，士女死者，井池
皆滿，無降者，清軍連屠三日不止，死者城內約九萬餘，城外約七萬
餘，揚州嘉定而外，屠戮之慘，未有如江陰者。時諸城大半平定，惟
績溪徽州以守備甚密，猶未能破〔註33〕。

　　績徽之役：明左僉都御史金聲，糾集義勇，保績溪，徽州溫璜，
與相犄角，且轉餉給其軍。清軍攻要塞兩月不下，乃購土人鄉導，遂
薄績溪城下，金聲晝夜拒戰。降臣黃澍未薙髮，服故衣冠袍，稱援兵
入績溪，金聲啟城納之，遂為內應，陷焉。清兵執聲至江寧殺之。溫
璜知事不可為，手剚妻孥乃自刎，腕力不支，清將募良醫治之，璜猛
躍起，以指破刀痕，深入咽喉而死，其義烈如是！至此，民兵皆平，

<hr />

〔註32〕同註4，頁317～318。
〔註33〕同註4，頁318～319。

清乃一意從事於浙閩〔註34〕。

3. 唐、魯二王始末

　　魯王以海，避難至台州。迨南都既破，浙郡亦多歸降，兵部尚書張國維乃自迎以海於台州，以海遂即位於紹興，稱魯監國，時順治二年六月。閏六月，唐王亦稱帝福州，十月，遣給事中劉中藻頒詔浙東，以海不悅，下令返台州，馳疏上唐王浙閩並立意。自是閩浙形同水火，終至衝突矣〔註35〕。順治三年三月，清兵攻至錢塘西岸，守將方國安潰走，張國維投水死，魯王飄泊海島，嘗數度起事，後與大臣張名振、張煌言，赴廈門依鄭成功。久之，名振病沒，以軍事付煌言。十年，魯王自去監國號。

　　至於閩中，唐王名聿鍵，為鄭鴻逵、蘇觀生等擁立於福州，建元隆武，時順治二年閏六月十五日也。兵事機宜，悉委芝龍。唐王好學，通典故，以鄭氏擅國，不能有所為。芝龍、鴻逵屢薦其私人為要官，唐王不從，以是觖望。及清遣黃熙允招撫福建，芝龍與黃同里，密使通款，唐王數促之出師，輒以餉絀辭。順治三年，何騰蛟、楊廷麟疏請唐王移幸湘贛，唐王亦知芝龍不可恃，乃決意出關依騰蛟，芝龍欲挾唐王獻清，遂令軍民遮道，三月，唐王進次延平，及清兵渡錢塘、定浙東，大舉入閩，芝龍已通款於洪承疇，盡撤閩隘水陸防兵，仙霞嶺二百里間遂空無一人，清兵得以長驅直入，追殺唐王於汀州〔註36〕。

　　浙閩失陷後，東南沿海之義士，仍繼續抗清，當時聲勢較大者有三：一為張名振、張煌言，以舟山為據；二為浙東各山寨義軍；三為

〔註34〕同註4，頁319～320。

〔註35〕既而魯王遣陳謙使閩，啟稱皇叔父不稱陛下，唐王怒，下謙於獄。次月，魯王復以柯夏卿等通聘唐王，唐王加夏卿兵部尚書，手書報以海，且遣陸清源齎銀十萬兩，犒勞浙東軍士。時馬士英、阮大鋮以不敢入朝，依方國安於嚴州，鼓國安縱兵，盡奪犒銀，留清源軍中，且出檄數唐王罪，至是閩浙衝突。事見蕭一山《清代通史》，頁321。

〔註36〕同註4，頁327～332。

鄭成功之抗清軍，皆曾威脅清軍，尤以順治十六年，張煌言會合鄭成功，興兵進至南京一役爲最，然不幸以輕敵而敗。

4. 桂王始末

浙、閩陷沒，何騰蛟、瞿式耜，擁立桂王由榔於廣東肇慶，時順治三年，以明年爲永曆元年，同時蘇觀生復擁立唐王弟聿鐭於廣州，彼此爭奪正統，當此之際，漢奸李成棟迅即攻陷廣州，聿鐭、蘇觀生皆自殺，南明只剩下桂王政府。

桂王稱帝之初，迫於局勢而轉徙不寧，嗣以瞿式耜之堅貞，金聲桓、李成棟之反正，遂有兩廣、湘贛等七省，是爲永曆朝最盛之局。然好景不常，朝臣不能乘勝抗清，却於四川內戰，又因黨爭而擾攘不和。是以金、李等反正軍未幾而敗潰，瞿式耜殉國，桂王逃至南寧，一度契機，遂爲苟安、短見與內鬨斷送。

反正軍殄滅後，繼起支持桂王朝者乃張獻忠餘部孫可望、李定國等軍。然孫、李爭兵權，可望敗降清，清軍以是盡知雲貴虛實。順治十六年，清軍入雲南，桂王逃入緬甸，康熙元年吳三桂自緬甸索歸桂王，執殺於昆明，至此，明祚徹底告終〔註37〕。然猶有鄭成功之義師，據守海島，時圖光復。

5. 鄭成功之光復事業

鄭成功初名森，弘光時，入南京太學，俶儻有大志，讀書穎敏，唐王立閩中，芝龍使之入朝，唐王奇之，撫其背曰：「惜朕無女配卿，卿可盡忠吾家，勿忘故國！」〔註38〕因賜姓名朱成功，俾統禁旅，以駙馬體行事。芝龍立唐，常懷貳志，成功不直其父所爲，常思效忠唐王。唐王既沒，芝龍爲清將誘降，成功哭諫不從，清兵遂擁之北去，令作書召成功，成功不從。偕所善陳輝等九十餘人，乘二艦入海，收兵南澳，得數千人，順治四年，泊鼓浪嶼，設高皇帝神位，

〔註37〕桂王時期，參見陳美《明末忠義詞人研究》，頁22。
〔註38〕見鄭亦鄒〈鄭成功傳〉卷上，收入《臺灣文獻叢刊·第六七種·鄭成功傳》。

定盟恢復。

順治十四年，桂王進封成功為延平郡王，遂益治兵謀大舉。順治十六年，聞清軍入貴州，度江南無備，欲乘機進攻，以謀牽制。六月，破瓜洲，取鎮江，甘輝請北取揚州，斷山東之師，南據京口，斷兩浙之漕，嚴扼咽喉，號令各郡，南畿可不戰自困，成功不聽。七月，直薄江寧，謁孝陵。而張煌言自領所部，進取徽寧，移檄遠近，諸郡率降，重以松江提督馬進寶陰通成功，於是東南大震，軍報阻絕。而兩江總督郎廷佐，佯使人通款，以緩攻勢，成功信之，按兵儀鳳門外，軍士多浮湖而嬉。滿清巡撫蔣國柱等人偵知，乃率勁騎五百，破其一營，以作士氣。次日大出師，大破成功師，甘輝被執死，時七月二十四日。成功以餘艦出海，十月還廈門，而興復之志，卒不能達，乃轉謀台灣為長期根據地，徐圖進取。

順治十七年，成功由鹿耳門登陸，與荷蘭人激戰而勝，遂有臺灣，置兵金門廈門兩島，與相犄角。清廷知成功終不可致，順治十八年，誅其父芝龍並鄭氏子弟之在京者，而詔徙沿海三十里內之居民於內地，禁漁舟商船出海，以堅壁清野之法困之。張煌言恐其苟安一隅，因遺書趣之內渡，而成功以台灣初定，恐荷人來襲，未暇爭霸大陸，康熙元年，罹瘴疾卒，時年三十九。未幾而監國亦薨於金門〔註39〕。煌言知事不可為，因結茆南田，清提督張杰，募得煌言故校，偵獲之，康熙三年，執殺於杭。成功既沒，長子鄭經入臺嗣立，明桂王既被難於雲南，而經猶奉永曆號，至鄭經卒，次子克塽嗣為延平郡王。康熙二十二年，清廷遣降將施琅——故成功部屬，

〔註39〕　關於魯王之死，素來說者紛紛。如《明史·卷一百十六·魯王以海下》云：「以海入海，久之，居金門，鄭成功禮待頗恭，既而懈。以海不能平，將往澳，成功使人沈之海中。」以為魯監國之死，乃成功使人沈之海中。又有主張魯王遭風溺於海，如黃宗羲《魯紀年》。亦有認為魯王之死乃「中痰薨」，如林子瀙《續闊書》。民國四十八年，魯王壙志之出土，乃證明林氏說法之正確。詳見毛一波《南明史談·魯王死因的確證》一文，頁8～11。

渡海取臺，七月，克塽遣使議降，八月，克塽繳上成功所受明延平郡王及招討大將軍金印各一，時康熙二十二年八月十八日，而故明抗清勢力，至此肅清〔註40〕。

第二節　經濟情況

　　明季經濟，窳敗不堪，朝廷不知撫恤百姓，惟日事聚斂，卒毆百姓為盜。至清朝肇建，屢次蠲免，並鼓勵開荒墾田，民生經濟始逐漸復蘇。然而清廷賦役，率仍明制，並責全完，而蘇松嘉湖四府，賦稅之重，比於一省，此皆其屬民處。此外，圈地、逃人政策，於社會經濟之健全發展，亦構成相當之阻力，至康熙年間始廢除之。

一、晚明經濟述略

　　《明史‧食貨志》云：

> 明初，沿元之舊，錢法不通而用鈔，又禁民間以銀交易，宜若不便於民。而洪、永、熙、宣之際，百姓充實，府藏衍溢。蓋是時，劭農務墾闢，土無萊蕪，人敦本業，又開屯田、中鹽以給邊軍，餫餉不仰藉於縣官，故上下交足，軍民胥裕。（卷七十七）

蓋明初經濟，由於政治清明，規制良善，漸進富裕，海內晏平，國泰民安。然而各種規制行之既久，流弊生焉，重以君闇臣貪，兵連禍結，晚明經濟遂萎縮不振。倘以一言概括晚明經濟情況，曰：財聚於上，民困於下。茲就賦役、礦稅商稅及錢幣分別論述之。

1. 賦　役

　　課於田土者曰賦，課於丁口者曰役。明初實行兩稅法，夏稅不過八月，秋糧不過明年二月；丁男年十六至五十九須服役，役目有里甲、均徭、雜役三種。至神宗萬曆九年通行一條鞭法，將當日賦役各繁複項

〔註40〕　有關鄭成功光復事業之始末，詳見蕭一山《清代通史》，頁363～376，
　　　　　484～493。

目，總編爲一條，計畝征銀，折辦於官，故謂之一條鞭。其意在救治混亂苛擾之賦政，然而賦稅並未因此減輕，反而加派三次〔註41〕；崇禎時復加派四次〔註42〕，計自萬曆四十六年至崇禎十二年，其間二十年，凡增田賦七次，加銀一千六百萬兩以上，當日人民負擔之重，可以想見。

洪武九年起，民間所繳田賦以銀、錢代輸，間有輸米麥布絹，於是謂米麥等爲本色，諸折納稅糧者爲折色〔註43〕。然所輸非所獲，民間之銀日以消耗，矧山僻之邦？而豪家大商乘勢積貯銀、錢，民以倍蓰稱貸，致穀日賤而銀愈重，民日窮而賦愈多，乃有豐年鬻妻子者。重以徵銀有火耗，而耗銀之取，官重一官，代重一代，卒敺民爲盜矣〔註44〕。

明初，當兵燹之後，民戶流離，隨處荒曠，太祖便獎勵墾荒〔註45〕，其結果自然加速荒田之開闢，然而亦產生彼此爭奪〔註46〕、勢豪強佔之流弊〔註47〕。勢豪並與官府勾結，或詭寄於他戶〔註48〕，或將火耗加諸細農。貧農不堪而逃亡，導致墾田數額日減〔註49〕，稅額益缺。當日逃亡之農民，或「投倚於豪門，或冒匠竄兩京，或冒引賈四方。」

〔註41〕見《明史・卷七十八・志第五十四・食貨二》。

〔註42〕同前註。

〔註43〕同註41。

〔註44〕見《文集・卷一・錢糧論》。

〔註45〕《明史・卷七十七・志第五十三・食貨一》。

〔註46〕《日知錄・卷十四・開墾荒地》條云：「國初承元末大亂之後，山東河南，多是無人之地。洪武中，詔有能開墾者，即爲己業，永不起科。……然自古無永不起科之地，國初但以招徠墾民，立法之過，反以啓後日之爭端。而彼此告訐，投獻王府勳戚，及西天佛子。」

〔註47〕明代中葉以後，宦官國戚之莊田，動以萬頃計，莊田之侵奪民業，至此爲甚，與國相終云。詳見《明史・卷七十七・志第五十三・食貨一》。

〔註48〕《明史・食貨志一》：「兩浙富民，畏避徭役，大率以田產寄他戶，謂之鐵腳詭寄。」

〔註49〕洪武二十六年總核天下墾田，已有八百五十萬七千餘頃，然至明末思宗時，反減至七百八十三萬餘頃，歷經二百五十年之時間，墾田不特無所增加而反縮少，是亦由於農民逃亡太多使然。見黎傑《明史》，頁567。

（《明史・卷七十七・食貨志一》）而以投倚豪門爲多。《日知錄》云：
「今日江南士大夫多有此風，一登仕籍，此輩競來門下，謂之投靠，
多者亦至千人。」（卷十七〈奴僕〉條）貧農投身豪門爲奴僕，乃當日
風氣，至明清鼎革之交，奴變逐風起雲湧〔註50〕。

2. 礦稅及商稅

明太祖雖有開坑採礦之設，然多以不擾民爲原則，如洪武十五
年，廣平吏王允道請開磁州鐵冶，疏上，太祖以爲「民生甫定，復設
必重擾」〔註51〕於是杖而流之海外。或有請開陝州銀礦者，太祖曰：
「土地所產，有時而窮。歲課成額，徵銀無已。言利之臣，皆戕民之
賊也。」〔註52〕可見太祖體恤民情，不欲財聚於上。

然自萬曆以來，神宗開礦以謀利，幾於無地不開，而中使四出，
往往開採經年一無所獲，於是勒索人民出資以償其損失。更有妄指良
田大宅謂其下有礦脈，以要挾取財，倘若不遂，則率役圍毆，官府加
以干涉，則謂阻攘礦務，弄到天下騷然，怨聲載道，識者以爲明亡蓋
兆於此。不僅如此，更巧立種種稅目，向商民苛斂，中官即以稅使名
義，出於四方。所有都邑關津，稅使密布，水上及陸地，行數十里則
樹旗建廠以徵稅餉，如天津即有店租，廣州即有珠榷，兩淮即有餘鹽，
京口即有供用，甚至窮鄉僻壤，米鹽雞豕，亦要納稅，中人之家遂多
破產。光宗之時雖曾蠲免額外稅課，然僅五年復苛徵如故。此後直至
明末，商人負擔只有加重，未曾減輕。

3. 錢　幣

明代雖發行寶鈔，但社會上最通行之貨幣始終爲銅錢。通行既久，
盜鑄雲起。加以兵禍連年，政府財政支絀，除增賦之外，並鑄造分量
不足而成色低劣之小錢以取利，於是有所謂「息鑄」，即借鑄錢以取息。

〔註50〕謝國楨將明代奴僕盛衰分爲三期，明初年至明中葉爲奴僕養成時
　　　　期；萬曆天啓以後是奴僕豪縱時期；明末清初則爲奴變時期。詳見
　　　　〈明季奴變考〉，收入《清華學報》，第八卷第一期。
〔註51〕見《明史・卷八十一・志第五十七・食貨五》。
〔註52〕同前註。

據《續文獻通考·卷十一·錢幣考》，載趙洪範御史之言，曰：

> 臣令楚時，見布政使頒發天啓新錢，大都銅只二三，鉛鈔七八，其脆薄則擲地可碎也，其輕小則百文不盈寸也，一處如此，他處可知。

又傅維麟《明書·食貨志》云：

> 崇禎中，內幣大竭，命各鎮有兵馬處皆開鑪鼓鑄，以資軍餉，而錢式不一，盜鑄孔繁，末年，每銀一兩易錢五六千文。（卷八十一）

銅錢貶值至此，當日貨幣之紊亂，物價之波動，民生之痛苦，可想而知矣。

明初，天下府庫各有存積，邊餉不借支於內，京師不收括於外。至神宗時，御史蕭重望請覈府縣歲額銀進部，未報上，千戶何其賢乞敕內官與己督之，帝竟從其請，由是外儲日耗。至天啓中，用操江巡撫范濟世之奏，「盡外庫之銀，以解戶部。」（《日知錄·卷十六·財用》條）收括靡有遺矣。迨魏忠賢，矯旨取進南京內庫所藏珍寶，盜竊一空，內外匱竭，遂至於亡，誠「財聚於上，是謂國之不祥也。」（同上）之最佳例證。

二、清初經濟述略

有清入主中國，概予蠲除苛稅，與民更始。順治元年，首除三餉，並令大兵經過之地，免錢糧之半，未經者免三分之一，鰥寡孤獨及謀生無術、乞丐街市者，皆收養之。嗣後除賑災蠲免外，遇國家慶典、巡幸或軍興，凡逋負之在民者，與民糧民食之貸而未收者，輒止勿責。每庫藏稍充，即務推所有以益下，於是又有普免錢糧、輸免漕糧之舉〔註53〕。至康熙帝，其蠲免較他帝尤多〔註54〕。蓋玄燁以節儉愛民自詡，故普免之令屢下，至輦轂所經，蠲減並行，不可縷指。

〔註53〕見《清史·卷四、卷五·世祖本紀一、二》。

〔註54〕參見蕭一山《清代通史》，頁811。

　　康熙帝極力鼓勵人民開墾荒田，並對侵擾開荒之官吏加以治罪。如康熙十二年，諭戶部曰：「小民拮据開荒，物力艱難，恐催科期迫，反致失業，朕心深爲軫念。嗣後各省開荒地力，俱再加寬限。」又「如新任官自圖錄敘，掩襲前功，紛更擾民者，各督撫嚴行稽察，題參治罪。」（《清聖祖仁皇帝實錄》卷四十四）更推行積糧政策，以備荒年，並派遣都督、大學士督責農業〔註55〕。

　　以上是清初經濟良善之一面。至若清初賦役，率仍明制歸於一條鞭法，且一依明萬曆原額，定限考成，責課十分全完。而戶口五年一編審，丁增戶亦隨之。就康熙初年言，江南之蘇、松，浙江之嘉、湖四府，沿襲明制，賦稅較他處爲多，每年且至數十萬，一府錢糧之數，可比於一省，故地方人民，未免艱於輸納〔註56〕。他如圈地政策〔註57〕、逃人政策〔註58〕，亦爲清初二大秕政，蓋皆瞻徇滿人而爲之，最足以擾民

〔註55〕《清聖祖仁皇帝實錄》卷四十三：「（九月）丙戌，諭戶部，據山東撫臣奏，寧海州荒蕪地二千七百餘頃，逃亡三千餘丁，累年逋賦，小民力難賠補，自康熙九年以後錢糧，如數悉爲豁免，仍敕該撫，設法招徠勸墾。」

〔註56〕詳見《日知錄・卷十四・蘇松二府田賦之重》條。

〔註57〕清人之初入關，東來諸王及八旗兵丁，強佔田地，視爲己有，圈以標誌，是謂圈地。此舉不啻取消前朝土地之所有權，而以圈畫爲先佔也。順治元年，定近京荒地及前明莊田無主者，撥給東來官兵，圈地議自此始。朝旨雖以荒地及前明莊田無主者爲應當指撥之地，而實則指民地爲官莊，詐私田爲無主者，所在多有，誰復敢與之計較。順治十年，有停圈撥之令，然旗下退出荒地及游牧投來人丁仍復圈補，且有圈及接壤民地者。康熙初年，鰲拜專柄，欲以正白旗屯莊予鑲黃旗，別再圈補民地。大臣蘇納海、朱昌祚、王登聯皆以不便聞，忤鰲拜意，以致誣死。此舉一行，二十年安居樂業之莊田民地，復遭徙流離，民間之困苦失業者，不知凡幾。康熙八年，玄燁已親政二年矣，鰲拜以事得罪，籍沒拘禁，六月，諭停止圈地。然而終有清一代，旗民田土之爭，不時或聞。詳見蕭一山《清代通史》，頁439～442。

〔註58〕清人入關之前，往往掠漢人爲奴，視爲大利。入關之後，各旗風習如故，所欲得保障於國家者，俱以逃人法爲要。順治十一年，王大臣議，匿逃人者給其主爲奴，兩鄰流徙，捕得在途復逃，解子亦流徙。帝以其過嚴，令再議，仍如原議上。因設兵部督捕衙門，以滿

者，至康熙年間始完全廢除。

第三節　風俗概觀

　　世之論者謂，自古政治之腐敗、風俗之陵夷，五代而外，未有甚於明者。晚明之風俗，甚澆薄者有四，一爲無恥，二爲朋黨，三爲貪污，四爲放誕，四者鼓盪頹流，明室乃屋。茲分別述之如下。

一、無　恥

　　古云：「刑不上大夫。」明代卻不惜以嚴刑酷罰懲戒士大夫，鞭笞捶楚，成爲廷臣尋常之辱，以致士夫斲喪其廉恥，保身家宦途者比比皆是。明朝中葉以後，政治日趨混濁，逆閹當道，順之則平步富貴，逆之則罪禍加身，故夸毗之徒乃施展其軟媚圓熟以夤緣附勢。若嚴嵩柄政，朝士爲義子者至三十餘輩；張居正臥病，六部大臣九卿五府公侯伯俱爲設醮祈禱，翰林科道、部屬中行、諸雜職等接踵繼之；魏忠賢竊權，三案被劾、察典被謫諸人，欲借其力以傾東林，群起附之，以致內閣六部、四方督撫，無非閹黨，至有爲建生祠、甘爲乾兒義孫者〔註59〕。其時之士風官方，從此可知。

　　至乎時窮之交，彼輩非但不能爲國死節，益且反顏事讎，賣國求榮，爲滿清打下一片江山。如《清史列傳・貳臣傳》列有一二五名貳臣〔註60〕，《烈皇小識》卷八列舉降賊之明臣而未見於〈貳臣傳〉者亦

漢侍郎等專理之，轄巡捕三營。科臣李祖上七可痛之疏，言其罰重窩逃，不深究逃者之弊。王大臣以爲情由可惡，當論死，帝改徙尚陽堡，逾年死。蓋順治帝明知此法便於姦人圖誘，誣人窩藏，以遂其索詐取盈之計，唯時用八旗之力以定天下，故不敢拂逆衆情。後乃兩諭申戒之，逃人禍始漸息。至康熙三十八年，撤督捕衙門，併入刑部，設督捕司，專稽旗人無故離京，而逃人案乃自然消滅。見蕭一山《清代通史》，頁442～443。

〔註59〕　參見趙翼《廿二史劄記・卷三十五・明言路習氣先後不同》條。
〔註60〕　〈貳臣傳〉所列貳臣，共一二〇名，另有五名，分附列於各傳內。即附於〈劉良臣傳〉者有其子劉澤洪一名，附於〈祖澤潤傳〉者有

有一二〇名，實則降臣之眾尚不止此數〔註61〕。故史可法慨然曰：「在
北諸臣，死節者寥寥，在南諸臣，討賊者寥寥，此千古以來未有之恥
也！」〔註62〕而亭林更說：「士大夫之無恥，是謂國恥。」（《日知錄・
卷十七・廉恥》條）

隨著滿清政權日漸鞏固，鴻博、修史之徵頻起，明遺民逐漸退却
立場，是以亭林更加失望：

> 余嘗游覽於山之東西、河之南北二十餘年，而其人益
> 以不似。及問之大江以南，昔時所稱魁梧丈夫者，亦且改
> 形換骨，學爲不似之人。（《文集・卷二・廣宋遺民錄序》）

「蓋三十年之間而世道彌衰，人品彌下，使君而及見此，其將噭然而
哭，如許子伯之悲世者矣！」（《餘集・常熟陳君墓誌銘》）文字獄之
迭起，益使大漢子民噤不敢言，反動心理，消失殆盡，遂爲有清百姓
二百餘年矣。

二、朋　黨

明初定制，爲廣開言路，凡百官布衣，皆許上書言事。當時風氣
淳實，建言者多出好惡之公，辨是非之正，不盡以矯激相尚也。然自
正德、嘉靖之間，群臣言事漸尚意氣。迨萬曆末年，神宗怠於政事，
章奏一概不省，廷臣益務爲危言激論，以自標異。於是部黨角立，另
成一門戶攻擊之局。

高攀龍、顧憲成講學東林書院，士大夫多附之，既而梃擊、紅丸、
移宮三案，聚訟紛拏，與東林忤者，眾共指爲邪黨。彼此黨同伐異，
標榜聲通。天啓初，趙南星等柄政，非東林黨人廢斥殆盡。及魏忠賢
勢盛，被斥者咸欲倚之以傾東林，朝中正人，幾爲一空。崇禎帝登極，

其弟祖澤溥一名，附於〈張天祿傳〉者有其弟張天福一名，附於〈王
鐸傳〉者有其子王無黨一名，附於〈張忻傳〉者有其子張端一名，
故其數目實共一二五名。見孫甄陶《清史述論》，頁8。

〔註61〕見孫甄陶《清史述論》，頁15。
〔註62〕見《石匱書後集・卷第二十四・史可法列傳》。

閹黨雖盡除，然各立門戶，互攻爭勝之習，則已牢不可破。是非蜂起，叫呶蹲沓，以至于亡〔註63〕。如建州兵燹，流寇既起，內外相乘，崇禎帝本欲議和關外，一意治內，然迫於言路，不敢言和，及陳新甲主兵部，力持議款，帝亦嚮之，事洩於外，群臣大譁，主殺新甲。及賊勢燎原，或請帝南幸，或請以皇儲監國南京，議者又斥其邪妄，明事終至於一無可為而止〔註64〕。是以張岱痛言：「朋黨之禍，與國家相為終始。」（《瑯嬛文集・與李硯翁書》）

　　然而，即在東林本身，亦有惡勢力之存在。蓋「東林首事者多為君子，竄入者不無小人，……如貪婪強橫之王圖，奸險凶暴之李三才，闖賊首輔之項煜，上箋勸進之周鍾」（同上）皆是，莫不使人欲「手刃此輩，置之湯鑊」（同上）而後快！是以呂大器諸人傳，贊曰：

> 　　明自神宗而後，寢微寢滅，不可復振。揆厥所由，國是紛呶，朝端水火，寧坐視社稷之淪胥，而不能破除門戶之角立。故至桂林播遷，旦夕不支，而吳、楚之樹黨相傾，猶仍南都翻案之故態也。（《明史》卷二百七十九）

結黨傾軋，置國家存亡於不顧。甚可駭者：「一入門戶，父子兄弟，各樹黨援，兩不相下，萬曆以後，三數見之！」（《日知錄・卷十七・父子異部》條）朋黨相爭，至使骨肉反目，可見黨禍之烈。

　　清順治二年，廷臣交章劾馮銓，疏入，睿親王多爾袞集廷臣及科道各官議，給事中龔鼎孳言馮銓實黨附魏忠賢作惡，銓亦斥鼎孳曾降流賊李自成，多爾袞因論「明季諸臣，黨害無辜，以致明亡，今科道各官，仍蹈陋習」，遂申戒之〔註65〕，可見明季黨爭之深中人心。八年，御史張煊疏劾尚書陳名夏十大罪，有依附邪黨一款，事解。十一年正月，馮銓、陳名夏、成克鞏、張端、呂宮合疏薦舉王崇簡等十餘人，疏下所司知之。二月，帝諭曰：

〔註63〕同註59。
〔註64〕同註2，〈書生誤國〉條。
〔註65〕同註17，〈馮銓傳〉。

言官爲耳目之司，朕屢求直言，期遇藎切，乃每閱章
奏，實心爲國者少，比黨徇私者多。朕甚不取，其滌肺腸
以新政治。（《清史·卷五·世祖本紀》）

頗有隱諷。三月，大學士寧完我劾陳名夏、陳之遴、馮銓、金之俊等結
黨攬權諸罪，名夏鞫實論死，馮銓坐黨附降級留任。至康熙帝登極，內
外諸臣，各樹朋黨，互相攻訐，甚至夤緣奸利，剝民媚上，舉其最著者
言之，則諸臣之中爲明珠之黨，徐乾學之黨，索額圖之黨，然時值清朝
盛世，英主在位，尚不致於傾搖國本。

三、貪　污

明太祖即位，嚴於吏治，重懲貪吏，至有梟首示眾，剝皮實草
〔註66〕。洎明中葉，主闇臣貪，乃有奸相嚴嵩，竊柄弄權，凡文武
遷擢，但問賄之多寡；邊臣失事納賕，無功可賞，有罪不誅。至籍
沒時，得黃金三萬餘兩。然此時賂僅大臣爲之，及神宗時，派遣中
使，四出斂財，至乎熹宗，更爲諭令，殫力搜括，盡外庫之銀以解
戶部〔註67〕，遂以一國之君，鼓動貪貨風潮。《日知錄》記載：

自神宗以來，黷貨之風，日甚一日，國維不張，人心
大壞，數十年於此矣。（卷十七〈貴廉〉條）

當時貪污之情形，有「秤官索價」，視名位如出自家者〔註68〕；有侵
尅治河款額，棄民生利害於不顧者〔註69〕；有貪求邊將賄賂而不計一
國安危者〔註70〕，以至於「無官不賂遺」、「無守不盜竊」（《日知錄·

〔註66〕同註2，卷三十三〈重懲貪吏〉條。
〔註67〕詳見《日知錄·卷十六·財用》條。
〔註68〕同註3，頁604。
〔註69〕《日知錄·卷十六·河渠》條云：「聞之先達，天啓以前，無人不利
　　　於河決者。侵尅金錢，則自總河以至於閘官，無所不利。支領工食，
　　　則自執事以至游閒無食之人，無所不利。所不利者獨業主耳。」
〔註70〕《日知錄·卷十七·廉恥》條云：「自古以來，邊事之敗有不始於貪
　　　求者哉？吾於遼東之事有感！」又〈趙錦傳〉，載其馳疏劾嚴嵩罪曰，
　　　邊臣失事納賕，無功可賞，有罪不誅。見《明史·卷二百十·列傳
　　　第九十八·趙錦傳》。

卷十七·名教》條），君臣上下，以利相接。士子自束髮讀書，所以
勸之者，不過此物，而一旦服官，即求其所大欲，利之所至，則不愛
其親，而愛他人，於是機詐之變日深，而廉恥道盡，一旦易朝換代，
乃紛紛奴顏屈膝，認盜作主。至於南渡，上自弘光帝下至文武大臣，
或大興土木，營建宮室，或日日徵歌選色，而首輔馬士英，不謀恢復
中原，却以賣官鬻爵爲能事：

> 武英殿中書納銀九百兩，文華殿中書一千五百兩，內
> 閣中書二千兩，待詔三千兩，拔貢一千兩，推知銜二千兩，
> 監紀、職方萬千不等。（《明季南略》卷六）

可謂無恥之極，無怪乎見輕於異族矣〔註71〕。

　　君臣上下，以利交接，已如前述，而一般豪富之家，平日操奇嬴
以役愚民，或捐貲納爲生員，結交官吏，剝削百姓，以致於富者極富，
貧者極貧。

四、放　誕

　　泰州學派最初以講會形式流傳於較低下之平民階級，但發展至耿
定向、定理，焦竑，李贄諸人，便轉而深入士大夫階級，且大量融會
佛說，專研性命天理，行止愈趨放任。下至明季，士人無不受此派思
想所影響，多喜以名士山人自任，蔑棄禮義，縱情聲色，跅弛不羈，
自命風流，故社會風氣趨於放任浮飾。而富商大賈爲附庸風雅，從而
獎助之，此風乃蓬蓬然靡於海內。沈德符云：

> 山人之名本重，如李鄴侯僅得此稱。不意數十年來出
> 遊無籍輩，以詩卷遍贄達官，亦謂之山人。始於嘉靖之初
> 年，盛於今上之近歲。（《萬曆野獲篇·山人之名號及山人愚妄》）

而山人品行多半低下，「展轉反覆，以欺世獲利，名爲山人，而心同
商賈，口談道德，而志在穿窬。」（《焚書》卷二）然而仕紳却喜與山

〔註71〕多爾袞嘗致書史可法，曰：「豈意南州諸君子，苟安旦夕，弗審事機」，
　　　　語見《清史·卷二百十九·列傳五·諸王四·多爾袞傳》。

人交，其故在「此輩率多僞巧，善迎意旨，其曲體善承，有倚門斷袖所不逮者，宜仕紳溺之不悔也。」(《萬曆野獲篇・山人之名號及山人愚妄》) 流風披靡，士人率矯情僞行，標榜清高，騙取時譽，習以爲常。其結果使文人叛經離道，放任形跡，狂言不諱。是以史家謂晚明社會風氣敗壞，士習虛浮，未始不由於山人名士之妄誕也。

綜上所論，晚明風俗之不良者其實有四：一爲無恥，二爲朋黨，三爲貪污，四爲妄誕。然其中亦有至善之一面。如東林黨雖形成黨爭之局與矯激奮發之風，然魏閹竊權駸駸乎可成篡弒之禍，終不敢窺九鼎者，未始非東林正人之持清議、抗節義。及清兵入關，明室覆滅，媚事新朝之士夫雖多，然不忘故國，集眾反抗，百折不撓，死而不屈者，亦不可勝數。至有謂：

> 數十年來，勇者燔妻子，弱者埋土室，忠義之盛，度越前代，猶是東林之流風餘韻也。一堂師友，冷風熱血，洗滌乾坤。(《明儒學案・卷五十八・東林學案序》)

薙髮令下，小臣儒生，不忍坐視上國衣冠淪於夷狄，乃群起抗暴，當恢復無望之後，彼輩或混迹僧道，或避地海外，或隱居著述，或潛身醫卜，其堅貞之志節，篤實之學風，已足以深入有清一代數百年士大夫之內心，而隱然支配其風氣。直至清末之國民革命，尚藉其人格以爲號召〔註72〕。論者謂有明一代士風多無足取，然明末遺民獨能爲保存民族文化而奮鬥，其志節之高，影響之大，南宋遺民，亦不能及之。

第四節　學術風氣

一、明季之學風

> 明末學風，一言以蔽之，曰：虛浮蹈空是也。

自成化以後，科舉漸變爲八股，考試內容限就四書五經命題，試文格式皆作嚴格規定，士子只許代聖人立言，不許自作議論，而流弊叢生。

〔註72〕見錢穆《國史大綱》，頁 649。

士子率就四書一經中，擬題一、二百道，或竊取他人文記之，入場抄謄一過，便可僥倖中式，而本經全文有不讀者。如亭林謂：

> 舉天下而惟十八房之讀，讀之三年五年，而一幸登第，則無知之童子儼然與公卿相揖讓，……八股盛而六經微，十八房興而廿一史廢！（《日知錄·卷十九·十八房》條）

> 此法不變，則人才日至於消耗，中國日至於衰弱，而五帝三王以來之天下將不知其所終矣！（同上〈經義論策〉條）

學問空疏遂成爲明代士人與官僚之通病。

迨明朝中葉，王守仁提倡良知之學以糾挽朱學末俗支離固陋之習，流衍廣被，影響深遠，至其末流，學者遺其精華，取其糟粕。如王畿治學主四無之說，頓悟之法，深受佛家禪學之影響〔註73〕，且承守仁之教，以良知爲人人所具有，故人人皆可以爲堯舜〔註74〕。傳至李贄，則更以爲人人俱生知，人人便是佛〔註75〕。凡人既可發一己之良知而成聖人，遂以古聖人之教爲未可盡信，直言：「咸以孔子之是非爲是非，故未嘗有是非。」（《藏書·紀傳總目錄》）又認定凡人皆有私心，「凡無私之說者，皆畫餅之談。」（《藏書·卷廿四·德業儒臣後論》）故其學重功業、輕名教，影響所及，學者束書不觀，游談無根，猖狂自恣，詆毀先儒，不務道德，急功近利，以己心皆是聖心，則滿街都是聖人，酒色財氣，不礙菩提路！故王夫之直斥王畿之學，曰：

> 姚江王氏陽儒陰釋誣聖之邪說，其究也，爲刑戮之民，爲閹賊之黨，皆爭附焉。而以充其無善無惡，圓融事理之狂妄。（《張子正蒙注·序論》）

又以爲王畿之學、李贄之說，足爲亡明之禍：

> 王氏之學，一傳而爲王畿，再傳而爲李贄，無忌憚之教立，而廉恥喪，盜賊興，皆惟怠於明倫察物，而求逸獲。

〔註73〕傅榮珂〈晚明政風與學風之探微〉，《中華文化復興月刊》，二十卷五期，頁40。

〔註74〕王畿《龍溪全集·卷五·雲門問答》曰：「良知不學不慮，本來俱足，眾人之心與堯舜同。」

〔註75〕見李贄《焚書·卷一·答周西巖書》。

故君父可以不恤，名義可以不顧，陸子靜出而宋亡，其流禍一也。（《張子正蒙注》卷九）

至若王學另一支派──王艮之學，其傳愈久而流弊愈深。黃宗羲評之曰：

> 陽明先生之學，有泰州龍溪而風行天下，亦因泰州龍溪而漸失其傳。泰州龍溪時時不滿其師說，益啓瞿曇之秘而歸之師。蓋躋陽明而爲禪矣。然龍溪之後，力量無過於龍溪者。又得江右爲之救正，故不至十分決裂。泰州之後，其人多能以赤手搏龍蛇，傳至顏山農、何心隱一派，遂復非名教之所能羈絡矣。（《明儒學案·卷三十二·泰州學案序》）

泰州之學始於王艮，其治學以重學、重實行爲鵠的，以爲「即事是學，即事是道。」（《明儒學案·卷三十二·泰州學案心齋語錄》）「聖人之道，無異於百姓日用，凡有異者，皆謂之異端。」（〈心齋約言〉）其立論可謂至卓矣。然其明哲保身說推論至極，曰：「天下愛我則吾身保，吾身保然後能保天下。」「吾身不能保，又何以保天下國家？」「吾身不能保，又何以保君父哉？」（《明儒學案·卷三十二·泰州學案心齋語錄》）故宗羲評此安身說，曰：「以緝蠻爲安身之法，無乃開一臨難苟免之隙乎？」（《明儒學案·卷三十二·泰州學案處士王心齋先生艮》）李贄亦曰：「一旦有警，則面面相覷，絕無人色，甚至互相推委，以爲能明哲。」（《焚書》卷四）既以明哲保身爲要，風勢所趨，人皆私己，國事敗壞至天崩地坼，亦不關爾輩事。再者，王艮後學，如一傳弟子顏鈞，二傳弟子羅汝芳、趙貞吉，其學說每入於禪，務尚虛空，宗羲評彈曰：

> 諸公掀翻天地，前不見有古人，後不見有來者，釋氏一棒一喝，當機橫行，放下拄杖，便如愚人一般。諸公赤身擔當，無有放下時節，故其害如是。（《明儒學案·卷三十二·泰州學案序》）

其弊也，至於蕩軼禮法，蔑視倫常，天下之人，恣睢橫肆，不復自安於規矩繩墨之內，而百病交作，至於崇禎之際，風俗愈壞，禮儀掃地，

以至於不可收拾矣〔註76〕。

是以有明儒學，以王學爲宗，至其末流，影響及於學風者，析言之，曰：急功近利之風，明哲保身之風，游談無根之風，放縱恣肆之風；綜言之，曰：虛浮蹈空是也。

二、王學之反動

王學末流，學風陷溺，遂有反動興起。如東林領袖顧憲成、高攀龍，提倡格物以救空疏之弊：「不患本體不明，祇患工夫不密。」「談良知者，致知不在格物。故虛靈之用，多爲情識，而非天則之自然，去至善遠矣。吾輩格物，格至善也。」（《明儒學案・卷五十八・東林學案・高攀龍傳》）；又張大經世致用之說以矯治明哲保身之習：「官輦轂，念頭不在君父上；官封疆，念頭不在百姓上。至于水間林下，三三兩兩，相與講求性命，切磨德義，念頭不在世道上，即有他美，君子不齒也。」（同前案〈端文顧涇陽先生憲成傳〉）故東林聚會，多裁量人物，訾議國政，冀執政者聞而藥之，天下君子以清議歸于東林，廟堂亦有畏忌。且東林諸君，率皆躬篤節義，如張居正病，百官爲之齋醮，同官署顧憲成名，憲成聞之，馳往削去；高攀龍之自沈就義〔註77〕，黃尊素之慷慨赴義，吳鍾巒之節烈，華允誠、陳龍正之堅貞，皆無愧於東林所標榜之節義〔註78〕。迨劉宗周，提倡慎獨以救放縱之弊，而氣節亦自高尚，聞潞王降，與土存亡，絕食二十日而卒〔註79〕。

三、清初之學風

東林流風未沬，及於清初，諸君子悲故國之淪胥，感種族之奇恥，

〔註76〕陸隴其《三魚堂文集・學術辨》上。

〔註77〕詳見《明儒學案・卷五十八・東林學案一・忠憲高景逸先生攀龍》。

〔註78〕詳見《明儒學案・卷六十一・東林學案・四・忠端黃白安先生尊素》，〈宗伯吳霞舟先生鍾巒〉，〈文選華鳳超先生允誠〉，〈中書陳幾亭先生龍正〉各傳下。

〔註79〕詳見《明儒學案・卷六十二・蕺山學案忠端劉念臺先生宗周》。

不僅探討國家興亡、民族盛衰之大原，並且力倡經世致用，思振民族人心於既亡。清初學風遂一變而爲重客觀、尚實踐、求博綜。舉其要者，如亭林鑒於明末「以明心見性之空言，代修己治人之實學」，以致「股肱惰而萬事荒，爪牙亡而四國亂，神州蕩覆，宗社丘墟。」(《日知錄・卷九・夫子之言性與天道》條) 因此主張「博學於文」，「自一身以至於天下國家，皆學之事也。」(《文集・卷三・與友人論學書》)「凡文之不關於六經之指、當世之務者，一切不爲。」(《文集・卷四・與人書三》) 並且教學者掙脫宋明儒羈勒，直接反求於古經，曰：「舍經學無理學。」(《鮚埼亭集・卷十二・顧亭林先生神道表》) 遂開啓清人研治古學之門牖。又研求古今政治成敗、風俗得失、歷史沿革、地理阨塞，及其他經術博聞，作成《日知錄》一書，以待王者起而用之。次如黃宗羲，以史學爲根據，而推之於當世之務，曰：

> 明人講學，襲語錄糟粕，不以六經爲根柢，束書而從事於游談，更滋流弊，故學者必先窮經，然拘執經術，不適於用，欲免迂儒，必兼讀史。(《清史》卷四百九十九)

大抵清代經學之祖首推亭林，史學之祖則爲宗羲〔註80〕。宗羲最有影響於近代思想者，《明夷待訪錄》是也：

> 以民利民福爲民生之主，民本民有爲民權之質，論建都則主南京，論財計則廢止金銀貨幣，論土地則使民能耕而皆有田可耕。〔註81〕

其立論之卓使亭林見之而歎，謂「三代之治可復。」(《佚文輯補・與黃太沖書》) 再如王夫之，生於南荒，學無師承，國變之後，遁迹深山，與一時士大夫不相接，故當時無稱之者，然亦因是戛戛獨有所造。夫之甚推重張載，以爲「其學如皎日麗天，無幽不燭。」(《張子正蒙注・序論》) 並爲張載《正蒙》一書作注，本隱之顯，原始要終。又作《讀

〔註80〕 林尹先生曰：「清代學術先導，實由于顧炎武、黃宗羲、王夫之、顏元諸君子，顧氏爲經學之祖，黃氏立史學之基……。」見《中國學術思想大綱》，頁230。
〔註81〕 見林尹先生《中國學術思想大綱》，頁230。

通鑑論》、《宋論》，以一貫之精神，借史事而發抒，立論多與流俗迥異，是有爲之作也〔註82〕。至若顏元，更力主實踐，於一切無關實踐之學，如靜坐、讀書等，皆反對之，謂「學問固不當求諸瞑想，亦不當求諸書冊，惟當於日常行事中求之。」〔註83〕乃矯挽空疏之最著者也。

明代理學，初以朱子爲宗，自陳獻章出而一變，王守仁出而一變，陸王心學遂達於全盛時代。王學自王畿而一變，自王艮後學而再變，王學遂流爲狂禪。王學末流之弊如此，學風自不能不轉換方向，矯其弊者，復反於朱子之學。迨黃宗羲，其學出於劉宗周，以愼獨爲主，實踐是尙，故蔣伯潛謂：「其教學者，說經則宗漢儒，立身則宗朱學。」（《理學纂要》）而亭林更力「辨陸王之非，以朱子爲宗。」（《漢學師承記》卷八）孫奇逢、李顒兼宗程朱陸王，李顒尤注重躬行實踐。王夫之亦力斥王學，推崇朱子，詳見其所著《大學衍》、《中庸衍》二書。以上幾位明末大儒，對於王學末流之弊皆致不滿，而奇逢、李顒以理學著；宗羲兼長史學，夫之兼長名理，亭林尤致力經學，曰：「舍經學無理學。」故清代學風又從理學趨於經學，而經學乃成爲清代學術主流。

至於清初大儒，張履祥、陸世儀於入清後隱居終老，陸隴其、湯斌則出仕滿清，四人之學俱主程朱，以「居敬窮理」爲歸。雖然，學風之轉變，清帝之提倡，顯貴之卵翼，使清代理學群趨於朱子，然而清代數百年推崇朱子之理學家，於學術上却率多守成而缺乏建樹〔註84〕。

〔註82〕王夫之《讀通鑑論・卷末・敍論四》，曰：「取古人宗社之安危，代爲之憂患，而己之去危以即安者在矣。取古昔民情之利病，代爲之斟酌，而今之興利以除害者在矣。……於其得也，而必推其所以得；於其失也，而必推其所以失。其得也，必思易其迹而何以亦得；其失也，必思就其偏而何以救失，乃可爲治之資，而不僅如鑑之徒懸於室，無與炤之者也。」可見其論史之目的，試圖藉歷史經驗、教訓，以探討明代政制措施之弊病，及理想政治之規畫。

〔註83〕見梁啓超《清代學術概論》，頁7。

〔註84〕見蔣伯潛《理學纂要》，頁162～176。

　　綜上所述，從順治至康熙二十年之學術界，幾爲晚明遺老所支配，諸遺老所致力者在於對王學加以修正或革命，彼所締建之新學派頗多〔註85〕，要旨皆歸於經世致用；彼所開創之篤實學風，深入有清一代數百年來士大夫之人心，而隱然支配其風氣。

〔註85〕梁啓超云：「其時學術重要潮流，約有四支：一、閻百詩、胡東樵一派之經學，承顧黃之緒，直接開後來乾嘉學；二、梅定九、王寅旭一派之曆算書，承晚明利徐之緒，作科學先鋒；三、陸桴亭、陸稼書一派之程朱學，在王學與漢學之間，折衷過渡；四、顏習齋、李剛主一派之實踐學，完成前期對王學革命事業而進一步。此則康熙一朝六十年間全學界之大概情形也。」見「《中國近三百年學術史》」，頁 17。

第五章　亭林詩集之編定、版本與小注

　　亭林身當易代之際，秉承母氏遺訓，不仕異朝，游歷四方，志圖恢復，老而不懈，其滿腔悲憤，盡傾吐於詩文，觸忌時諱，自所在難免。以亭林如此特立之人格，與夫如此特殊之時代下，《亭林詩集》自編纂、傳鈔、刊刻，即有一連串糾葛，甚至韻目式詩辭，以及詩中或詩末之小注，究竟出自亭林、潘耒或後人之手，學者至今尚有許多意見。是以在探討亭林詩歌之內容形式與風格之前，首先釐清詩集本身諸問題，以為進入作品內部之準備。

第一節　詩集之編定

　　《亭林詩集》之編定，或以為出自潘耒，如全祖望、錢邦彥〔註1〕；或以為出自亭林，如王國維、徐南屏、王蘧常及潘師重規〔註2〕。以上各家多以隻字片語論斷詩集之編輯者，迨夫潘師，始對亭林自訂詩集一問題，多所證明。

　　潘師以為，《亭林詩集》託始於崇禎十七年之〈大行皇帝哀詩〉，

〔註1〕　參見全祖望《鮚埼亭集・卷十二・顧亭林先生神道表》。錢邦彥《校補顧亭林先生年譜》，頁15。
〔註2〕　參見王國維《觀堂別集補遺・顧亭林文集跋》；徐震堮〈讀中華書局顧亭林詩文集〉，引徐南屏說，收入《華東師大學報》，一九六四年第一期，頁86；王蘧常《顧亭林詩集彙注》，頁448。

時亭林三十二歲，蓋寓國亡而後詩作、以詩存史之深意。自此以後，按年編次，而於題下繫以歲陽、歲名，蓋與陶潛所著文章「義熙以前，則書晉氏年號，自永初以來，唯云甲子」同義。惟不用甲子，而用歲陽、歲名者，隱然有興復古學之意味〔註3〕。故詩集第一首〈大行皇帝哀詩〉下，不書甲申，而繫以「已下闕逢涒灘」一語，此亭林自編詩集之微旨也〔註4〕。此一紀年法，又見於《音學五書・後序》：「上章涒灘病月之望，炎武又書。」（《文集》卷二）及《初刻日知錄・自序》：「遂於上章閹茂之歲刻此八卷。」（同上）可見詩集確實出自亭林之手。

在三十二歲之前，亭林已知名文壇十餘年〔註5〕；時偕歸莊登山臨水，吟咏酬唱，彌日竟夕，自謂二人「無時不作詩」〔註6〕，則亭林少作之美盛可知矣。倘若詩集為潘耒或後人所定，斷然不肯刪之，亦無割棄之理。少作誠美則美矣，然無與於國家興亡者，故亭林盡去之，僅編錄三十二歲以後之作品，乃成為詩集特殊之處〔註7〕。故詩集之編定者，實為亭林。

第二節　版本之流傳

亭林於著述詩文，往往多寫數本，貽之同好，用申流傳，因此同

─────────────────────

〔註3〕 《日知錄・卷二十一・古人不以甲子名歲》條云：「《爾雅》疏曰：甲至癸為十日，日為陽。寅至丑為十二辰，辰為陰。此二十二名古人用以紀日，不以紀歲。歲則自有閼逢至昭陽十名為歲陽，攝提格至赤奮若十二名為歲名。……後人謂甲子歲，癸亥歲，非古也。……自經學日衰，人趨簡便，乃以甲子至癸亥代之。子曰觚不觚，此之謂矣！」

〔註4〕 參見潘師〈亭林詩文用南明唐王隆武紀年考〉，《新亞書院學術年刊》，第八期，頁19。

〔註5〕 崇禎九年，巡按御史王一鶚，表奏為亭林母氏建坊旌表，三吳之人，凡相識者，莫不登門道賀，亭林記當日事，並曰：「蓋其時炎武已齒文會，知名且十年矣。」見《餘集・先妣王碩人行狀》。

〔註6〕 見《餘集・從叔父穆菴府君行狀》。

〔註7〕 以上參見潘師所講授之亭林詩筆記。

一種著作，亦不止一個鈔本。如亭林與潘耒云：「至於著述詩文，天生與吾弟各留一本，不別與人，以供其改竄也。」(《餘集・與潘次耕札》之四)〈答俞右吉〉云：「至乃向日流傳友人處詩文，大半改削，不知先生於何見之？」(《蔣山傭殘稿》卷一) 何焯云：「(亭林) 身歿後，遺書悉歸於東海相國。」(《菇中隨筆・序》) 而趙儷生於所編《王山史年譜・康熙二十七年》條下云：「是歲，邰陽康孟謀 (乃心) 與李天生在華山先生山居共訂亭林遺詩。」既然是三人共訂，必然還參校其他詩集本子。據上引文，則《亭林詩集》至少有四個鈔本以上。

亭林歿後，門人潘耒搜訪遺書，校訂刪改，刊刻《亭林遺書十種》，中有《亭林詩集》五卷本。現今四部叢刊本 (景印康熙刊本)、四部備要本 (光緒四年刊刻)、朱記榮上海掃葉山房本 (光緒十一年)、徐嘉《顧詩箋注》所根據之潘刻底本、荀羕 (即孫詒讓) 所校諟之潘刻本〔註8〕，西元 1959 年刊行之中華本《亭林詩集》所用之康熙原刻初印底本，大抵是依循康熙年間，潘耒遂初堂刊之五卷本《亭林詩集》而來。

至於鈔本之流傳，則更爲複雜。如校補《亭林詩集》，孫毓修所用之《蔣山傭詩集》鈔本 (四卷)、荀羕所用之傳校元鈔稿本 (六卷)、中華本《亭林詩集》所用之傳錄潘耒手鈔原本詩稿 (六卷)，以及徐嘉箋注本所據之梁清標朱書補完本，彼此互有出入，絕非沿革同一鈔本。另外，蕭敬孚奔藏之《亭林佚詩》鈔本，計二十三首〔註9〕《蔣

〔註8〕荀羕乃清末大儒孫詒讓之隱名，孫卿古通荀卿，羕則詒讓之切音也。章太炎先生《檢論・卷九・小過篇》云：「戴名世、全祖望之流，隱顯不常，皆以光復期之後嗣，其後風義少衰，而戴望、孫詒讓發言常有隱痛。原注云：戴望過魯監國墓詩，儻遇陽秋筆，春王未敢刪。孫詒讓校亭林集後系以詩云：亡國於今三百年。是時尚畏清法，自署荀羕，蓋以孫通荀，詒讓切羕也。其與余書，或觸忌諱，亦皆署荀羕名。」據此可知孫詒讓與章先生通信，亦時署荀羕名。孫氏得《傳校元鈔羕本》，以潘刻校之，其詩文收入《古學彙刊》第二集。

〔註9〕此廿三首，包括〈千官〉、〈感事〉、〈聞詔〉、〈上吳侍郎暘〉、〈元日〉、〈歲九月虜令伐我墓柏二株〉、〈贈于副將元凱〉、〈陳生芳續兩尊人

山傭詩集》鈔本未錄其中四首（〈樓觀〉、〈偶題〉、〈贈同繫閬君明鐸
先出〉、〈爲黃氏作〉），傳校元鈔稿本未錄其中二首（〈張隱君元明於
園中寘一小石龕曰仙隱徵詩紀之〉、〈爲丁貢士亡考衢州府君生日
作〉），傳錄潘耒手鈔原本詩稿則未錄〈爲丁貢士亡考衢州府君生日作〉
一首。此《亭林佚詩》鈔本於光緒十一年，朱記榮校刻於上海掃葉山
房書坊。

　　再如徐嘉積十九年之勤，閱書四百五十種，草稿三易〔註 10〕，
卒成箋注十七卷，徵引故實，探明文辭無一語無來歷，而於朝章國采，
時事民情，出處進退，友朋離合，皆可於詩注中見之〔註 11〕。王蘧常
等作之標校本《顧亭林詩集彙注》，秉承前修之研究成果，更集合多
種校本、批本，作成彙校、彙注，搜羅之廣，辨析之精，卓有成就。
以下即就各版本略加討論。

一、刊刻本

1. 初印本

　　潘耒刊刻《亭林詩集》，有初印及重修之異〔註 12〕，彼此之不同
在於「修版本缺字殊夥，初印本並與元鈔本同。」（荀羨《亭林詩集
校文》跋）亦即初印本與傳校元鈔稿本竝無闕字。底下又云：「今不
備校。」筆者以爲所不備校者，係指修版本之闕字言。吾人從校文所
列潘刻本俱無闕字來看，孫詒讓所用之潘刻本乃潘刻初印本〔註 13〕，

　　　　先後即世適皆以三月十九日追痛之作詞旨哀惻依韻奉和第三首〉、
　　　　〈六言〉、〈張隱君元明於園中寘一小石龕曰仙隱徵詩紀之〉、〈爲丁
　　　　貢士亡考衢州府君生日作〉、〈江上〉、〈羌胡引〉、〈元日〉、〈樓觀〉、
　　　　〈偶題〉、〈贈同繫閬君明鐸先出〉、〈爲黃氏作〉。
〔註 10〕見徐嘉《顧詩箋注・凡例》。
〔註 11〕見潘師重規〈顧詩講義續補序〉，《大陸雜誌》，第五十九卷第五期。
〔註 12〕見孫詒讓《亭林詩集校文》跋，收入《古學彙刊》第二集。
〔註 13〕潘刻本詩題、詩序闕字者，如卷一〈大行哀詩〉（元鈔本大行下有「皇
　　　　帝」）、卷二〈路舍人家見東武四先歷〉（元鈔本作「隆武二年八月～
　　　　見此有作」八十九字）、〈贈路光祿序以下數首〉（元鈔本無數首二
　　　　字）、卷三〈再謁天壽山陵〉（元鈔本陵上有「十三」）、卷四〈元旦〉

故不類前引「修版本缺字殊夥」，而契合於「初印本並與元鈔本」同無闕字〔註14〕。

　　其次，以校文潘刻本比勘中華本《亭林詩集》所用之康熙原刻初印底本，發現在內容方面，如卷數（五卷）、詩辭、佚詩，康熙原刻初印本盡吻合於潘刻本。

　　再者，孫毓修《亭林詩集・校補》云，刻本多爲潘次耕竄改，緣當時有所避忌故也。至於乾隆中禁書事起，遂削去之，而塡以方圍，初印本則無方圍闕文〔註15〕。是以荀爽校文跋語所云：「潘刻所有而文字殊異者，又逾百事。」缺字殊多之重修本，即後來之剜改本，而無方圍闕文之初印本，係荀氏校文所用底本。將四部叢刊本《亭林詩集》與荀氏校文所列潘刻本比對，吾人發現前者除有許多方圍闕文外，餘則盡同後者。

　　（元鈔本上有「十九年」）、〈孟秋朔旦有事於（元本下有先皇帝）欑宮〉、〈赴東〉一首序頌繫半年（元本下有「當事審鞫即上年奸徒沈天甫陷人之書」十六字）第四首、〈三月十二日有事於（元本下有「先皇帝」）欑宮〉、卷五〈二月十日有事於（元本下有先皇帝）欑宮〉、〈井中心史歌序，張少保統（元本下有海外之）兵（元本下無外來）以復（元本下有大宋三百年）土宇（元本下有「而驅胡元於漢北」）必有一日（元本下有「變夷而爲夏」）故作此歌（元本無此四字）〉。潘刻本闕注者，如卷一〈京闕篇〉：「國有丈人貞」（元本有注云：「兵部尚書兼武英殿大學士史公可法」）、〈哭顧推官〉：「欲聽華亭唳」（元本下有注云：「時猶未知二子之死。」）等等。至於潘刻本詩辭除卷二〈十廟〉：「不改都城隍。」（元本下有「乃信夷奴心，亦知畏藍殃」二句）、「昭示同三光，追惟定鼎初。」（「元本上句下有「上天厭夷德，神祇顧馨香，上惟洪武初。」三句，無「追惟」一句」與元本稍有不同外，俱無缺字。可見潘未以鈔本初刻時的確稍作竄改，然尚不至於芟落殊多。

〔註14〕饒宗頤以爲孫詒讓所言「初印本並與元鈔本同」，係指其內容相同，卷數相同。如：「潘次耕初印本並未敢多所竄改，猶遵師訓，其後文網日深，乃重加刪併，成爲五卷本」、「六卷原鈔稿本實如上文所錄，並無隱避，荀氏（即孫詒讓）又言潘次耕初印本與原鈔本同」而以爲初印本與原鈔本俱無諱目式隱語，因此二本內容相同，故「不備校」。見〈顧亭林詩論〉，收入《文學世界》，第五卷第二期，頁8。

〔註15〕見四部叢刊本《亭林詩集》後。

綜上所述，荀羨所用之潘刻本，與中華本《亭林詩集》所用之底本，俱屬康熙原刻初印本。

2. 重刻本

商務印書館四部叢刊本《亭林詩集》（即徐嘉箋注顧詩所用底本，與朱記榮掃葉山房刊本內容一致），雖則於扉頁註明「上海涵芬樓景印康熙刊本」，然而從內容看來，該本之方圍闕文分布於一百二十個句子，似非康熙間遂初堂原刊本，誠如孫毓修所言：「刻本有闕字，填以方圍者，又乾隆禁書事起削去，初印本不爾也。」（《亭林詩集・校補序》），則四部叢刊本之時間，當在乾隆以後。徐震堮《讀中華書局顧亭林詩文集》云：

> 現在通常所見為嘉慶間的挖補本，如四部叢刊影印本所據者即是這種本子。凡雍正、乾隆、嘉慶三代廟諱都已挖改，潘氏卒於康熙四十七年，此皆后來所改，灼然可知。
> 〔註16〕

檢索四部叢刊本，發現《詩集・卷一・偶來》詩小注：「南齊書周顒傳……王儉謂顒曰……顒曰……」後二顒字盡挖去，〈懷人〉詩小注「蔡琰胡笳十八拍」琰字挖去，卷四〈得伯常中尉書却寄并示朱烈、王太和二門人〉詩：「感此深情刻琬琰」，琰字挖去，〈讀李處士顒襄城紀事有贈〉及卷五〈過李子德〉之四小注「李處士顒」之顒字盡挖去，此即避清仁宗「顒琰」名諱。再如卷二〈路舍人家見東武四先曆〉一詩：「新曆尚未頒」，及〈元旦陵下作〉詩：「甲子軒庭曆」之曆，三字盡行挖去，此即避清高宗「弘曆」名諱。因此徐先生所言四部叢刊影印本為嘉慶間之挖補本，確然不謬。

中華書局四部備要本《亭林詩集》，乃光緒四年由張修府重梓遺書，陳鳳修、左壽朋、張希詠加以校刊。雖詩集跋云：「精校付刊」，然並未載明所據校本、底本以及出校文字。

比較四部叢刊本與四部備要本，其同者在於俱為五卷本，詩歌總

數一致；異者在於備要本乃補完本，通書絕無闕文，至於以何本補完，
跋文則語焉不詳；又備要本詩題詳於四部叢刊本，（如備要本卷一〈推
官二子執後欲爲之經營而未得也，而二子死矣〉，〈賦得越鳥巢南枝用
枝字〉，〈賦得江介多悲風用風字〉，〈寄薛開封案君與楊主事同隱鄧尉
山併被獲，或曰僧也，免之，遂歸常州〉；叢刊本則爲〈推官二子被
難〉，〈賦得越鳥巢南枝〉，〈賦得江介多悲風〉，〈寄薛開封案〉等。）
諸如此類，計有二十五首。

二、傳鈔本

目前所知鈔本，有徐嘉《顧詩箋注》所據之梁清標朱書補完本、
孫毓修所用之《蔣山傭詩集鈔本》（四卷）、荀羨所用之傳校元鈔稿本
（六卷）、戴望所藏鈔本，以及中華本《亭林詩集》所用之傳錄潘耒
手鈔原本詩稿（六卷）。

1. 梁清標朱書補完本

徐嘉《顧詩箋注》凡例云：

> 潘氏初刊是詩，中多闕文，他刻因之，未闚原稿，慮
> 難補輯。光緒甲申，鎮江書賈出賍舊本，朱書補完，每卷
> 下方鈐「梁清標印」，知爲蕉林相國什藏。喜亟購歸，照錄
> 靡闕。

梁清標所藏舊本，凡潘氏初刊闕文，皆用朱書補完。

然則，梁清標所據以補完者，究得自何人？潘師重規云：

> 亭林先生性情最耿介，在生死關頭，也不肯輕易懇求
> 他鄙視的名公鉅卿。他居然稱梁清標爲有心人，可見梁顧
> 之間，心神契合，梁清標定必得見亭林詩原稿本，故可據
> 之補完闕字。（《亭林隱語詩覈論》）

以爲梁氏必據亭林詩原稿本補完潘刻闕文。然而潘耒與梁氏有同事之
誼，潘耒又同時擁有鈔本及刻本，究竟梁氏用以校補潘刻闕文者，係
得自亭林或潘耒？若得自潘耒，究竟爲初印本抑轉鈔《亭林詩集》稿
本？

倘若梁清標朱書補完本，確經梁清標手校者，那麼康熙二十一年亭林卒，二十三年潘耒罷官，三十年梁清標卒，四十七年潘耒卒，康熙年間遂初堂刊本，最有可能在康熙二十一、三年至三十年之間殺青。前面一再論述詩集初刊本雖經潘耒竄改，然闕文並不多見，因此徐嘉箋注本所提及之「潘氏初刊是詩，中多闕文，他刻因之」之初刊本，或即徐嘉誤以四部叢刊本爲初印本（以四部叢刊本扉頁有「景印康熙刊本」字樣）。或者康熙二十一、三年至三十年之間，詩集即經二次刊刻，梁清標以朱書補完者爲重修潘刻本，而絕非徐嘉所言：「潘氏初刊是詩，中多闕文」，「（梁清標舊藏）朱書補完」之初刊本。若梁清標未曾手校潘刻本，然則所謂梁清標校本，根本係書賈作僞，據舊鈔本補字，鈐以「梁清標印」者。

　　無論如何，由徐嘉《箋注》凡例云，所據潘刻本缺字殊多，則與今見四部叢刊本當相去無幾。茲就四部叢刊本之方圍闕文，比較徐嘉據梁清標朱書補完本所補字，與《蔣山傭詩集》鈔本、中華本原刻初印底本、及中華本傳錄潘耒手鈔原本詩稿校本所補字之異同，以考察其間之關係。僅列表如下：

　　（案：此表純就闕字以比較梁本與其他各版本之關係，凡不涉及闕字者一律不錄。）

四部叢刊本	梁清標朱書補完本	蔣山傭詩集鈔本	中華本原刻初印底本	中華本傳錄潘耒手鈔原本詩稿校本
卷一、大行哀詩				
羣心望有□	仍			
須知□軍出	六	同左	同左	同左
一□定□州	掃、神			
京口即事				
□□一戰收	神京	同左	同左	同左
□原望捷時	中	匈奴出塞時	中	匈奴出塞時
還兵飲□□	月支	同左	同左	同左

四部叢刊本	梁清標朱書補完本	蔣山傭詩集鈔本	中華本原刻初印底本	中華本傳錄潘耒手鈔原本詩稿校本
延平使至				
萬里干戈傳□札	御			
十行書字識□顏	天			
一聽□□同感激	綸言	同左	同左	同左
收□遙待□□還	京、翠華			
海上				
一軍旗鼓向天涯				
下小注：				
自福山□□□	入海口	入海	入海	入海
贈顧推官咸正				
□□哀忠臣	天子	同左	同左	同左
會須□□原	靖中	洗中	洗中	洗中
哭楊主事				
□龍起芒碭	眞	同左	同左	同左
□□□□□	首獻大衡占	同左而下句北邊有小注：手詔曰朕甚感楊廷樞之占卦	同左	同左
是日□顏迴	天	同左	同左	同左
哭顧推官				
痛自□□淪	京師			
獨□南陽□	奉、帝	同左	同左	同左
一□入人手	疏			
幾墮□□眠	旃裘	猾夔	猾虜	猾虜
乃有□將隙	漢			
主□非其人	帥	同左	同左	同左
□□復不濟	大事			
羣情佇收□	京			
哭陳太僕				
拜□至□□	表、行朝	表、屋京	表、福京	表、福京
願請三吳□	敕	同左	同左	同左

四部叢刊本	梁清標朱書補完本	蔣山傭詩集鈔本	中華本原刻初印底本	中華本傳錄潘耒手鈔原本詩稿校本
□使護諸□ 資其□□力 幾事一□□ □覆天地黑	詔、將 反正 不中 反	同左	同左	同左
十月二十日奉先姚葬於先曾祖兵部侍郎公墓之左 乃知□朝恩寵大	天	同左	同左	同左
墓後結廬三楹作 不見□父重嗚呼 一身去□無所泊	君 國	同左	同左	同左
吳興行贈歸高士祚明 遙望天□山 塵沙沒□□ □州已□□ □□一紙定四方 拜□□□□	壽 中原 神陸沈 傳檄 掃十八陵	同左	同左	同左
偶來 小注： 王偁謂□曰 □曰：赤米白鹽…	顯 顯	同左	同左	同左
石射堋山 □在明州正待王	帝	同左	同左	同左
春半 □州七月圍 終然□□器 開篋出□書 願為諸□言	洪 正神 兵 將	同左	同左	同左
懷人 小注：蔡□胡笳…	琰	同左	同左	同左

四部叢刊本	梁清標朱書補完本	蔣山傭詩集鈔本	中華本原刻初印底本	中華本傳錄潘耒手鈔原本詩稿校本
卷二、恭謁孝陵 　願言從□□	鄧禹	同左	同左	同左
拜先曾王木主於朝天宮後祠中 　山河今□域	異	同左	同左	同左
淮東 　我為□朝將	天	「我為天朝將～死在淮東邪」六句，作「昔在天朝時，共剖河山符，何圖貳師貴，卒受多虜屠」四句	天	同《蔣山傭詩集鈔本》而「多虜」作「匈奴」
贈路舍人澤溥 　早識□□氣 　謁□□□宮 　汀州失警□ 　以待天下□ 　□□呼恩官 　用卒□□志	天子 見三山 蹕 事 天子 先臣	同左 帝三山 同左	同左 帝福州 同左	同左 帝福州 同左
傳聞 　傳聞□極馬 　間關□□日 　□威方一震	西 行幸 國	同左	同左	同左
路舍人家見東武四先□ 　屬車乍□□ 　□□盡戎壘 　□門絕島中 　新□尚未頒 　猶看正□□ 　□□江山改	麻 蒙塵 七閩 厦 麻 朔存 未信	作「隆武二年八月，上出狩～見此有作」八十九字 同左 曆 同左	曆 同左 曆 同左	作「隆武二年八月，上出狩～見此有作」八十九字 同左 曆 同左

四部叢刊本	梁清標朱書補完本	蔣山傭詩集鈔本	中華本原刻初印底本	中華本傳錄潘耒手鈔原本詩稿校本
再謁孝陵				
還經□□□	禁嶺限	同左	同左	同左
□雲浮苑起	彤	同左	同左	同左
監紀示游粵詩				
兩路□□皆不下	攻虔	同左	同左	同左
□□守嶺竟空回	一軍			
楊明府永言昔在崑山□□□□爲僧於華亭及吳帥舉事去而之蘭谿今復來吳下感舊有贈	倡義不克	起義不克	起義不克	起義不克
不負一□謀	成	匡	匡	匡
十廟				
三靈俄□□	乏主			
圜丘□□□	尙無依			
騎士處□廟	高	同左	同左	同左
滌去諸□□	不祥			
金山				
虎嘯臨□州	皇	同左	同左	同左
故侯□□□	張車騎	張子房	張子房	張子房
沈吟□□餘	十年			
□□旌施浮	不見			
忽聞□□來	王旅			
先聲動□幽	燕	同左	同左	同左
闔廬用□□	子胥			
願言告同□	袍			
□□莫淹留	乘時			
蟂磯				
嶺色遠浮黃□矗	屋	同左	同左	同左
江上				
聞有□□人小注	伐荻			
南史宋武帝嘗□□新洲	伐荻	同左	同左	同左

四部叢刊本	梁清標朱書補完本	蔣山傭詩集鈔本	中華本原刻初印底本	中華本傳錄潘耒手鈔原本詩稿校本
元旦陵下作				
甲子軒庭□	厤	曆	曆	曆
贈潘節士檉章				
北□一崩淪	京	同左	同左	同左
中更□與賊	虜	支	夷	夷
到今□氣存	王	同左	同左	同左
王徵君潢具舟城西同楚二沙門小坐柵洪橋外				
心悼□屋遠	黃	同左	同左	同左
志意不□□	可量			
陳生芳績兩尊人先後即世適皆以三月十九日追痛之作詞旨哀惻依韻奉和				
天□□□世無倫	讎國恥	同左	同左	同左
小注:梁書……大敵猶強，天□未雪	讎	同左	同左	同左
卷三、元日				
佇□龍虎氣	期	同左	同左	同左
山海關				
□□竟爲灰	七廟	同左	同左	同左
恭謁天壽山十三陵				
上呼十□□	四皇			
□□□不聞	哭帝帝			
幽都蹲□伯	土	同左	同左	同左
天□未可億	運			
□心未可量	天			
仲華□西京	復			
居庸關				
□朝陵寢託雄邊	本	同左	同左	同左
再謁天壽山陵				
微寘神□食	祇	豈	豈	豈
大屑我□□	社稷	同左	同左	同左

四部叢刊本	梁清標朱書補完本	蔣山傭詩集鈔本	中華本原刻初印底本	中華本傳錄潘耒手鈔原本詩稿校本
贈黃職方師正				
落落□等存	公	我	我	我
三月十九日有事於欑宮時聞□國之報	緬	同左	同左	同左
時來夏□還□祀	后，存一本作重	后重	后重	后重
卷三、北嶽廟				
神州□□踐	恣奔			
祭卜□川變	伊	同左	同左	同左
□□淚如霰	嗚呼			
卷四、得伯常中尉書却寄并示朱烈王太和二門人				
感此深情刻琬□	琰	同左	同左	同左
讀李處士□襄城紀事有贈	顒	同左	同左	同左
卷五、過李子德之四				
同人待隱淪小注：李處士□	□	顒	顒	顒
春雨				
窮經待後□	王	同左	同左	同左
井中心史歌序：				
□□一日	必有			
見賢□□	思齊			
獨立□□	不懼	同左	同左	同左
又驚牧□滿江山	騎			
□心□調復同時	同同			

依上表統計，闕字曾出現在一百二十個句中，下表統計與梁本補字同異者之數目：

各　版　本	蔣山傭詩集鈔本	中華本原刻初印本底本	中華本傳錄潘耒手鈔原本詩稿校本
與梁本補字同者	103	107	104
與梁本補字異者	17	13	16

　　由徐注本所補之字，與傳世各鈔本、初印本大致相同看來，所謂梁清標朱書補完本，必然有所根據，而且是相當早期之本子。此一舊本，後來由幽光閣鉛槧刊行，事見王蘧常標校本《顧亭林詩集彙注‧編例三》云：「幽光閣鉛槧本（即梁清標朱書補完本之排印本）。」

2. 蔣山傭詩集鈔本、荀羨傳校元鈔稿本、中華本傳錄潘耒手鈔原本詩稿、戴望鈔本

　　民國 11 年，孫毓修以《蔣山傭詩集》鈔本校補潘刻本，曰：「與刻本異文甚多，且多詩十數首……鈔止四卷，尚非足本。」《蔣山傭詩集》有許多以韻目代忌諱字之詩辭，潘刻本多加以竄改，如：

潘　　刻　　本	蔣　山　傭　詩　集　鈔　本
卷一　秋山	
北去三百舸	北去作虜裝
十二月十九日奉先妣藁葬	
牧騎過如織	牧騎作虜兵
哭楊主事	
並奏北邊狀	北邊作冬虜
哭顧推官	
誓麾白羽扇	談笑多虜空
哭陳太僕	
欻見牧馬逼	牧馬作虜馬
恥爲南冠囚	恥汙東支刀
常熟縣耿侯橘水利書	
況多鋒鏑驚	況此虜寇深
語溪碑歌	
牧騎已如林	牧騎作虜騎

　　由列表推知：亭林爲避免清廷羅織，於是運用韻目代替極忌諱處──即其微言大義、心血流注處。至潘耒刊刻印行，不得不將惹人眼目之韻目代字加以竄改，有如上表。

　　民國 2 年，《古學彙刊》收錄荀羨《亭林詩集‧校文》，該校文所用之校本爲元鈔稿本，有六卷，較諸《蔣山傭詩集》鈔本完整，而元

本小注之遺詩軼事，有《蔣山傭詩集》鈔本未入者。如卷一〈哭顧推官〉詩，題下有注云：「推官名咸正，字端木。二子：長天遴，字大鴻；次天逵，字仲熊。弟咸建，字漢石，進士，錢塘令，子二。咸受，字幼疏，舉人，子二。」卷二〈贈劉教諭永錫〉詩：「獨我周旋同宿昔，看君臥起節頻持。」注云：「劉君時未薙髮。」即可了解「節頻持」之意。卷三〈濟南〉詩：「廿年重說陷城初。」注云：「濟南以崇禎十二年元日陷。」卷五〈寄次耕〉詩：「更得遼東問。」注云：「兄子二人，今在兀喇。」皆是。且出現於《蔣山傭詩集》之韻目代字，在荀校元鈔稿本多爲原字。以虞支韻爲例：

蔣 山 傭 詩 集	荀 校 元 鈔 稿 本
卷一　秋山	
虞裝三百舸	胡裝
十二月十九日奉先妣藁葬	
虞兵過如織	胡兵
哭楊主事	
並奏多虞狀	東胡
哭顧推官	
談笑多虞空	東胡
常熟縣耿侯橘水利書	
況此虞寇深	胡寇
卷二　浯溪碑歌	
虞騎已如林	胡騎
金山	
況茲蠢逆虞	胡
卷三　贈潘節士檉章	
中更支與賊	夷

　　西元 1959 年中華書局新編《顧亭林詩集》，以傳錄潘耒手鈔原本詩稿爲校本，該詩稿亦爲六卷，收錄詩歌較諸荀校元鈔稿本爲多，此二鈔本在文字上略有不同，如：

荀　校　元　鈔　稿　本	中華本傳錄潘耒手鈔原本詩稿
卷一　千官	
歌帝求仙一登天	歌作武
聞詔	
不覺淚頗流	頗作頻
上吳侍郎陽	陽作暘
延平使至	
收京恭待翠華還	恭作遙
吳興行贈歸高士祚明	
胡沙沒中原	胡沙作胡塵
卷二　金壇縣南顧龍山上有太祖皇帝御題	太祖皇帝作太祖高皇帝
詞一闋	
眞州，注云：「眞州牌外焚船數百艘」	牌作牐
卷三　元旦陵下作	
得近帝皇居	帝皇作帝王
和陳生芳績追痛之作	
一上蔣山東極目	蔣作鍾
卷四　元日	
麗景開華始	麗景作麗日

所同者在於《蔣山傭詩集》之韻目代字，在此二鈔本多爲本字〔註17〕。

此外，朱記榮刊刻軼詩廿三首，其中〈爲黃氏作〉題下注云：「在樓桑廟後」又云：「子高臨本在前。」子高即戴望之字。荀羕校文〈杭州〉詩下云：「戴子高云，或是張秉貞，而韻亦不類。」可見戴、荀二人嘗商訂詩集。孫殿起《販書偶記》卷十四，有〈亭林詩稿六卷〉一條，注云：「無印書年月，約光緒間幽光閣以戴子高家藏潘次耕手抄鉛字排印本，較他本多不同。」即戴望所藏潘耒手鈔本，後經鉛字

〔註17〕雖亦有少數韻目代字，如卷五〈哭歸高士〉詩，末句小注云：「君二十五年前，嘗作詩以魯連一矢寓意，居沒十句，而文單擧庚。」文、單、庚，即韻目，「文單擧庚」乃韻目式隱語，用以代替「雲南擧兵」，然大都使用本字。

排印也。該本未嘗寓目，不敢臆言其餘。

三、傳鈔本到刊刻本演化之痕迹

中華本所據傳錄潘耒手鈔原本詩稿和荀羕校文所據元鈔稿本，多不避忌諱，直書胡、夷、虜、匈奴等等，然而此二鈔本，在卷五〈哭歸高士〉詩之四，詩末注云：「君二十五年前，嘗作魯連一矢寓意，居沒十旬而文覃舉庚」，以「文覃舉庚」代「雲南舉兵」；又荀校元鈔稿本卷四〈杭州〉詩：「匈奴王衞律」句注云：「眞東鎌」，以「眞東鎌」代「陳洪範」，中華本卷一「將有遠行作，時猶全越」，以「越」代「髮」，（據汪校本云），卷四〈再謁天壽山十三陵〉：「大屑我社稷」，以「屑」代「竊」；則爲亭林最早用韻目代替忌諱字之例。

其後，推及全集，凡涉避諱字眼，一律以韻目代替，遂成爲《蔣山傭詩集》通篇多爲韻目字之型式。

再後，潘耒將詩集付刻時，以爲用韻目代字仍易爲人發現，故又加以竄改，然而改之未盡，刻本仍保留一些韻目代字，如卷一〈贈顧推官咸正〉：「東虞勢薄天」；卷二〈贈潘節士檉章〉：「祕書入東虞」，皆以虞代胡。卷二〈贈潘節士檉章〉：「同文化支字」；卷四〈京師作〉：「居中守在支」；〈山海關〉：「東支陷重門」，皆以支代夷。卷三〈王徵君潢具舟城西同楚二沙門小坐柵洪橋下〉：「以國資東陽」，以陽代羌〔註18〕。

迨乾隆禁書事起，潘刻本雖經竄改，仍不免躋入焚禁之列。據《清代禁書知見錄》，《亭林遺書》條下載：「康熙間，吳江潘耒遂初堂刊（……《亭林文集》六卷、《亭林詩集》五卷）……《亭林文集》、《亭林詩集》二種中均有偏謬詞句，應行銷燬。」清廷銷燬詩集，一則顯示其褊狹嚴刻之作風，再則確示《亭林詩集》中有民族大義寄焉，非一般泛作也，而今日所見嘉慶年間四部叢刊本《亭林詩集》之多方圍

〔註18〕以上參考潘師重規〈隱語詩芻論〉，收入《亭林詩考索》，頁92。

闕文，可想知其所以然矣。

四、亭林詩集之復原工作

　　就以上論述，可知於異族統治之日，亭林爲使其詩集流傳，輒以韻目代替欲隱諱之字——亦即大義之所寄。迨乎潘耒爲刊刻詩集，適值文網森嚴，故不得不有所芟改，潘刻本經雍正、乾隆、嘉慶三朝，多所剗改，是爲四部叢刊本《亭林詩集》，至乎光緒十一年朱記榮重梓詩集時，仍心存顧忌，而沿襲四部叢刊挖改本面目，稍擴大版面，是以此日所見刻本，皆非《亭林詩集》原貌。今欲探賾先生詩心，尋繹先生詩旨，以發揚先生志節，並領受其精神人格，非一覩詩集原貌，則不克奏其全功 〔註19〕。先進有感於此，故多有從事於《亭林詩集》之復原者。如徐震堮云：

　　　　取鈔本以校補潘刻本，這條路是不錯的。但是沒有一個鈔本能是百分之一百的可靠，很難專主某一本，必須會合各鈔本來加以校補，才能取長補短，接近原本。〔註20〕

潘師曾撰著《亭林詩鈎沈》，匯合中華本《傳錄潘耒手鈔原本詩稿》、荀羨《亭林先生集外詩校記》、孫毓修《亭林詩集校補》、徐嘉《亭林集外補詩》，彙鈔成帙，分上下二編，其下編乃亭林詩：

　　　　詞涉忌諱，經潘次耕竄改之篇，其間往往以隻字片言

〔註19〕　《日知錄·卷二十一·古文未正之隱》條：「文信國〈指南錄序〉中北字皆虜字也。後人不知其意，不能改之。謝皋羽〈西臺慟哭記〉，本當云文信公，而謬云顏魯公：本當云季宋，而云季漢，凡此皆有待於後人之改正者也。胡三省之註《通鑑》至二百八十卷，石敬塘以山後十六州賂契丹之事，而云自是之後遼滅晉，金破宋，其下闕文一行，謂蒙古滅金取宋，一統天下，而諱之不書。此有待於後人之補完者也。漢人言春秋所貶損大人，當世君臣有威權勢力者，其事皆見於書，故定哀之間多微辭矣。況於易姓改物，制有中華者乎？孟子曰：不知其人可乎？是以論其世也，習其讀而不知，無爲貴君子矣。」可見韻目式隱語誠先生有意之爲也。據本條，先生當亟望於後人之改正、補完韻目隱語及闕文，以恢復詩集之原貌。

〔註20〕　同註16，頁86。

之異同，半題一注之增損，而全詩之精神面目，頓覺改觀，
故並全篇寫錄，用成完璧，其篇卷分合一依荀校，冀復原
稿六卷之舊第。……取捨從違，期於至當，審訂隻字，或
至移時。〔註21〕

亦有恢復詩集原貌之苦心。西元 1959 年，中華書局新編《顧亭林詩
文集》之詩集部份，以潘刻初印本爲底本，以傳錄潘耒手鈔原本詩稿、
孫毓修《亭林詩集校補》參校，並附錄徐嘉《顧詩箋注詩補》於後，
雖稱完備，然以潘刻初印本爲底本，尚不得謂《亭林詩集》原貌。迨
西元 1981 年，上海古籍出版社印行標校本《顧亭林詩集彙注》，以傳
錄潘耒手鈔本爲底本（乃現今所知最完整之版本），而以潘耒初刻本，
幽光閣鉛槧本，翁同龢秘槧本，荀氏（即荀羨）校本，孫（即孫毓修）
校本，吳庠校本，曹校本，汪辟疆校本，冒廣生批本，陳氏校注稿本
彙校〔註22〕，渠欲恢復詩集之原貌，用心甚深而成績卓鉅〔註23〕。因
此，本論文引詩悉採自彙注本，不另標明，至若參酌徐注本或其他版
本，則特別書明。

第三節　詩集之小注

　　通行本《亭林詩集》中之小注有二種，一種是隨句附注；一種是
附於該詩之末，另成一行起注（簡稱詩末附注）。隨句附注者，多有
關時人時事；詩末附注則多援引經、史、子、集以注明出處，其中尤
以史傳爲多。隨句附注，爲亭林撰注，已成定論，而詩末附注，或以
爲成於亭林，或以爲成於潘耒。

　　以爲詩末附注爲潘耒所作者，有黃節、王蘧常。如〈海上〉詩之
二：「名王白馬江東去」，詩末附注引《隋書・五行志》云：

〔註21〕見潘師重規〈亭林詩鉤沈〉，收入《亭林詩考索》，頁 22。

〔註22〕見王蘧常《顧亭林詩集彙注》，編例三。

〔註23〕該編例之缺點在於對各版本之來源、異同交代不清，可謂美中不足
　　　　處。

　　　　梁大同中，童謠曰：青絲白馬壽陽來。其後侯景破丹
　　陽，乘白馬，以青絲爲羈勒。

黃節《顧詩講義》於同詩之三：「一軍旗鼓向天涯」句下，曾提出對
此注之看法：

　　　　《詩集》中原注，有爲亭林自注者，有爲潘次耕及撫
　　子衍生等注者，若上篇名王白馬原注，引《隋書五行志》
　　梁大同中童謠，青絲白馬壽陽來，以應侯景破丹陽，乘白
　　馬，如此解釋，則是比喻豫王下金陵，如侯景之破丹陽也。
　　亭林於清兵稱之曰胡虜，見之各篇中，豈有以名王稱清酋
　　者，以是決定上篇之原注，非亭林自注也。

又於「一軍旗鼓向天涯」之隨句附注：「去夏誠國公劉孔昭自福山入
海口」，以爲「非注釋典故，而爲注記事實，則可決爲亭林自注。」

　　然而，名王實指異民族之王，如《漢書・宣帝本紀》云：「單于
遣名王奉獻。」又「名王、右伊秩訾。」《三國志・魏太祖紀》云：「北
征烏桓，斬蹋頓及名王已下」皆是。則此「名王」，自當指清之王公。

　　潘師以爲，由於黃節誤解名王之意，而認定詩末附注非亭林自
注，因以己意解詩，致有上述之誤〔註24〕。

　　王蘧常則以爲詩末附注「出潘耒所記，大多得諸緒論，故能在在
與詩意密合，全集可覆按，以侯景喻清領軍，實爲切合。」〔註25〕王
氏以爲黃氏之誤在於不信任潘耒之注，而隨意解詩。夫潘耒嘗得《亭
林詩集》手稿，又親承指授，故其所注在在能發明詩之意旨。因此，
王氏所著《顧亭林詩集彙注》，將亭林所作之隨句附注，仍保留原來
型式，而將潘耒所作之詩末附注列入彙注部分。

　　至若以詩集小注，咸爲亭林自注者，有袁枚、李詳、徐嘉，三
人看法，彼此承注。如李詳於光緒年間作《顧詩箋注・序》云：「近
世流傳之本，閒附注語，據錢唐袁氏所言，即亭林自注也。」此錢
唐袁氏，即袁枚也。徐嘉在箋注中，一律稱詩集小注爲原注，亦是

〔註24〕同註7。
〔註25〕同註22，頁115。

贊成此說之表證。潘師重規亦以為詩末附注為亭林自注，亭林之所以動輒引經史以為注，蓋恐讀者經史不熟，不解詩意，因此「為詩而作注」〔註26〕。

《國粹學報》第六十九期，《顧亭林集外遺札》（錄自曲阜顏運生集其先世諸名人手札）札尾有〈先妣忌日〉等詩多首。其中〈先妣忌日〉詩末引《顏氏家訓》云：「荒亂以來，雖寒畯之子，能讀《孝經》、《論語》者，尚為人師，雖奕葉冠冕，不曉書記者，莫不耕田養馬。」與《亭林詩集》該詩詩末附注亦有《顏氏家訓》一條同，可知詩末附注為亭林自注。

卷三〈薊州〉詩云：「孽鳥向林低」，詩末附注引《戰國策》云：雁從東方來，更贏以虛發而下之，曰：「此孽也」。註：「孽者，謂隱痛於身，此孽子也。」亭林引注說明典實之所自，而更自鑄偉詞「孽鳥」也。

卷二〈拜先曾王考木主於朝天宮後祠中〉詩云：「晉室丹楊尹，猶看古柳存。」蓋亭林曾祖嘗為應天府尹，而以丹楊尹譬之。若詩僅至此，尚不覺有何特殊，然詩末附注引《南史‧劉瓛傳》云，瓛六世祖惔，晉時為丹楊尹。袁粲曾於後堂請瓛，指聽事前古柳樹謂瓛曰：「人言此是劉尹時樹，每想高風，今復見卿，清德可謂不衰矣。」則亭林緬懷先祖遺風烈躅之情，自是顯現，由附注引文比照詩句，益見亭林用典之精簡貼切。

卷四〈汾州祭吳炎潘檉章二節士〉詩云：「一代文章亡左馬，千秋仁義在吳潘」，似信手拈來，絕無憑恃。然詩末附注引《宋書‧孝義傳‧王韶之贈潘綜吳逵詩》：「仁義伊在，惟吳惟潘。心積純孝，事著艱難。投死如歸，淑問若蘭。」可見該詩實有用典，而用典巧妙自然，若出自胸臆，使人不覺。

卷一〈感事〉詩之四云：「尚錄文侯命，深虞雒邑東」，詩句特隱

〔註26〕吳宓《空軒詩話》語，收入《雨僧詩文集》，頁435。

微，不知所言者何，待參見詩末附注云：「蘇子瞻傳曰：『予讀〈文侯之命〉篇，知東周之不復興也。宗國傾覆，禍敗極矣。平王宜若衞文公、越勾踐然。今其書乃旋旋焉與平康之世無異。《春秋傳》曰：厲王之禍，諸侯釋位以間王政，宣王有志而後效官，讀〈文侯之命〉，知平王之無志也。』」始知亭林有感於福王之無志，明室之不興，故引蘇軾之評周平王以為暗示。此詩注與詩辭已結合為一，若驟然割棄附注，則無由發其底蘊。

　　從以上引例可見，詩末附注釋典與詩句實緊密結合，二者相輔相成，突顯詩之意蘊，構成亭林詩之特色。倘若以為詩末附注非亭林所作，則必然減去詩集之諸多神采。

　　筆者以為，詩集之小注，當是亭林自注。除前引潘師之意見鑿鑿可據外，在四部叢刊本《亭林詩集》後，附有孫毓修以《蔣山傭詩集》鈔本校補《亭林詩集》之校文，如卷一〈偶來〉詩末附注引《南齊周顒傳》云云，有二個方圍闕文，俱補上顒字；〈懷人〉詩末附注引蔡琰「胡笳十八拍」云云，琰字闕，鈔本亦補之；卷二〈江上〉詩末附注引《南史》宋武帝嘗伐荻新洲，伐荻二字闕文，亦補之。蓋蔣山傭既是亭林化名，《蔣山傭詩集》實即亭林詩集，《蔣山傭詩集》鈔本既足以補足潘刻本詩末附注之闕文，可見詩末附注必成於亭林之手。

　　至若隨句附注之所以多記時人時事，詩末附注之所以多引經史子集以注釋典實，或係亭林著述體例，亭林有意之為也；或者隨句附注、詩末附注原即排比一處，迨潘耒乃重新編排，刊刻發行，而成今日形式。無論如何，詩集之小注乃亭林自注，當係屬實。

第六章　亭林詩歌之內容形式與風格

　　歷來研究亭林者多著重其學術，鮮有對其詩作全面探究者。就筆者所見，除少數詩話之評點〔註1〕，有關傳記之附帶一筆〔註2〕，以及黃節、徐嘉、王蘧常等人注本外〔註3〕，曾經對亭林詩有過專書研究者惟潘師重規之《亭林詩考索》一書〔註4〕。其他單篇論文，僅潘師〈亭林詩文用南明唐王隆武紀年考〉（《新亞書院學術年刊》第八期）、饒宗頤〈顧亭林詩論〉（《文學世界》第五卷第二期）及廖振富〈論顧亭林的詠史詩〉（《中華文化復興月刊》第二十一卷第一期）三篇。至若文復書店出版之《中國文學史》與李日剛先生《中國詩歌流變史》皆曾介紹亭林詩，惟皆欠深入。

　　夫「詩者，志之所之也，在心為志，發言為詩。情動於中而形於

〔註1〕 如沈德潛《明詩別裁》、朱彝尊《靜志居詩話》、汪端《明三十家詩鈔》、徐世昌《晚晴簃詩匯》、鄧之誠《清詩紀事初編》等等。

〔註2〕 如石韞玉《顧炎武傳》、錢林《文獻徵存錄》，收入《清朝耆獻類徵初編・卷四百・儒行六・顧炎武》。傳抱石《明末民族藝人傳》等等。

〔註3〕 黃節《顧詩講義》、徐嘉《顧詩箋注》、王蘧常《顧亭林詩集彙注》等。

〔註4〕 該書收有〈亭林詩發微〉、〈亭林詩鉤沈〉、〈亭林詩隱語叢論〉、〈亭林元日詩表微〉四篇論文。一～三篇乃潘師對亭林詩原貌作精益求精之探究，第四篇則由《詩集・卷四・十九年元旦》詩繫年問題，提出亭林始終秉持唐王正朔。要皆從考證學方法，提出詩中微言大義處。

言，言之不足故嗟歎之，嗟歎之不足故永歌也。」（〈毛詩序〉）韓愈亦言：「大凡物不得其平則鳴……人之於言也亦然，有不得已者而後言，其歌也有思，其哭也有懷。」（〈送孟東野序〉）然則，從學術著作觀亭林不如從詩歌作品來得真切。故路岯曰：

> 竊謂亭林先生著述無不既精且博，然乃先生之貽於人者也，人欲知先生立志之堅，操行之苦，捨詩而外，又何求焉？……亭林先生身負沈痛，思大揭其親之志於天下，奔走流離，欲見諸事功不可得。數十年靡訴之衷，幽隱之情，無可發泄，時於詩見之，所謂以歌當哭者也。（〈顧亭林先生詩牋注序〉）

有鑒於此，筆者乃根據前人之研究及一己之探索，透過詩作展開之全幅情態以窺亭林之人格世界。前面第三章「鎔鑄亭林人格世界之要素」中，輒引詩篇以為論述佐證，達成詩人人格與詩歌所言之物之統一，今者更從詩歌風格之研究確定詩人人格與詩歌風格之一致性。

　　風格乃極其抽象之名詞，其意指「文學作品在內容和形式的和諧統一中所展現出的思想藝術特色。」﹝註5﹞吾人欲掌握亭林詩歌之風格，惟有先就作品內容和形式研究，始得以層層逼進主題——亭林詩歌之風格。

第一節　詩歌之內容

　　作品之內容，即反映於作品之具體客觀生活材料，與作者對其認識、評價、感情、態度等主觀因素之總和，亦即包括題材、主題、思想、感情等要素。然而題材之形成與處理，是由作者之創作意圖和作品主題決定。作者之立場觀點、思想感情、創作意圖與所處時代，復決定作品主題。

　　亭林曰：

> 文之不可絕于天地間者，曰明道也，紀政事也，察民隱

﹝註5﹞　參見孫家富、張廣明等編《文學詞典》，頁29。

也，樂道人之善也。若此者有益于天下，有益于將來，多一
篇多一篇之益矣。(《日知錄‧卷二十一‧文須有益于天下》條)

申言之：明辨夷夏，承繼道統，曰明道也；反映政教得失、時代治亂，
曰紀政事也；描寫民間疾苦，反映民情，曰察民隱也；獎掖賢才，表
揚忠烈事蹟，曰樂道人之善也，以上是爲其積極創作意圖。又，文非
有關「六經之指」、「當世之務」，而「止爲一人一家之事者」，一切不
爲，是爲其消極創作意圖。綜言之，亭林之創作，含有濃厚之致用觀。
是以其詩集少有舐犢之愛、鶼鰈之情、得子之喜、殤子之痛等題材，
即使有〈悼亡〉(悼亡妻)、〈先妣忌日〉(祭先妣)、〈寄弟紓〉之類作
品，亦多染上道德色彩。

一、題　材

個人生活體驗、生存時空、學識內涵，皆足以爲創作素材，素材
經過作者之選擇提煉而構成作品之具體事項，即成爲作品之題材。爲
研究方便，謹將《亭林詩集》中之題材區分爲物、史、時、景、自述
五項。

1. 物——以禽鳥果木、日常器物為題材

通首以物爲主者，計有：〈賦得老鶴萬里心用心字〉、〈精衛〉、〈賦
得越鳥巢南枝用枝字〉(卷一)、〈賦得秋鷹〉(卷二)、〈賦得秋柳〉、〈鄒
平張公子萬斛園上小集各賦一物得桔橰〉(卷三)、〈顏神山中見橘〉、
〈一雁〉(卷四)、〈瓠〉、〈賦得簷下雀〉(卷五)、〈寄題貞孝墓後四柿〉
(卷六)共十一首，僅佔全集百分之二強〔註6〕。而穿插禽鳥、果木
者，則不在此列〔註7〕。

〔註6〕該數目乃根據王蘧常《顧亭林詩集彙注》本所據《傳錄潘耒手鈔本》
　　　爲底本之六卷本《詩集》及所附《集外詩》統計，而將集外詩〈姬
　　　人怨〉二首排除，補入王氏本未收而見於中華本之集外詩〈圍城〉、
　　　〈姬人怨〉二首，據王蘧常案：「是詩見陳其年《籥衍集》。」然據
　　　筆者研究亭林詩風格之後，以爲該詩穠麗軟媚之風格絕不類亭林詩
　　　詩風，故將之排除不計。

〔註7〕如《詩集‧卷三‧秋雨》：「精衛憐東沈。」卷四〈書女媧廟〉：「精

亭林詠物詩之創作情境，或爲友朋雅集，定題限韻之作，以「賦得」名篇者均屬之；或心有所感，託物寄意，如〈精衞〉、〈瓠〉、〈一雁〉；或觸物起興，如〈顏神山中見橘〉。除〈賦得桔槔〉〔註8〕、〈寄題貞孝墓後四柿〉二首爲客觀之體物詩外，其餘在描寫物情、物態、物貌之中，尚且融入一己感情，物象遂與亭林自身之性格、理念、遭遇，構成隱喻關係。就亭林自覺選取之物而言，精衞夙來象徵堅毅不回之意志；橘象徵忠貞不渝之情操；孤雁失偶，不思飲啄，不復擇配，象徵忠貞；瓠不足作器佐食，然佩之深渡，則一壺千金，象徵道大難容，乘時將爲大用。亭林選取以上事物入詩，顯欲借物自況己志。

2. 史——以歷史人物或事件為題材

以歷史人物或事件爲主要題材者，計有：〈大漢行〉、〈義士行〉、〈秦皇行〉、〈擬唐人五言八韻〉六首（卷一），〈昔有〉二首、〈古隱士〉二首、〈范文正公祠〉（卷二），〈攝山〉、〈安平君祠〉、〈不其山〉、〈登岱〉、〈謁夫子廟〉、〈七十二弟子〉、〈謁周公廟〉、〈謁孟子廟〉、〈濰縣〉二首、〈謁夷齊廟〉、〈劉諫議祠〉（卷三），〈禹陵〉、〈堯廟〉、〈書女媧廟〉、〈聞湖州史獄〉、〈李克用墓〉、〈王官谷〉、〈驪山行〉、〈長安〉、〈乾陵〉（卷四），〈樓桑廟〉、〈邯鄲〉、〈述古〉三首、〈秋風行〉、〈齊祭器行〉、〈有嘆〉二首、〈王良〉二首、〈子房〉、〈漢三君詩〉三首（卷五），〈過郭林宗墓〉、〈介之推祠〉〔註9〕、〈井中心史歌〉、〈雲臺觀尋希夷先生遺跡〉、〈卓太傅祠〉、〈梁園〉、〈海上〉（卷六），〈古俠士歌〉二首（集外詩），共五十九首，佔詩集百分之十三強。至於穿插歷史人物或事件者，如〈歲暮西還時李生雲霑方讀鹽鐵論〉詩，穿插漢武帝時桑弘羊言利，桓寬著論斥責之事；〈五嶽〉詩穿插西漢禽子夏儒

衞空費西山土。」皆穿插禽鳥。

〔註8〕 以王蘧常彙注本所據《傳錄潘耒手鈔本》之六卷本詩題過長，採中華書局亭林詩集所據《康熙原刻初印本》之五卷本詩題。

〔註9〕 同前註。

生去官，徧遊五嶽事。諸如此類者甚多，不擬盡舉。今依廖振富〈論顧亭林的詠史詩〉一文所作之歸納〔註10〕，略述亭林詠史詩中所選擇之歷史人物。

（1）聖賢：

周公（〈謁周公廟〉）、孔子（〈登岱〉、〈謁夫子廟〉）、乃至孔門七十二弟子（〈孔門七十二弟子〉），爲傳統文化一脈相傳之象徵。

（2）學者：

以董仲舒、鄭玄、王通爲代表（〈述古〉三首），此三人於表揚儒學、闡明經義、傳續聖學多所貢獻。

（3）開國或中興君主：

堯（〈堯廟〉）、禹（〈禹陵〉）爲上古賢君，而〈漢三君詩〉，分詠劉邦——漢朝開國者；劉秀——中興漢室者；劉備——漢亡之後，獨奉正朔，繼承法統者。

（4）有顯著事功之英雄人物：

如田單（〈安平君祠〉）、張良（〈子房〉）、范仲淹（〈范文正公祠〉）、班超（〈擬唐人五言八韻〉之三）、諸葛亮（同前詩之四）、祖逖（同前詩之五），強調其能復國——田單，復仇——張良，或力足以對抗、平定異族——班超、諸葛亮、范仲淹。

（5）救亡圖存之義士或不屈之忠臣、烈士：

如捨命存趙孤之公孫杵臼、程嬰（〈義士行〉），哭於秦庭，七日不食，感動秦國出兵救楚之申包胥（〈擬唐人五言八韻〉之一），拒降匈奴之蘇武（〈海上〉），宦官亂政時潔身自守之郭泰（〈過郭林宗墓〉）與痛斥宦官而見逐之劉蕡（〈劉諫議祠〉），上述諸人之人格特質爲忠義、尚氣節、高潔、骨髓。

（6）高潔之隱士：

掛冠歸田、躬耕自給之陶潛（〈擬唐人五言八韻〉之六），東漢末

〔註10〕見《中華文化復興月刊》，第二十一卷第一期，頁58～59。

年隱士管寧、龐德公（〈古隱士〉二首），南齊高士明僧紹（〈攝山〉），隱居王官谷之司空圖（〈王官谷〉），隱居緜上之介之推（〈介之推祠〉），不食周粟之伯夷、叔齊（〈謁夷齊廟〉），五代高士陳摶（〈雲臺觀尋希夷先生遺跡〉），諸人皆有所不爲，以狷退自守，正是高潔人格之典範。

（7）負面人物：

傾滅六國、殘殺六國之人之秦始皇（〈秦皇行〉），好大喜功，征盟召戎之商紂、楚靈王（〈王良〉之二），弒君犯上之項羽、爾朱榮、朱全忠（〈昔有〉），猜忌濫殺之石勒、苻生（〈聞湖州史獄〉），寵極勢奪、身敗名裂之李斯（〈秋風行〉）。

以上是詠史詩所包含之人物世界。當亭林以正面人物爲吟詠對象時，常出於理想之認同與心理投射作用，以負面人物爲吟詠對象時，則多用以譏刺、譴責或勸諷。

3. 時──以當時人物或事件為題材

亭林詩中絕大部分以當時人物或事件爲題材，包括明末清初之政治狀況、動盪局勢、殘酷戰爭、抗清運動、民生疾苦、忠臣烈士、貞士鴻儒、跳梁小醜等。如有關明季及南明諸君之題材者：崇禎（〈大行皇帝哀詩〉、〈天津〉、〈二月十日有事於先皇帝欑宮〉），福王（〈感事〉之一、二、三，〈帝京篇〉，〈金陵雜詩〉之三、四），唐王（〈聞詔〉，〈路舍人家見東武四先曆〉〔註11〕，〈十九年元旦〉），魯王（〈海上〉之一），桂王（〈浯溪碑歌〉，〈傳聞〉之一，〈三月十九日有事於先皇帝欑宮時聞緬國之報〉），潞王（〈杭州〉之二）。有關藩王者：如德王（〈濟南〉之二）、衡王（〈衡王府〉）戕於敵，襄王戕於賊（〈王徵君潢具舟城西同楚二沙門小坐柵洪橋下〉）。至於劫後餘生之故王孫，淪落下流，躬耕自給，求全於世，如朱存杠（〈將去關中別中尉存杠於慈恩寺塔下〉），朱敏浮（〈冬至寓汾州之陽城里中尉敏浮家祭畢而飲有作〉之三）等。

〔註11〕同註8。

　　其次，以官方士風為題材者，如描寫明季官吏之奢靡貪污：「燕中舊日都，風景猶自好。衣殘苕上繪，米爛東吳稻。公卿不難致，所患無金寶。」（〈王家營〉）武將不事封疆：「疆吏少干城，神州恣奔踐。」（〈北嶽廟〉）北京淪陷，群臣非降即逃（〈千官〉），南渡諸臣，復挾擁立之名，爭功邀賞（〈感事〉之四），鎮將在外，或不恤軍事，日日荒遊（同前），或彼此格鬥（〈感事〉之七），清兵一來，却望風逃潰，至於舉族生降（〈淮東〉），而無恥小醜，竟賣國自肥，鄉紳名士則開城降虜（〈杭州〉之二）。然而，貳臣動輒招咎亦不能自安，〈淮東〉詩云：「昔在天朝時，共剖河山符。何圖貳師貴，卒受匈奴屠。」雖直刺淮安鎮將劉澤清叛國之下場，實為貳臣悲劇命運之縮影。順治十五年，亭林過督亢，目睹素稱膏腴之地，因屠殺圈占而物態蕭條、居民稀少（〈督亢〉）。康熙十年，復聞江南吏政貪污，官官相護（〈雙雁〉）。康熙十五年，叛清之王輔臣勢蹙乞降〔註12〕，當日清兵無所事事，挾公把關，勒索民財，儼然山大王姿態（〈河上作〉）。而清吏譏察之嚴，甚於秦人：「行人愁向汝州回，前月西鴉禁不開。弔古莫言秦法峻，雞鳴曾放孟嘗回。」（〈陝石驛東二十里有西鴉路縣趙保白楊樹二百五十里至臨汝以譏察之嚴築垣封閉過此有題〉）

　　再者，〈秋山〉二首及〈桃葉歌〉通首描寫戰爭之殘酷，此類題材復見於〈王徵君潢具舟城西同楚二沙門小坐柵洪橋下〉、〈羌胡引〉、〈萊州〉、〈恭謁天壽山十三陵〉諸詩；而江南義軍、張名振、張煌言、鄭成功所發起之抗清運動，此仆彼起，延續至順治十六年止，〈千里〉、〈金山〉、〈眞州〉、〈江上〉等詩，即描寫之。

　　詩中有關民生疾苦之題材者，如〈清江浦〉寫啟、禎年間，黃河決堤，庶民流徙，赤地無人耕作。江北如此，而夙來豐登之常熟亦是：

　　　　三季饒凶荒，庶徵頻隔并……況此胡寇深，早夜常奔逬。（〈常熟縣耿侯橘水利書〉）

〔註12〕　《清史列傳·卷八十·逆臣傳·王輔臣本傳》。

順治十四年，亭林過即墨，不禁詰問：「古言齊國之富臨淄次即墨，何以滿目皆蒿蓬？」（〈勞山歌〉）又康熙年間，旱荒震災，民不聊生，亭林均作詩諷詠（辛亥年〈夏日〉詩，己未年〈寄次耕〉詩之二）。

另外，詩集中關於忠臣烈士之義勇事蹟（〈上吳侍郎暘〉、〈哭楊主事廷樞〉、〈哭顧推官〉、〈墓後結廬三楹作〉等等）及貞志不休之遺民風範（〈桃花溪歌贈陳處士梅〉、〈贈萬擧人壽祺〉、〈贈鄔處士繼思〉、〈吳興行贈歸高士祚明〉、〈贈孫徵君奇逢〉等等），諸如此類題材之詩甚多，不遑盡擧。

詠時詩直接取材自時人時事，描摹出當代輪廓，除深具一代實錄之意義外，並反映亭林憂在天下之情懷。

4. 景──以登臨游覽之景致為題材

順治五年以後，亭林遊江浙，十四年以後北遊，其登臨所及，自然不少，詩集中此類題材甚多，見於〈京口〉二首、〈石射堋山〉、〈重至京口〉、〈秀州〉、〈清江浦〉、〈王家營〉、〈太平〉、〈蟂磯〉、〈萊州〉、〈勞山歌〉、〈濟南〉之二、〈衡王府〉、〈督亢〉、〈山海關〉、〈望夫石〉、〈昌黎〉、〈三屯營〉、〈居庸關〉二首、〈天津〉、〈舊滄州〉、〈古北口〉四首、〈北嶽廟〉、〈井陘〉、〈霍山〉、〈晉王府〉、〈五台山〉、〈華山〉、〈龍門〉、〈自大同至西口〉之一、〈應州〉之一、〈邢州〉、〈靜樂〉、〈廣昌道中〉、〈介休〉、〈少林寺〉、〈嵩山〉、〈測景臺〉等詩。

亭林之寫景，多從其地理位置、歷史沿革、風土民情、規模制度、戰略地位或重要性來寫。換言之，亭林著眼於眼前景之實際價值。渠以研究態度觀察眼前景，再以客觀寫實筆調寫出眼前景，絕不同於藝術直覺之欣賞、無所爲而爲之刻畫，亦即其對於眼前景，遊賞心意少而求知心意多〔註13〕。如〈萊州〉詩云：

> 海右稱名郡，齊東一大都。

言萊州素負盛名。次云：

〔註13〕 參見顏崑陽〈從南山詩談韓愈山水詩的風格〉一文「以理觀景，刻畫形象」部分，頁29～35。

　　　　山形當斗入，人質竝魁梧。

言當地地勢及土著體形。次云：

　　　　月主秦祠廢，沙壇漢蹟孤。已無巡狩蹕，尚有戍軍郭。

言此地之古蹟。次云：

　　　　漉海鹽千斛，栽岡棗萬株。鼉梁通日際，蜃市接神區。

言此地之物產、海港及海市蜃樓之奇觀。次云：

　　　　轉漕新河格，分營絕島迂。三方從廟算，二撫各兵符。

言其軍事佈署之情形。又〈京師作〉，自「制掩漢唐閎」至「未央失
弘壯」，言及北京宮闕、天壇、正殿、城牆、官府之規模弘大，巍巍
壯觀。次云「西來大行條，連天矚崖障。東盡巫閭支，界海看溴濱。」
言其面山臨海之地形。次云「居中守在支，臨秋國爲防。」言其戰略
地位。次云「人物竝浩穰，風流餘慨忼。百貨集廣逵，九金歸府藏。
通州船萬艘，便門車千兩。」言此地人文薈萃，經濟繁榮，交通便利。

　　再如一系列謁陵詩，寓有強烈之故國之思。而〈恭謁孝陵〉、〈孝
陵圖〉、〈恭謁天壽山十三陵〉等詩客觀描寫所見陵制，足補實錄之缺。

5. 自述——以一己遭遇為題材

　　亭林一生遭遇，舉其要者，如〈京口即事〉二首，記順治二年膺
楊永言之薦至福王朝受職，途經京口，即事風發之作。〈李定自延平
歸齎至御札〉，記順治三年，家人李定自延平歸，齎至唐王遙授兵部
主事之札。〈將有遠行作時猶全越〉，詩云：「願登廣阿城，一覽輿地
圖」及小注云：「《後漢書·鄧禹傳》：從至廣阿，光武舍城樓上，披
輿地圖，指示禹曰：天下郡國如是，今始乃得其一。」或即亭林欲尋
找唐王下落，追隨其左右〔註14〕。〈翦髮〉記順治七年，怨家有欲傾
陷之者，乃變衣冠，僞作商賈出遊。〈贈路光祿太平〉、〈松江別張處
士慤王處士煒暨諸友人〉，前者記破家奴變事，後者更承奴變事，詳
述始末。〈出郭〉、〈旅中〉記順治十三年避仇出遊。〈赴東〉六首、〈子

〔註14〕詳見潘師重規〈亭林詩文用南明唐王隆武紀年考〉一文，收入《新
　　　亞書院學術年刊》第八期，頁21。

德李子聞余在難特走燕中告急諸友人復馳至濟南省視於其行也作詩贈之〉記康熙七年黃培詩獄始末。〈刈禾長白山下〉記置田章邱大桑家莊，自食其力事。〈寄次耕時被薦在燕中〉記康熙十七年眾文人應博學鴻詞科事，亭林聞朝貴欲特聘之，作詩表明決心。

以上題材——南明之徵、破家、奴變、避仇、流亡、文字獄、清特科之薦，雖爲先生自身之遭遇，實亦爲清初廣大士子之共同遭遇。這類詩不特關乎一己之憂愁幽思，且具有深刻之典型性。

綜上所述，可見亭林創作態度之嚴肅。如詠物之題材——精衛、一雁、橘、瓠，夙有堅定、忠貞、無用之大用等象徵意義；詠史之題材，皆與聖賢、學者、開國或中興之主、英雄、隱士、忠臣烈士及無道之君、叛逆之臣等其人其事有關；詠時之題材，爲當日腐敗之政治、動盪之局勢、殘酷之戰爭、義勇抗暴運動、民生疾苦，或環繞明季諸帝、忠臣烈士、遺民休儒而開展之事蹟，乃一代史實之紀錄；詠景之題材，爲亭林漫遊各地登臨之作，其寫景方式顯然與致用之創作意圖大有關係；自述之題材，雖寫一己之遭遇，實與國運民脈聲息相通。以上題材之形成，受亭林致用觀之創作意圖與作品主題所決定，以下即透過題材之處理及選例，探討詩歌所欲表現之主題。

二、主　題

主題又稱主題思想或中心思想，經由作者對現實生活之觀察、體驗、分析、研究，以及對題材之處理和提煉所得之思想結晶，即爲主題。

由於作者之立場觀點、思想感情、創作意圖之不同，使主題帶有明顯之傾向性。不同作者處理相同之題材會表現出各自不同之主題〔註15〕。主題且帶有特定之時代性，即使描寫歷史題材，也會有作者

〔註15〕 如廖振富〈論顧亭林的詠史詩〉一文以爲，傳統詠史詩多從同情之角度詠歎項羽，而亭林詩却專就彼襲殺義帝之不當提出批評。廖文並舉杜牧〈題烏江亭〉：「勝敗兵家事不期，包羞忍辱是男兒。江東

所處時代之烙印。

經筆者研究以為，以最大深度貫穿於亭林全部詩歌內容之中心思想，為「民族大義」此一基本主題。

表現民族大義，可就二方面分析：一為抗清，一為復明，舉凡行動、文字、意識上之排斥異統、擁護故國者皆視同之。具體而言，與抗清主題有關者，包括抗清運動，譴責、咀咒清主，對降臣、逆臣及變節之士口誅筆伐。與復明主題有關者，包括實際行動、提倡忠義、惓念君國、高尚氣節、傳續文化以及著述待後。各主題環繞民族大義而開展，從各個側面以突出、補充、豐富、深化基本主題，並具備獨立思想意義〔註16〕。

首先，就抗清復明而言。順治二年，弘光覆滅，清軍南下松、嘉諸郡，亭林從軍蘇州，記當日盟誓慷慨，自比臧洪（〈千里〉）。蘇州守城戰敗，崑山、常熟相繼失陷，袍澤楊廷樞等人逐一殉難，唐王御駕杳然，魯王漂泊海上，桂王侷守西南，情勢於明極不樂觀，而亭林仍堅定信念，賦〈精衛〉以託志，曰：「我願平東海，身沈心不改。大海無平期，我心無絕時。」借精衛呼聲，自表心迹，雖數遭閔凶，壯心未已。詩人相信：「西山銜木眾鳥多，鵲來燕去自成窠！」群策群力，必能眾志成城。順治五年，亭林志靖中原之心不減，〈擬唐人五言八韻〉，詠祖逖以自況。（〈祖豫州聞雞〉）十一年，過蘇州范文正公祠，緬懷文正公扼制西夏入侵之勳業，不禁嚮風景從：「吾欲與君籌大事，到今憂樂恐無窮。」思繼承文正公遺緒，阻止清人入關，以濟天下。康熙十三年，作〈子房〉詩云：

子弟多才俊，捲土重來未可知。」為例。

〔註16〕「基本主題」指多主題作品中之一主要主題，亦稱「正主題」。在作品中，它居於統攝其他主題的主要地位，並以最大深度貫串于作品全部內容。「副主題」指多主題作品中之次要主題。相對於正主題而言，它受正主題之制約，以正主題為中心而展開，從不同側面為突出、補充、豐富、深化正主題服務，但也有相對獨立之思想意義。見孫家富、張廣明等編《文學詞典》，頁17。

> 天道有盈虛，智者乘時作。取果半青黃，不如待自落。
> 始皇方侈時，土宇日開拓。……子房天下才，是時無所
> 託。……歸來遇黃精，奮戈起榛薄。嶢關一戰破，藍田再
> 麾却。嘖嘖軹道旁，共看秦王縛。既已報秦仇，此志誠不
> 怍。

暗指吳三桂變自西南，海內擾攘不安，先生欲俟機滅清復仇。二年之後，先生作〈漢三君詩〉詠高祖、光武、昭烈，冀望明亡多年之後，有雄才大略之中興君主恢復明室、撥亂返治〔註17〕。以上引詩溯自順治二年先生三十三歲，至康熙十五年先生六十四歲止，可見亭林圖謀恢復之志始終不渝，老而彌堅，誠如先生自言：「惟有方寸心，不與玄鬢變。」(〈太原寄王高士錫闡〉) 詩歌中富有抗清復明思想者尚不在少數，如：

> 戮力復神州，斯言固難忘。(〈王徵君潢具舟城西同楚二沙
> 門小坐柵洪橋下〉)
> 計士悲疵國，遺民想霸圖。(〈萊州〉)
> 遠路不須愁日暮，老年終自望河清。(〈五十初度時在昌平〉)
> 我欲西之秦，潛身眈霸王。(〈酬李處士因篤〉)
> 世敝將還古，人愁願質神。石開重出啓，嶽降再生申。
> 老柏搖新翠，幽花茁晚春。豈知巢許窟，多有濟時人。(〈嵩
> 山〉)

順治十六年，先生作詩記鄭成功、張煌言會師克鎮江、薄金陵，震動京師，百姓：「于湖擔壺漿，九江候旌麾」(〈江上〉)，而先生之欣喜自然溢於言外。直至成功逡巡不進，致令功敗垂成，先生又不禁扼腕：「宋義但高會，不知用兵奇。頓甲守城下，覆亡固其宜。……一舉定中原，焉用尺寸為。天運何時開，干戈良可哀。」(同上) 其悲其喜，一決乎大業之成敗。先生之心繫明室、胸懷興復，於茲流露無遺。

〔註17〕 參見廖振富〈論顧亭林的詠史詩〉，《中華文化復興月刊》，第二十一卷第一期，頁58、61。

　　次就提倡忠義言。在抗清運動中，或犧牲性命，或歷盡艱險，其
忠義風概，足令頑廉懦立。如〈哭楊主事廷樞〉云：

　　　　往秋夜中論，指事竝吁悵。我慕淩御史，倉卒當絕
　　吭。……君今果不食，天日情已諒。隕首蘆墟村，噴血胥
　　門浪。唯有大節存，亦足酬帝眷。

該詩於敘事中，遽插入廷樞自道「我慕」二句，特覺逼眞，慷慨動容。
蘊涵忠義思想之詩作尚有：〈哭顧推官詩〉云：「檻車赴白門，忠孝辭
色屬。竟作戎首論，卒踐捐生誓。」〈哭陳太僕子龍〉詩云：「恥汙東
夷刀，竟從彭咸則。」〈贈萬舉人壽祺〉及〈讀李顒襄城紀事有贈〉。
而先生嗣母王氏蹈首陽之烈，身雖歿而英志恆存：「至今東平冢上木，
枝枝西靡朝皇都。」（〈墓後結廬三楹作〉）至若〈義士行〉詠程嬰、
公孫杵臼用計捨命存趙孤事，〈申包胥乞師〉詠申包胥哭於秦庭，七
日不食，卒感動秦國出兵救楚事，皆以古人古事爲忠義理想之認同，
並勸諷當世。

　　相對於提倡忠義者，乃抨擊或貶斥貳臣。如〈淮東〉詩譴責降臣
劉澤清曰：

　　　　地下逢黃侯，舉手相揶揄：「昔在天朝時，共剖河山符，
　　何圖貳師貴，卒受匈奴屠。」一死留芳名，一死骨已枯。
　　寄語後世人，觀此兩丈夫。

言劉氏降清，卒受屠戮，烈名不立，甚者貽臭萬年，證成其存在無異
草木之生，其死亡無異草木之朽，勸勉世人當以之爲龜鑑，庶幾立身
後之名。〈杭州〉詩之二鞭撻賣國自肥之張秉貞、陳洪範曰：「那肱召
周軍，匈奴王衛律。所以敵國人，盡得我虛實。」及無恥士夫：「一
代都人士，盡屈穹廬膝。」痛心疾首至極，遂曰：「誰爲斬逆臣，一
奮南史筆。」〈薊門送李子德歸關中〉詩譏諷媚清人士：「薊門朝士多
狐鼠，舊日鬚眉化兒女。生女須教出塞妝，生男要學鮮卑語。」〈過
郭林宗墓〉、〈梁園〉二詩，借史事以譏諷變節遺民，前詩曰：「應憐
此日知名士，到死猶穿吉莫鞾。」意謂今日所謂名士，不過是至死猶

著胡履之清人鷹犬；後詩曰：「縱使鄒枚仍接踵，不過貪得孝王金。」則諷刺爲功名利祿而投靠清人者。

由以上引詩可見，亭林詩刺譏、褒揚、抑損之筆，一決乎民族大義之立場。

次就惓念君國言。蓋國之不復，終身之恥，無國可歸，造次憂之，是以惓念故國乃伴隨復明未成而來，成爲作品主題。如〈賦得江介多悲風用風字〉詩云：「有人宗國淚，何地灑孤忠。」〈赴東〉詩之四，記康熙七年三月十九日，因黃培詩案縲繫獄中，猶不廢時祭，肅衣冠以拜先皇。至康熙十九年，先生猶切切叮嚀：「傳與兒曹記，無忘漢臘年。」（〈冬至寓汾州之陽城里中尉敏淳家祭畢而飲有作〉之三）蓋漢臘即夏曆，爲明正統之象徵。他若〈賦得越鳥巢南枝用枝字〉云：「微物生南國，深情繫一枝。」言越鳥既生南國，即願終老於斯，不意遭寒風摧頹，越鳥不得不另覓棲止。然夙性難遷，縱使遠離鄉關，依然「向日心常在，隨陽願未虧」，該詩實借越鳥自況寄託惦念祖國鄉園之情〔註 18〕。又〈顏神山中見橘〉詩曰：「黃苞綠葉似荆南，立雪凌寒性自甘。但得靈均長結伴，顏神山下即荆南。」則翻轉屈原〈橘頌〉：「受命不遷，生南國兮，深固難徙，更壹志兮」之典，言橘果若長得屈魂相伴，雖逾淮猶不改其情性。用事巧妙，益突顯詩人之貞志不渝。

次就高尚氣節言。如〈七十二弟子〉一詩，以孔門弟子公皙哀（字季次）自比，表白不爲貳臣之心迹，詩曰：「亂國誰知爾，孤生且辟人。……門人惟季次，未肯作家臣。」由詩末小注：「一時同人多入官長幕。」可見爲詠史自況之作〔註 19〕。又〈謁夷齊廟〉詩曰：

　　　　……甘餓首陽岑，不忍臣二姓。可爲百世師，風操一

〔註 18〕　《詩集》中常以日象徵明主，如〈王家營〉：「燕中舊日都」（卷一），〈太平〉：「日隨青蓋落江津」（同上），〈登岱〉：「太陽不東昇」（卷三），〈贈黃職方師正〉：「常思扶日月。」（卷四）

〔註 19〕　同註 17，頁 60。

> 何勁。……我亦客諸侯，猶須善辭命。終懷耿介心，不踐
> 脂韋徑。庶幾保平生，可以垂神聽。

一則稱揚夷齊風標，一則自道本心。他如〈德州講易畢奉東諸君〉詩曰：「草木得堅成，吾人珍晚節。亮哉歲寒心，不變霜與雪。」與〈華下有懷顧推官〉詩皆剖白茹芝采薇之志，終始不改，故〈悼亡〉詩之四云：「地下相煩告公姥，遺民猶有一人存。」先生於友朋之能堅守氣節者，尤獎掖贊成之，〈梓潼篇贈李中孚〉詩曰：

> 聞孫多好學，師古接姱修。忽下弓旌召，難為澗壑留。
> 從容懷白刃。決絕却華輈。

亟賞其威武不屈。蓋亭林生命型態本務實進取，自不喜逃名避世，然大業未成，而遺民變節者與日俱增，致令其格外推崇終身不貳、潔身自好之士，進而追踵其遺風烈蹟。

亭林眼見寇患日深，上國衣冠淪於夷狄，自然有「被髮左衽」之恥。順治十四年北遊山東，寫下〈登岱〉、〈謁夫子廟〉、〈七十二弟子〉、〈謁周公廟〉、〈謁孟子廟〉一系列詠史之作。彼時，距清人入主中國已達十四年之久，亭林目睹聖賢遺跡，思及華夏正統文化之淪喪，心中有莫大沈哀。從「俎豆傳千葉，章逢被九州。獨全兵火代，不藉廟堂謀。」（〈謁夫子廟〉）、「期應過七百,運厄豈當今。」（〈謁孟子廟〉）、「尼父道不行，喟然念東山。空垂六經文，不覩西周年。」（〈登岱〉）等詩句，可見亭林對聖賢之崇敬，和異族入侵、文化淪喪之深慨〔註20〕，遂作詩歌詠傳續文化者。當亭林歌詠彼輩時，其實即在歷史中尋取自我之畫像，藉以在現實中肯定自己之價值〔註21〕。如〈述古〉之二詠鄭玄：「大哉鄭康成，探賾靡不舉。六藝既該通，百家亦兼取。至今三禮存，其學非小補。」〈測景臺〉詠周公制器之功，而致其嚮往之情：「吾衰今已甚，猶一夢周公。」

〔註20〕同註 17，頁 58。

〔註21〕此一觀念，參李正治《六朝詠懷組詩研究》第三章第四節，師大國文研究所六十九年碩士論文。

　　大抵亭林晚年，已體會到尊王攘夷志業或許畢生難以實現，而夙性憂國憂民，固不願避世高蹈，桑榆暮景復不甘蹉跎，乃「著書陳治本，庶以回穹蒼」（〈贈衛處士嵩〉）「窮經待後王，到死終黽勉。」（〈春雨〉）欲仿傚王通故事：「天步未回旋，九州待龍戰。空有濟世心，生不逢堯禪。何必會風雲，弟子皆英彥。」（〈述古〉之三）而「啓多聞於來學，待一治於後王。」（《蔣山傭殘稿·卷一·與友人書》）

　　上引諸詩對聖賢、學者之崇敬詠贊，反映亭林於傳統文化命脈之關懷，與對文化、學術之熱誠，亦肯定自身從事學術研究之意義和價值〔註22〕。

　　主題既是亭林詩歌內容之核心，在創作過程中，材料之取捨、題材之處理、結構組織、語言運用等，皆受其支配。

　　就材料之取捨言，如〈李克用墓〉詩曰：「朱溫一篡弒，發憤橫珊戈。雖報上源讐，大義良不磨。竟得掃京雒，九廟仍登歌。」亟稱賞李克用父子翦滅逆臣，奉唐名號，而避去李氏擁兵自重、割據一方之史實。

　　就題材之處理方式言，詠史諸作借歷史上之人事達到自況、以古喻今、以古諷今或弔古傷今之作用，前者為題材，後者為處理方式。而詠物諸作亦借禽鳥果木達成詠物喻懷之目的。蓋亭林置身於動盪時局，所關懷者乃如何反清復明，自無心於純粹論古或詠物，故詠史、詠物，率皆有為之作。

　　就結構組織言，登臨諸作前半多著眼於眼前景之實際價值，後半則承接當地之抗清史事、忠烈事蹟或自寫懷抱。蓋考究地形、即景描寫有關人事，與其抗清復明發生連繫，故不徒為純粹詠景也。

　　就語言運用而言，詩中稱明朝為故國〔註23〕，譬之為周、漢〔註

〔註22〕同註17，頁60。
〔註23〕《詩集·卷六·哭李侍御灌谿先生模》一詩云：「故國悲遺老。」
〔註24〕如《詩集·卷四·書女媧廟》詩云：「必有聖人，以續周漢。」〈聞湖州史獄〉詩云：「哀哉周漢人，罹此干戈毒。」〈又酬傅處士次韻〉詩之二：「待得漢庭明詔近。」卷二〈傳聞〉之二：「尊周四海心。」

24），以日象徵明主〔註25〕，稱崇禎為先皇帝〔註26〕。稱清主則曰屠各虜、左賢王、阿骨打、佛貍、秦始皇、石勒、苻生、單于等等〔註27〕，稱清兵則曰胡寇、金兵、夷、戎虜、戎羌等等〔註28〕。可謂春秋之筆，微言大義繫諸其中。

　　再者，明清二朝皆有大臣薦亭林出仕。福王朝，亭林膺楊永言薦，至南京受兵部司務職，路經京口，即事作詩曰：「祖生多意氣，擊楫正中流。」（〈京口即事〉之一）「從軍無限樂，早賦仲宣詩。」（〈京口即事〉之二）可見意氣風發。順治三年，唐王遙授先生兵部職方司主事，亭林感激知遇，心爽神馳。而康熙十八年，聞時貴有欲薦之者，卻表明：「嗟我性難馴，窮老彌剛棱。孤跡似鴻冥，心尚防弋矰。或有金馬客，問余可共登？為言顧彥先，惟辦刀與繩。」（〈寄次耕時被薦在燕中〉）一死却聘之決心。由前後態度之迥異，益突顯抗清復明之主題。又曲護崇禎（見本文第三章第二節「忠君愛國」部分），同情桂王〔註29〕，於唐王尤情有獨鍾。唐王既蒙難於汀州，猶冀其未死，詩集卷二〈路舍人家見東武四先曆〉一詩〔註30〕，原抄本詩題尚有：「上出狩不知所之」數字；該詩曰：「屬車乍蒙塵……龍馭杳安之」、

　　　　皆以周、漢譬「明」，而「周漢人」即明遺民。
〔註25〕　同註18。
〔註26〕　如《詩集·卷四·孟秋朔旦有事於先皇帝攢宮》、卷五〈三月十二日有事於先皇帝攢宮同李處士因篤〉及卷六〈二月十日有事於先皇帝攢宮〉。
〔註27〕　如《詩集·卷一·感事》之五：「城中屠各虜，殿上左賢王。」同詩之六：「傳聞阿骨打，今已入燕山。」卷四〈羌胡引〉：「今年祖龍死，乃至明年亡。佛貍死卯年，却待辰年戕。」〈聞湖州史獄〉：「名胡石勒誅，觸眇苻生戮。」
〔註28〕　如《詩集·卷一·常熟縣耿侯橘水利書》：「況此胡寇深，早夜常奔迸。」卷二〈榜人曲〉：「金兵一到北岸。」〈剪髮〉：「憑陵盡戎虜。」卷三〈贈潘節士檉章〉：「中更夷與賊。」
〔註29〕　《詩集·卷四·三月十九日有事於攢宮時聞緬國之報》：「識定凡君未始亡。」
〔註30〕　同註8。

「猶看正朔存，未信江山改」〔註31〕，即充分透露此中矛盾之心緒。甚至於永曆見弒之後，仍以隆武紀年。（〈十九年元旦〉）順治十七年，或傳言順治病危，雖未死而亭林咀其速死，〈羌胡引〉曰：「今年祖龍死，乃至明年亡。佛狸死卯年，却待辰年牁。」借預言帝王當年卒而次年方殂之二典，隱喻順治「明年亡」。

再者，〈羌胡引〉強烈鞭撻清之暴虐無道，而福王營宮室、括民財、疏朝儀、強取淑女，其奢靡荒淫，史傳具言之，而〈金陵雜詩〉之三、之四，雖詠其事，然詩辭甚隱諱，深得諷諭之旨，殆「爲尊者諱」之故。

由上述諸端皆可見先生抗清復明之顯明立場。

三、感　情

亭林身負亡國破家雙重苦難，思大揭其親之志於天下，奔走流離，憑弔滄桑，上痛國難，下憫民窮，交織穿梭，組成詩裡千行哀思。其中尤感人至深、摧剝心腸者，當推亡國之慟，故君之思。

1. 家國之慟

崇禎十七年三月十九日，崇禎帝自縊殉國，亭林作〈大行皇帝哀詩〉，申明國君死社稷之義，痛言奸臣禍國之情，今欲前去祭弔，無奈山河變色，不禁悲從中來：「小臣王室淚，無路哭橋陵。」明知中原已爲清人竊據，復神思夢想。一旦登高遠矚，事實令人悽惻：

城中屠各虜，殿上左賢王。紫塞連玄菟，黃河界白羊。

（〈感事〉之五）

一上江樓望，黃河是玉關。（〈感事〉之六）

觸景傷情，新亭之淚，已然霑溼衣裳。遘罹大難，天下莫不切齒扼腕，亟謀興復，然時局急轉直下，江南亦「胡兵過如織」，明室垂危，君

〔註31〕《世說新語‧言語篇》云：「過江諸人，每至美日，輒相邀新亭，藉卉飲宴。周侯中坐而歎曰：『風景不殊，正自有山河之異。』皆相視流淚。」

臣流離，哀鴻遍地，蒿目時艱，詩人不禁浩歎：

> 十年天地干戈老，四海蒼生痛哭深。（〈海上〉之一）
>
> 滿地關河一望哀，徹天烽火照眉臺。名王白馬江東去，故國降旛海上來。（〈海上〉之二）
>
> 愁絕王室看不到，寒濤東起日西斜。（〈海上〉之三）
>
> 長看白日下蕪城，又見孤雲海上生。感慨河山追失計，艱難戎馬發深情。埋輪拗鏃周千畝，蔓草枯楊漢二京。今日大梁非舊國，夷門愁殺老侯嬴。（〈海上〉之四）

始而「哭」、既而「哀」、次而「愁絕」、末而「愁殺」，千般沈鬱血淚，迴環轉復於組詩四首之中。順治四年，亭林作〈墟里〉詩，寄託黍離之悲：

> 昔有周大夫，愀然過墟里。時序已三遷，沈憂方念始。乃知臣子心，無可別離此。自我陷絕域，一再見桃李。春秋相代嬗，激疾不可止。慨焉歲月去，人事亦轉徙。……送終有時既，長恨無窮已。豈有西向身，未昧王衷旨。眷言託風人，言盡愁不弭。

家國之慟，滄桑之感，與日俱增，言有盡之際，而愁恨則悠悠無盡之時。

亭林悼念家國零落，情之所至，花鳥為之解語：

> 乍識人民異，還悲歲月侵。（〈賦得老鶴萬里心用心字〉）
>
> 先皇玉座靈和殿，淚灑西風夕日斜。（〈賦得秋柳〉）

漢民今已薙髮胡服，異於昔日，借老鶴之眼，道出華夏鉅變，上國衣冠淪於胡虜之沈痛。而昔日御座旁之秋柳，柳絮隨風飄灑，彷彿悼念故主之滴滴淚珠。

康熙十八年，亭林避帥府之招，出關遠遊，有〈三月十九日行次嵩山會善寺〉一詩云：

> 獨抱遺弓望玉京，白頭荒野淚霑纓。霜姿尚似嵩山柏，舊日聞呼萬歲聲。（卷六）

歲月倏忽，人事滄桑，昔日東吳俊秀，已成飄泊嵩山頂上之白頭老

翁，仍兀自惓念家國，其操守如松柏長青，不改姿容。遠望天地悠悠，四下無人，卻隱隱傳來舊日高呼萬歲之回響，漸漸清晰，終至敲擊心版。短短卅五字，卻包羅亡國之慟、滄桑之悲、飄蕩之感以及忠貞之志，涵情豐富，讀之動容。宜乎先生與王弘撰、潘耒、陳錫嘏諸人書〔註32〕，皆言及此詩，曰：「同志者可共觀之。」（《蔣山傭殘稿·卷三·與陳介眉》）

亭林「周行中土三千里，慟哭先朝十四陵」（程先貞〈謝亭林先生爲余序詩〉之一），七謁孝陵，六謁思陵，寄其故國之思，然舉目：「郊坰來獵火，苑籞動車塵。繫馬神宮樹，樵蘇御道新。巋然唯殿宇，一望獨荊榛。」（卷二〈恭謁孝陵〉）昔之孝陵，爲何等尊貴之地，今竟殘破荒涼。順治十六年，亭林初次拜謁天壽山十三陵，作一百四十句五古詩，開首至「竝列田娘娘」，言諸陵位置、制作之始及其規模；自「茂陵樹千株，獨立不受戕。門闕尚完具，上頭安御牀」至「皆云胡騎來，砍伐尤狼猖。并力與之爭，僅得保界疆。」言明亡之後，諸陵受清兵破壞，凋殘零落景象。復追溯昌平城陷之日，諸將「一朝盡散迸，無復陵京防」，思之淒梗，疾痛慘怛，不禁呼告天地君王：「燕山自巋巋。沙河自湯湯。皇天自高高，后土自芒芒。下痛萬赤子，上呼十四皇。哭帝帝不聞，籲天天無常。」不曰：「天道無親，常與善人。」若清人暴戾恣睢，竟得天下，是遵何德哉？然眼前燕山竟兀自挺立，沙河兀自東流，皇天高高在上，后土漠漠在下，無動於蒼生塗炭，山陵蒙羞。任憑忠臣氣塞聲嘶，淚盡以血，卻是「哭帝帝不聞，籲天天無常。」至性鬱勃，血淚迸流，一吟三歎，觸之即哀，真所謂以歌當哭者也。

蓋移朝易祚，史載不絕，而亭林哀痛逾恆者，實因明亡非獨政權崩潰，且乃華夏淪胥，種族文化橫遭摧殘也。

2. 飄泊之感

〔註32〕詳見《蔣山傭殘稿·卷二·與王山史》，卷三〈與次耕〉。

　　南都淪陷後，亭林以參與義勇軍及吳勝兆反正事，避禍流亡江東。順治七年，復避仇偽作商賈，輾轉江浙。下引諸詩，皆順治十四年前，感於飄泊之自我寫照：

　　　　一身去國無所泊，類此鴻雁三秋徂。（卷一〈墓後結廬三楹作〉）

　　　　流轉吳會間，何地爲吾土，……登高望九州，憑陵盡戎虜。（卷二〈翦髮〉）

　　　　流落先朝士，間關絕域身。（卷二〈恭謁孝陵〉）

　　　　南方不可託，吾亦久飄蕩。（卷二〈贈萬擧人壽祺〉）

　　　　飄泊心情苦，來瞻拜跪恭。（卷二〈恭謁太祖高皇帝御容於靈谷寺〉）

　　　　十載違鄉縣，三年旅舊都。（卷三〈松江別張處士慤王處士煒暨諸友人〉）

而〈旅中〉詩云：

　　　　久客仍流轉，愁人獨遠征。釜遭行路奪，席與舍兒爭。
　　混跡同傭販，甘心變姓名。寒依車下草，饑糝鑑中羹。……
　　　　（卷三）

則描寫實際飄泊生活之苦。大抵順治十四年以前之飄泊，係避仇人之狙擊、詰告，清吏之拘捕，故心情鬱悶，悽惶終日。自順治十四年北遊之後，遠離仇人威脅，目睹山河壯麗，探尋古蹟名勝，體驗風土民情，聽聞往烈遺躅，結交鴻儒志士，是以眼界大開，心曠神怡：

　　　　流落天涯意自如，孤蹤終與世情疏。……從茲一覽神
　　州去，萬里徜徉興有餘。（卷三〈永平〉）

　　　　從知宇宙今來闊，不似園林獨臥時。（卷五〈土門旅宿〉）

蓋喪亂流離，不僅爲亭林個人之遭遇，亦爲南明君臣之共同遭遇。順治十五年以後，西南戰局，每況愈下：

　　　　宗子洎羣臣，鳶岑與黔漲。（卷三〈京師作〉）

思及國恥未雪，河山未復，宗室王臣，飄零瘴海，而反觀歲月倏忽，一事無成，其心情亦時而愁悴。順治十八年，明祀斷絕，亭林決心遍歷關河，尋求志士：

　　　　生平不擬託諸侯，吾道仍須歷九州。落落關河蓬轉後，
蕭蕭行李雁飛秋。(卷五〈亡友潘節士之弟未遠來受學兼有投詩答
之〉)

　　　　年來行止類浮萍，雖有留書未殺青。(卷六〈次耕書來言
時貴有求觀余所著書者答示〉)

　　　　去去逐征蓬，隨風西復東。風吹蘭蕙色，一夜落關中。

　(卷六〈送李生南歸寄戴笠王錫闡二高士〉)

而亭林始終樂觀國事，康熙元年，作〈五十初度時在昌平〉一詩云：

　　　　居然濩落念無成，隟駟流萍度此生。遠路不須愁日暮，

　　老年終自望河清。

直至康熙二十年大病垂危之前，亭林仍如飄蓬、秋雁一般地轉徙無
定，〈酬李子德二十四韻〉一詩雖云：「一從聽七發，欲起命巾車」，
以安慰摯友，然自知不免：「……故人心不忘，旅叟計何如。上國嘗
環轍，浮家未卜居。康成嗟耄矣，尼父念歸與。……」〔註33〕飄泊之
感，滄桑之悲，首丘之念，交迸於字裏行間。

　3. 滄桑之悲

　　滄海桑田，世事多變，人生無常，雖平居無事之時，已為哀樂易
感之詩人動輒吟咏，何況喪亂流離、朝不保夕之日乎？是以經歷興
亡、閱世頗深之亭林，其滄桑之感，較諸一般詩人，特真切深沈。

　　順治六年，先生方三十七歲，有詩云：「滄海桑田幾回更，只今
尚有遺民老。」(〈桃花溪歌贈陳處士梅〉)已預卜此生境況。順治十
年，亭林四十一歲，於江東遇昔日戰友朱四輔，班荊道故，曰：

　　　　十載江南事已非，與君辛苦各生歸。愁看京口三軍潰，
　　痛說揚州十日圍。碧血未消今戰壘，白頭相見舊征衣。……

　(卷二〈贈朱監紀四輔〉)

──────────────

〔註33〕亭林〈酬李子德二十四韻〉詩，編於「重光作噩」下，即康熙二十
　　　年，然而王蘧常以李因篤〈哭顧亭林先生詩一百韻〉：「報章驚絕筆」
　　　句注：「晨起承報余詩二十四韻，夕卒」認為先生當卒於壬戌正月初
　　　九日丑刻。因據句注推斷該詩當編於「玄黓閹茂」──壬戌年下。
　　　見《顧亭林詩集彙注》，頁1324。

十年之間，江南情勢，大非昔比。猶記崇禎十七年京口之役，一戰而潰；揚州七日之圍，血流成渠，而今二人劫後重見，詩人已是鬢髮蒼蒼之老翁矣。蓋四十猶壯，而亭林却有白頭之歎，亦世亂所以助成之也。十一年，亭林至太平，憑高懷往，曰：

> 天門采石尚嶙峋，一代興亡此地親。雲擁白龍來戍壘，日隨青蓋落江津。常王戈甲先登陣，花將鬚眉罵賊身。……
>
> （卷三）

天門、采石二山夾江對峙，滾滾江流，奔騰而過。當日弘光帝事敗，檻送北京；元末陳友諒佔據此地，守將花雲大罵而死；明初常遇春捨舟登岸，大破友諒軍，皆有山水為鑑。如今江山依舊，而一代王朝倏興倏滅，神傷惆悵之情，不禁油然而生。順治十四年北遊，歷覽勝蹟，亦有異時同情之慨：

> 落日空城內，停驂問路歧。曾經看百戰，唯有一狻猊。
>
> （卷四〈舊滄洲〉）

而應州澶南宮之釋迦塔，至今已有五百年，歷經華夷異變，依然屹立，人間眾象，竟如夢幻泡影之易逝：

> 澶南宮闕盡，一塔挂青天。法象三千界，華夷五百年。空旛搖夜月，孤磬落秋煙。頓覺諸緣滅，臨風獨灑然。（卷五〈應州〉之一）

至於王府名園之殘破，尤令人痛惜。〈衡王府〉詩云：

> 賜履因齊國，分枝自憲宗。能言皆詔予，廣斥盡疏封。地號東秦古，王稱叔父恭。穿池通海氣，起榭出林容。巘里生秋草，牛山見夕烽。蛇遊宮內道，鳥啄殿前松。……
>
> （卷三）

昔日明憲宗詔封衡王於此，其土地廣大，人民眾多，而亭臺樓榭，遍於國內，如今却長滿秋草，烽火漫山，長蛇爬行宮道，雀鳥啄食殿松。〈晉王府〉詩云：

> ……攘狄威名重，垂昆敬德躋。寵光延白屋，惠澤著黔黎。別殿俄傳燧，深宮早聽鼙。梯衝臨玉壁，戈矟繞銅

鞿。井竭龍池水，梁空燕壘泥。……玉葉衣冠盡，金刀姓
字迷。那堪梁苑草，春日更萋萋。(卷四)

明太祖時，晉王朱棡分封此地，委以封疆大事，數命將兵出塞，屢建
大功，後嗣皆能承其德業，惠澤百姓。然而至崇禎末，晉疆危急，終
至城陷國滅，昔盛今衰，兩相比照，情何以堪？然滄桑異變者，豈僅
晉王一國一人？明故王孫，凋零殆盡，眼前萋萋芳草連天長，健在之
王孫又流落何處？尾聯情景交融，悵惘不盡。類此者尚有〈自大同至
西口〉之一（四卷）描寫代王府昔盛今衰之狀。蓋此類詩，輒以今昔
之異，強烈烘托出時移事遷之蒼涼。

　　眼前景之殘破固動人心腸，而良友之零落亦撩人愁緒：

　　　　……良友日零落，悽悽獨無伴。流離三十年，苟且圖
　　飽煖。壯歲尚無聞，及今益樗散。治蜀想武侯，匡周歎微
　　管。願一整頹風，俗人謂迂緩。孤燈照遺經，雪深坐空館。

　　　　（卷五〈歲暮〉之一）

悲苦零落，感時不遇，老而無成，一年將盡，種種情懷，壓迫詩人心
靈。亭林嘗懸想，當此之日返鄉之情況：

　　　　還鄉被褐出負薪，相逢絕少平生親，怪此傖夫是何人？

　　　　（卷五〈兄子洪善北來言及近年吳中有開淞江之役書此示之〉）

與賀知章〈回鄉偶書〉有異曲同工之妙。蓋一笑問，一嗔怪，而衣錦
還鄉與滄海桑田之迥異心情，即於此不經意處流露出來。

4. 生民之戚

　　《日知錄‧卷二十一‧直言》條云：

　　　　張子有云：「民吾同胞」。今日之民，吾與達而在上位
　　者之所共也。救民以事，此達而在上位者之責也。救民以
　　言，此亦窮而在下位者之責也。天下有道，則庶人不議。
　　然則政教風俗苟非盡善，即許庶人之議矣。……詩之為教，
　　雖主於溫柔敦厚，然亦有直斥其人而不諱者。

政教風俗，苟非盡善，則許庶人議之，且直斥其人可也，其出發點在
「救民以言」，顯示亭林民胞物與之人道胸懷。亭林以詩歌描述當日

戰爭之殘酷，其中有其身經目驗者：

> 秋山復秋山，秋雨連山殷。昨日戰江口，今日戰山邊。
> 已聞右甄潰，復見左拒殘。旌旗埋地中，梯衝舞雲端。一
> 朝長平敗，伏尸徧岡巒。（〈秋山〉之一）

> 秋山復秋水，秋花紅未已。烈風吹山岡，燐火來城市。
> 天狗下巫門，白虹屬軍壘。可憐壯哉縣，一旦生荊杞。歸
> 元賢大夫，斷脰良家子。（〈秋山〉之二）

崑山、常熟守城戰敗，旌旗落入泥中，梯衝橫於城上，死者折頸斷項，遍於岡巒。血流映著滿山紅花，一陣秋雨，漫天血紅，分不清是血？是雨？是花？至夜間一陣狂風，燐火順風飄來城市，飛舞於殘垣荊棘間。而生者則淪為俘虜：「北去三百舸，舸舸好紅顏。吳口擁橐駞，鳴笳入燕關。」（〈秋山〉之一）逝水黃塵，送彼入不可知之異鄉，較諸死者，殆幸運無幾。

或當事者口述戰況，如：

> 流賊自中州，楚實當其吭。出入十五郡，南國無安疆。
> 血成江漢流，骨與灊廬望。（〈王徵君具舟城西同楚二沙門小坐柵
> 洪橋下〉）

> 郊壘青燐出，城陣白骨枯。（〈萊州〉）

以上是三楚、萊州經流賊肆虐之後慘狀——血流成河，白骨成堆。可見戰爭之下，生民塗炭，飽受摧殘。而〈桃葉歌〉則經由當事人自道身世云：

> ……越州女子顏如花，中官采取來天家，可憐馬上彈
> 琵琶。三月桃花四月葉，已報北兵屯六合。兩宮塞上行，
> 日逐江東獵。桃葉復桃根，殘英委白門。相逢冶城下，猶
> 有六朝魂。

越女回憶，當年選入南內之初，即遭逢清兵攻陷金陵，兩宮檻送北京，清豫王多鐸則縱兵擄掠，桃根既斷，桃葉枯萎，殘英即形飄零。今日流落冶城，與亭林異地相逢，細訴往事，感慨彼此皆是無國可歸之天涯淪落人。家國之慟、飄泊之感與生民之戚，交織纏綿於字裏行間，

其情甚深沈幽怨矣。

亭林憫黎民，悲動亂，情之至處，不禁譴責戎首，鞭撻其罪狀。〈羌胡引〉云：

> 我國金甌本無缺，亂之初生自夷孼。徵兵以建州，加餉以建州。

清人入侵，造成漢民之負擔，此其罪一。次云：

> 土司一反西蜀憂，妖民一唱山東愁。以至神州半流賊，誰其嚆矢繇夷酋。

增餉加派，內亂紛起，追究禍首，即由於清人入侵。此其罪二。又云：

> 四入郊圻躪齊魯，破邑屠城不可數。刳腹絕腸，折頸摺頤，以澤量屍。幸而得囚，去乃為夷。夷口呀呀，鑿齒鋸牙，建蚩旗，乘莽車。視千城之流血，擁豔女兮如花。

清人四次深入內地，蹂躪城邑，屠戮良民，其手段至為殘酷，劫掠搶奪，俘囚為奴，無視於千城流血，尚且挾姬作樂，此其罪三。而「夷口呀呀，鑿齒鋸牙，建蚩旗，乘莽車。」則諷刺其文化粗野，竟橫行於衣冠上國，此其罪四。詩至此，詩人不禁長聲浩歎：「嗚呼！夷德之殘如此，而謂天欲與之國家！然則蒼蒼者，其果無知也耶？」憂生之嗟、哀國之慟、華夏異變之恥，交迸流露於呼告、詰問之間。

順治十八年，清朝正式一統，與民休養生息，然沈寂不過十一年，復因三藩之亂，飛芻輓粟，民流離於道塗，輾轉於溝壑：

> 羽乃衰亂仍，征歛橫無紀。轉餉七盤山，骨滿秦川底。

太息問朝紳，食粟斯已矣。(〈歲暮西還時李生雲霑方讀鹽鐵論〉)

除上述戰火之外，庶民尚有天災之威脅。如〈清江浦〉詩云：

> 陵谷天行變，山川物態殊。黃流侵內地，清口失新渠。

米麥江淮貴，金錢帑藏虛。蒼生稀土著，赤地少穋鋤。

河決堤潰，庶民流徙，赤地無人耕作，廣大飢民，嗷嗷待哺。而夙來豐登之常熟，復因旱潦不節，百里懸磬：

> 三季饒凶荒，庶徵頻隔并。誰能念遺黎，百里嗟懸磬。

況此胡寇深，早夜常奔迸。(〈常熟縣耿侯橘水利書〉)

民窮至此，復遭胡寇，避難不及，遑論耕作？亭林哀憫民艱，遂立志：
「願作勸農官，巡行比陳靖。畎澮徧中原，粒食詒百姓。」（〈常熟縣
耿侯橘水利書〉）其熱誠可愛處，大似杜甫〈茅屋爲秋風所破歌〉云：
「安得廣廈千萬間，大庇天下寒士俱歡顏，風雨不動安如山。」

　　入清之後，旱荒震災時有，如〈夏日〉詩云：

　　　　首夏多恆風，塵霾蔽昏旦。舞雩告山川，白紙催州縣。

　　　　未省答天心，且望除民患。黍苗不作歌，碩鼠徒興歎。（之一）

旱暵枯禾，百物不生，人民爲無米而悲，貪官爲無財而歎。更有甚者，
雩祭方畢，霖雨未降，州縣已派人催稅，詩人不禁微諷，民患豈僅旱
魃，期望上蒼亦除去碩鼠。〈夏日〉詩之二云：

　　　　末俗無恆心，疾貧而好勇。不能事田園，何況談周孔。

　　　　出門持尺刀，鑄錢兼掘冢。剗此大東謠，齊民半流冗。

田畝百物不長，民上無以養父母，下無以保妻子，遂出尺刀，鑄錢掘
冢，無所不爲。〈寄次耕〉詩之二云：

　　　　六鼇成簸蕩，夜宿看星河。相對愁珠桂，流民輦下多。

言康熙十八年，京師地震，房舍傾倒無算，流民遍於城內，薪米貴於
珠桂之情景。

　　上述諸作，乃亭林憂民之嗟，皆直言不諱，庶幾流傳禁中，執政
者得聞而補察時政。

　　夫亭林哀憫黎民，緬憶故國，其衷心嚮往者乃明之盛世繁榮安
樂：

　　　　豈知太平之世飴甘茶，川流不盈澤得瀦，風雨時順通
　　　祈雩！春祭三江，秋祭五湖。衣冠濟濟郊壇趨，歲輸百萬
　　　供神都。江頭擔酒肴，江上吹笙竽，吏無敢扑民無逋。（〈兄
　　　子洪善北來言及近年吳中有開淞江之役書此示之〉）

其爲疾今之政，以思往者之作乎？

　　綜上所述，亭林詩所蘊涵之情感——家國之慟、飄泊之感、滄桑
之悲及生民之戚，率淵深沈鬱、蒼涼悲悽。汪端云：「其詩憑弔滄桑，
論多激楚」、「黍離麥秀之悲，淵深樸素」（《明三十家詩鈔》）僅論及

滄桑之悲、家國之慟，以上更就飄泊之感與生民之戚，探討詩歌所蘊涵之情感，庶幾圓觀亭林詩之感情世界。

第二節　詩歌之形式

所謂形式，即作品內容諸要素之內部結構和外在表現形態之總和。形式由內容決定，復反作用於內容。言亭林詩之形式，則其體裁、結構、聲律和表現技巧俱不可忽視。

一、體　裁

《文心雕龍‧定勢篇》云：「夫情致異區，文變殊術，莫不因情立體，即體成勢也。」范文瀾注曰：「勢者，標準也，審察題旨，知當用何種體制作標準。」夫思想情感之各異，文學創作表達手法亦隨之不同，但莫不按照思想情感以確定體裁，依循體裁以形成文勢。詩歌體裁依格律之不同可分爲古體與近體，復可依字數、篇幅再予細分。不同體裁之詩歌，其文勢自然有別〔註34〕。如施補華曰：「五言古詩以簡質渾厚爲宗。」（《峴傭說詩》）胡震亨曰：「七言古詩要鋪敘，要有開合，有風度，迢遞險怪，雄俊鏗鏘，忌庸俗軟腐；五言律差易得雄渾，加以二字，便覺費力，雖曼聲可聽而古色漸稀。」（《唐音癸籤》）錢良擇曰：「律詩氣局舒展，以嚴整爲先；絕句氣局單促，以警拔爲上。」（《唐音審體》）各體裁詩各具其勢。由前文亭林詩主題思想與作品情感之研究，可見其思想感情大率嚴肅，而感情尤蘊積深悲沈哀。雖然，亦有激昂跌宕或閑適悠然之情，然不過少數而已。今即就亭林各體裁詩之分析，以見其「體因情立、體與情偕」也。

依體裁將現有亭林詩分析歸納得：五古一百五十四首，七律八十四首，五律七十九首，七絕三十六首，五言排律二十九首，七古樂府十三首，七古十二首，五絕十一首，五古樂府三首，而六絕及五絕、

〔註34〕參考趙仲邑等《文心雕龍研究‧解譯》，頁213。

六絕樂府皆二首，共計四百二十七首。（各卷各體詩詩數詳見附表二）

由前述統計數字可見：亭林最常作五古詩。據筆者分析，其中只有三首雜有七言，十四首轉韻，餘則爲一韻到底（包括通押）之純五言古詩，而五古詩之講求對仗與否均不在少數。蓋五古詩爲正統古體詩〔註35〕，與不求對仗之作法構成高古之格調；而五字爲句與對仗形式，又形成一種整齊之美。

五古之句法結構介於四言與七言之間，是以在節奏上較四言從容，較七言嚴整，而亭林五古詩多爲純五言，則其節奏尤爲嚴整。亭林五古之押韻，多爲隔句押韻，且一韻到底，有仿古傾向〔註36〕，或者與詩集以憂深凝重之感情爲主有關〔註37〕，故節奏緩而波瀾少。至若五古之篇幅，短自十二句，長至一百四十句，足以表達各種內容。

綜上所述，亭林五古詩在形式上具有整齊、節奏緩、少波瀾及仿古傾向。若就此種形式而言，其所展現之藝術風格毋寧是典雅莊重。

亭林不僅大量創作五古詩，並以長篇（四十句以上）抒寫嚴肅而深刻之情意。如〈帝京篇〉（百句）、〈京師作〉（八十句）、〈孝陵圖〉（八十句）、〈恭謁天壽山十三陵〉（一百四十句），蘊涵深刻之黍離之悲與倦懷君國之情；〈贈路舍人澤溥〉（四十八句）、〈贈子德李子行〉（六十句）〔註38〕，即感激良朋急難扶危。〈哭顧推官〉（六十六句）、〈哭陳太僕子龍〉（四十二句）、〈贈于副將元凱〉（八十句）、〈贈潘節士檉章〉（七十四句）、〈梓潼篇贈李中孚〉（四十句），贊揚殉節死難或忠貞不屈之友朋。

〔註35〕 王力《詩詞曲欣賞作法研究》：「五言的古風可認爲正統的古體詩，因爲古詩十九首是五言，六朝的詩大多數也是五言」，頁304。

〔註36〕 黃永武《中國詩學·鑑賞篇》：「較古的五言詩大抵以一韻到底爲多。」，頁177。

〔註37〕 饒宗頤《顧亭林詩論》：「崑山之陷，其母聞變絕粒，遺命亭林無爲異國臣子。這件事種下亭林一生莫大的哀痛，確立了他做人出處的根本方向，家和國兩重血淚，交織成他詩裡的哀思。」見《文學世界》，第五卷第二期，頁6。並參見本章「感情」部分。

〔註38〕 同註8。

亭林以具有整齊、節奏緩、少波瀾、仿古傾向之形式及典雅莊重之藝術風格之長篇五古詩，傳達嚴肅而深刻之情意，顯示亭林對該體詩之重視。

然同爲古詩，七古僅十二首，而形式與七古無別之七言樂府亦僅十三首，與前此五古一百五十四首相去遠矣。蓋七言較五言多二字，句「長則意多冗，字多懈」（《日知錄‧卷二十二‧古人不用長句成篇》條）。且七古章法講究「要鋪敘，要有開合，有風度，要迢遞險怪，雄俊鏗鏘，忌庸俗軟腐，須是波瀾開合，如江海之波，一波未平，一波復起；又如兵家之陣，方以爲正，又復爲奇，方以爲奇，復忽是正，出入變化，不可紀極。」（《詩法家數》）如此篇幅必長，易致冗懈之病〔註39〕。故亭林七古、七言樂府成數甚少。

十三首七言樂府中，如〈義士行〉、〈秦皇行〉、〈海上行〉、〈淄川行〉、〈桃花溪歌贈陳處士梅〉、〈桃葉歌〉、〈勞山歌〉、〈羌胡引〉、〈井中心史歌〉，或加入二言、三言、四言、五言、乃至八言、九言、雜言，運用次數與詩情文氣有關。大抵情感愈激昂迫切、起伏動盪，雜言使用次數愈多。如〈義士行〉以七言爲主，雜以二言、五言、八言、九言，配合頻繁之換韻，以平聲、入聲、平聲、去聲、入聲之韻腳交迭運用，而一思一驚一傷一歎，起伏揚抑，忽而徐緩低沈，忽而激昂慷慨，最末以長句寄以一往如注之浩歎，使激烈之情緒達到最高點後戛然而止〔註40〕。

七言樂府中最長於以形式表達激楚痛切之情者乃〈羌胡引〉。該詩亦以七言爲主，依序雜以五言、四言、五言、四言、三言、六言、二言、六言、八言、五言、四言、五言、六言、四言、六言、四言、六言、九言、四言、六言、五言，配合頻繁之換韻，以平聲、入聲、

<hr />

〔註39〕《日知錄‧卷二十二‧古人不用長句成篇》條云：句「長則意多冗，字多懈，其於文也，亦難之矣。……知此義者，不特句法也，章法可知矣。七言排律所以從來少作，作亦不工者，何也？意多冗，字多懈也。」

〔註40〕同註17，頁62。

去聲、平聲、入聲、平聲、上聲、平聲、去聲、平聲、入聲、上聲、平聲之韻腳交迭運用，極盡錯綜變化之致，而情感之激切動盪亦爲詩集之冠。該詩在四言、七言、六言、四言之後，最末以一組七言句收束急湊緊張之詩情，而綣綣不盡之希望即寄託於「湯降文生自不遲，吾將翹足而待之」十四字中。

綜上所述，七言樂府不僅形式上之錯綜跌宕與五古有別，其表達之情感亦較五古激昂動盪。

然同爲七言，詩集中無一七言排律。蓋七言句長，既束以聲偶，復欲衍之使長，句長「則意多冗，字多懈」，「不特句法也，章法可知矣。」（《日知錄‧卷二十二‧古人不用長句成篇》條）何況「字櫛句比，格尤易下。」（《唐音癸籤》）故亭林曰：「七言排律，所以從來少作，作亦不工者，何也？意多冗也，字多懈也。」（《日知錄‧卷二十二‧古人不用長句成篇》條）自認爲該體詩少作且不工，故詩集未收。

雖然，律詩講粘對、調平仄、拘對仗、鎔裁聲律，格律要求甚嚴，但種種限制與變化不出四聯之外，其總字數亦不過四十與五十六字，倘熟習之，拈手即成，故七律、五律數量居次，多用於酬贈、即事、即景、詠懷，

亭林七律常有意模仿杜甫，如〈白下〉詩：「白下西風落葉侵，重來此地一登臨。」（卷四）、〈監紀示游粵〉：「獨有臨風憔悴客，新詩吟罷更徘徊。」（卷二）、〈五十初度時在昌平〉詩：「居然濩落念無成，隙駟流萍度此生。」（卷四）顯然從杜甫〈登樓〉詩：「花近高樓傷客心，萬方多難此登臨。」（《杜詩鏡銓》卷十一）、〈解悶〉詩之七：「新詩改罷自長吟。」（卷十七）、〈自京赴奉先縣詠懷〉：「居然成濩落，白首甘契濶。」（卷三）而來，而得其沈鬱蒼涼。

再如三十六首七絕，情致含蓄，音節從容，造意警拔，深有餘味，迥異乎五古之盡情鋪敘、七古之跌宕激昂。如〈重謁孝陵〉詩云：

　　舊識中官及老僧，相看多怪往來曾。問君何事三千里，

春謁長陵秋孝陵。（卷四）

不直道惓念君國之忱，却經由舊識者之一問，一切盡在不言中矣。〈顏神山中見橘〉云：「但得靈均長結伴，顏神山下即江南。」（卷四）翻轉屈原〈橘頌〉：「受命不遷，生南國兮，深固難徙，更壹志兮。」更見其貞志不渝，得警拔之至！

綜上所述，可歸納爲以下幾點結論：

1. 大量之五古詩，爲詩集之一大特色。亭林該體詩具有整齊、節奏緩、少波瀾、仿古傾向之藝術形式及典雅莊重之藝術風格。以長篇五古傳達嚴肅深刻之情意，顯示亭林對該體詩之重視。

2. 七古與七言樂府（爲文人樂府）形式無殊，然亭林七古除〈書女媧廟〉、〈兄子洪善北來書示〉〔註41〕、〈薊門送李子德歸關中〉三詩篇幅較長，又前二詩有雜言外，餘皆體製小之純七言古詩。較諸七古，則七言樂府多鋪張踔厲、譬喻多方、形容盡致。而七言樂府所傳達之情感較五古激昂急切，節奏亦較之跌宕。

3. 數量居次之七律、五律，多用於酬贈、即事、即景、詠懷。七律常有意模仿杜甫，而得其沈鬱蒼涼。

4. 三十六首七絕，情致含蓄，音節從容，造意警拔，深有餘味，迥異乎五古之盡情鋪敘、七古之跌宕激昂和律詩之「嚴整爲先」〔註42〕。

二、結　構

結構指作品內容之組織與安排，「總文理，統首尾，定與奪，合涯際，彌綸一篇，使雜而不越者也。」（《文心雕龍‧附會篇》）亭林

〔註41〕同註8。

〔註42〕《唐音審體‧律詩七言絕句論》條云：「（七絕）其作法則與四韻律詩迥別，四韻氣局舒展以嚴整爲先。絕句氣局單促，以警拔爲上。」亭林七絕、律詩，誠能臻此要求。

詩之結構可分就單篇及連章來討論，而單篇之結構法頗值得一談者乃「前後對比，承接得當」及「交綜呼應，開闔相生」二種；至於連章照應，順逆錯綜，章章之間，復成一有機結構。

1. 前後對比，承接得當

在長篇詩中，亭林經常以此型式「總文理，統首尾」。如〈禹陵〉，首二句「大禹巡南守，相傳此地崩」，分就題目，點出禹陵。「空石形模古」至「蝙蝠下祠燈」寫登臨古蹟之所見。「餘烈猶於越，分封竝杞鄫。國詒明德胙，人有霸圖稱」，則經由登臨禹陵，緬懷大禹之遺德餘烈，施及後裔，詩至此，皆扣緊禹陵寫景懷古。下接以「往者三光墜，江干一障乘，投戈降北固，授子守西興。」言南北京皆陷，江南義旅一時並起，而清兵攻陷鎮江之後，即位於紹興之魯王乃「勞軍江上，駐笴西興，拜方國安爲帥。」（《小腆紀傳‧監國魯王紀》）似與前半詠景懷古無關而實則相關。蓋禹陵在會稽，會稽主脈在紹興境內，所詠之景、事皆發生於該地。又「國詒明德胙，人有霸圖稱」言禹功延及於越、杞鄫，而流風未沫，至今魯王乃「授子守西興」矣！則語意似斷而未斷。次接「沖主常虛己」至「窮追海踐冰」，言魯王即位以來，臣驕將悍，不受約束，與清兵交鋒輒失利，至今魯王南泛入海。前半即景懷古，後半感事嗟今，景事前後對比，昔日此地「玉帛千年會」、「國詒明德胙，人有霸圖稱」之盛，與今日「合戰山回霧，窮追海踐冰」之衰，盛衰相形，情益不堪。末四句「望古頻搔首，嗟今更撫膺。會稽山色好，悽惻獨攀登。」「望古」句承前半之即景懷古而收之，「嗟今」句承後半之感事而束之，而種種望古嗟今之感傷，實即導源於攀登會稽而來，「會稽山色好，悽惻獨攀登」大闔全篇矣。

再如〈山海關〉詩，自開首「芒芒碣石東，此關自天作」至「紫塞爲周垣，蒼山爲鎖鑰。」寫該關天然屏障之地形，所以隔絕東夷。過句「緬思皇祖時，猶然制戎索。中葉狃康娛，小有干王略。」上二句回顧前半段之「粵惟中山王，經營始開拓。」言明太祖經營此關之初，猶可以制服東夷，下二句逗起下半段，言萬曆以來，狃於安逸，

致清兵入寇，以至於兵敗、都陷，降將吳三桂開關迎清，清人不廢一兵一卒即佔據北京矣。亭林走筆至此，不禁感歎「七廟竟為灰，六州難鑄錯。」本詩前半即景，後半感事，景事對比，以中間四句關合照應首尾，結構嚴密。他如〈京師作〉、〈天津〉、〈華山〉、〈驪山行〉等等長篇皆用此法。

2. 交綜呼應，開闔相生

詩之前後首尾，平行斜對，均有呼應開闔之交互關係，形成嚴密之結構，此即「交綜呼應，開闔相生」。如〈白下〉詩云：

> 白下西風落葉侵，重來此地一登臨。清笳皓月秋依壘，野燒寒星夜出林。萬古河山應有主，頻年戈甲苦相尋。從教一掬新亭淚，江水平添十丈深。（卷四）

首聯點題，言登臨之季節與地點。頷聯寫登臨所見之景，頸聯因景而感時，尾聯則挽前二句，添墨寫慨，而「新亭淚」復回應首句「登臨」〔註43〕。頷聯之見、頸聯之感、尾聯之泣，皆應「登臨」而來，首聯一起，即涵蓋通篇體勢。頷聯出句之「秋」與首句「西風」呼應，對句之「林」復與首句「落葉」回映，而「皓月」、「寒星」乃秋夜常見之清景，二、三聯交換回環。頸聯承頷聯登臨所見，念清景如斯，感歎天地之間，物各有主，而大漢河山之主却年年處於兵火之間；又或者歸到一己言：物各有主，己之主却處於兵火相尋之間。尾聯承頸聯之歎，大肆著墨寫悲：「從教一掬新亭淚，江水平添十丈深。」由首聯點題，開出二、三聯，末聯承二、三聯而收束之，復與首聯回應，論章法乃順敘。

又如〈瓠〉詩：

> 瓠實向秋侵，咢然繫夕林。不材留苦葉，槁死亦甘心。偶伴嘉蔬植，還依舊圃尋。削瓜輸上俎，剝棗遜清斟。衛女河梁迥，涇師野渡深。未須驚五石，應信直千金。作器疑無用，隨流諒不沈。試充君子佩，聊比國風吟。（卷五）

〔註43〕同註31。

首句直說題目，自開首至「剝棗遜清斟」，言瓠之大而無用，後面「未須驚五石」、「作器疑無用」，與前半瓠之大而無用迴環互映，而「作器」一句並總束前者言瓠之無用。「嬬女河梁廻，涇師野渡深」承瓠之無用宕開言瓠之用，是為曲接；「應信直千金」、「隨流諒不沈」則交綜互應，補充瓠用之意。至末二句「試充君子佩，聊比國風吟」，就瓠用而總結，實為本章題旨之所在。

他如〈八尺〉、〈曲周拜路文貞公祠〉、〈赴東〉之五等等詩篇皆用此一型式。

3. 連章照應，順逆錯綜

前二項皆就亭林詩單篇結構而論，至於一題數首之連章詩，其合數首為起合者，或自成一有機組織，分之則不成片段，或自為起迄，別之則首首獨立，合之則處處相通。如〈推官二子執後欲為之經營而未得也而二子死矣〉詩二首云：

> 生來一諾比黃金，那肯風塵負此心。不是白登詩未解，菲才端自愧盧諶。(之一)

> 蒼黃一夜出城門，白刃如霜日色昏。欲告家中賣黃犢，松江江上去招魂。(之二)

第一首就詩題「推官二子執後欲為之經營而未得也」寫，第二首扣「而二子死矣」寫，綜二首方成題意，若分開獨立成篇，則裁斷意脈、不成首尾。其結構之嚴密，由此可知。又如〈海上〉詩四首云：

> 日入空山海氣侵，秋光千里自登臨。十年天地干戈老，四海蒼生痛哭深。水湧神山來白鶴，雲浮真闕見黃金。此中何處無人世，祇恐難酬烈士心。(之一)

> 滿地關河一望哀，徹天烽火照胥臺。名王白馬江東去，故國降旛海上來。秦望雲空陽鳥散，冶山天遠朔風迴。遙聞一下親征詔，夢想猶虛授鉞才。(之二)

> 南營乍浦北營沙，終古提封屬漢家。萬里風煙通日本，一軍旗鼓向天涯。樓船已奉征蠻勒，博望空乘泛海楂。愁絕王師看不到，寒濤東起日西斜。(之三)

長看白日下蕪城，又見孤雲海上生。感慨河山追失計，
艱難戎馬發深情。埋輪拗鏃周千畝，蔓草枯楊漢二京。今
日大梁非舊國，夷門愁殺老侯嬴。（之四）

此四詩皆環繞「望海」而寫。第一首寫登山望海之際，滿懷因時而生
之感慨。次首承第一首「自登臨」而「一望」，只見「徹天烽火照胥
臺」，故一望而哀，以下連寫數項令人哀惻之事。第三首承次首之
「望」，望而不見──不見王師來，感慨無限，至於愁絕，末句寓情
於景之中。末首承三首之「看」，加深情意，曰：「長看」、「又見」，
示望之已久且體察甚悉，於山河淪陷、戎馬艱難，感慨更深。末聯出
句喻南都淪陷，江南亦為清兵佔據，縱使「論兵卑起翦，畫計小陰符」
（〈松江別張處士慤王處士煒暨諸友人〉）如侯嬴身懷救危大策，亦無
所施於用〔註44〕，故「愁殺」矣。四首憂國之情毋寧是盤結鬱積，且
一首深過一首，合之則脈絡相通，分之則各自獨立。

他如〈秋山〉二首、〈塞下曲〉二首、〈贈人〉二首、〈述古〉三
首、〈漢三君詩〉三首等等連章詩之結構亦同於〈海上〉。詩集中有一
百四十首連章詩，總數佔百分之三十二強，不可謂不多矣。

以上三點構成亭林詩結構上之主要特色──嚴整。此外，〈恭謁
天壽山十三陵〉一詩（卷四），以追述示現法寫天壽山十二陵建置之
恢弘與祭陵之肅穆。接寫親至其地，見思陵草草建置而諸陵復遭破
壞，前後對比，盛衰立見。次突接陵衛，及流賊陷昌平而將領皆降、
無復衛陵事。次承滿目悽然與士夫無恥而呼天搶地。次言清主入京、
清兵肆無忌憚，復追溯崇禎之殉難情事，言至今已十五年矣。突接「天
運未可億，天心未可量」，言否極泰來，國運中興，或未可知。末寄
興復之志。該詩虛起寫十二陵，至「渴葬池水南」以下始實寫恭謁十

〔註44〕黃節注〈海上〉之四云：「第四首感慨河山，則兼言清、闖，末二句，
痛清兵之入關，實由於中原之內亂。觀《亭林文集・形勢論》，及後
卷〈春半詩〉所云『中原有大勢，攻戰不在多。願為諸將言，不省
其奈何』之句，則知此首『大梁』二句之用意矣。」見《顧詩講義》，
頁11a。

三陵之所見，與懸想者前後對比，盛衰可感。突接陵衞守陵失職事，追究之令人痛心，是爲倒挽法。思之淒然，復落實目今，不禁哭天呼地。詩至此本可結束，然後又突接清人入京，倒挽崇禎之死。末寄言興復之志，是又宕開一層而收束之。該詩開闔變化，不可紀極；忽虛寫，忽實筆；忽順敘，忽倒挽；忽悲極，忽心生希望，正所謂「言之，辭之複」、「而其詞不能以次者」也（《日知錄・卷二十二・文辭欺人》條），呈現出波瀾壯濶之態，與前述嚴整之結構有別。又〈羌胡引〉詩，其章法跌宕不下於〈恭謁天壽山十三陵〉詩，謹提舉而不論。

三、聲　律

　　《文心雕龍・聲律篇》云：「言語者，文章神明樞機。」意謂語言是文章構成之關鍵，情意表達之樞紐。詩之語言亦即聲律，包括節奏與韻律二要素。

1. 節　奏

　　詩之節奏，即指詩歌於語言上之抑揚、頓挫、長短、疾徐言〔註45〕。此與聯綿詞之運用及句子之長短變化有關。

　　所謂聯綿詞，指雙聲、疊韻及疊字而言。雙疊之作用，從調聲之觀念言，在求音調之宛轉動聽，通於天籟，然而最重要者，乃藉以表情繪事，使聲與情、聲與物、聲與事發生奇妙之摹擬作用，方爲妙諦〔註46〕。至於疊字，又稱重言，其作用「在加強語氣，增進語勢，或張大語調之和諧，以加倍形容事物」〔註47〕，大抵同於雙聲疊韻字。因此，聯綿詞之運用，絕非聲韻學知識之玩弄耳。

　　詩中之聯綿詞多半用以傳達淒清寥落、流徙不定、眷戀不去、失意或悲傷之情境。如表示匆忙或奔走不定者：「棲棲猶自向平原」（〈不

〔註45〕　參見湯正炳〈屈賦語言的旋律美〉一文，收入《屈賦新探》，頁386～406。

〔註46〕　見黃永武《中國詩學・鑑賞篇》，頁169。

〔註47〕　見史墨卿〈楚辭虛字藝術觀〉，《高雄師院學報》第八期。

去〉)、「歲歲征驂詎有期，棲棲周道欲安之」(〈土門旅宿〉)、「棲棲世事迫，皁皁朋儕聚」(〈與胡處士庭訪北齊碑〉)，或者單獨使用，或者與其他聯綿詞於上下句對偶，由於節奏上之相互呼應，益能表現匆促之詩情。而「落落關河蓬轉後，蕭蕭行李鴈飛秋」(〈亡友潘節士之弟未遠來受學兼有投詩答之〉之一)、「萬里關河人落落，三秦兵甲雨淒淒」(〈雨中至華下宿王山史家〉)、「流離踰二紀，愴悗歷三都」(〈冬至寓中尉敏泙家祭畢而飲有作〉之二)〔註48〕、「寥寥揚子宅，惻惻黃公壚」(〈送程工部葬〉)皆利用聯綿詞造成上下對偶，以加強語氣、增進語勢，充分形容淒清流離之情境以及由是引起之感傷。詩中有幾首善用聯綿詞而達到聲情相切之例，如〈梓潼篇贈李中孚〉云：「從容懷白刃，決絕却華輈。介節誠無奪，……」連用三聯綿詞，第一個聯綿詞以舒徐之平聲韻狀其態度從容無畏，其餘則以短促之仄聲韻狀其堅決果敢，而「決絕」爲同音字，「介節」既雙聲復疊韻，複沓短促之節奏，益爲加強語氣之助。再如〈贈衞處士蒿〉云：「衰遲數儔輩，落落辰星行。旅懷正鬱邑，矧乃多病妨。著書陳治本，庶以回穹蒼。遙遙千載心，眷眷桑榆光。」引詩首句之一、三字「衰」與「數」雙聲，二、四字「遲」與「儔」亦雙聲，錯開用之，既造成節奏之錯落變化，亦與所傳達之內涵：「朋友皆老邁且稀疏零落矣」相契合，復與下句「落落辰星行」兩相照應，人事之衰颯零落，豈非同於明發時黯淡稀疏之星子？「鬱邑」乃入聲韻雙聲字，迫促之節奏感顯示沈重苦悶之聲情，適與該句內涵相應。次二句之「穹蒼」、「遙遙」上下相承，舒徐之節奏異於前述之短促沈重，顯示尋覓未來出路後心境之開朗。而此中代表作乃〈恭謁天壽山十三陵〉一詩云：

　　……出涕雙浪浪……裵回復彷徨……燕山自峩峩，沙河自湯湯，皇天自高高，后土自芒芒。……哭帝帝不聞，籲天天無常。蒼皇一抔土……天運未可億，天心未可

量。……雅頌同洋洋。（卷三）

連綿詞錯落於詩中，造成聲調之鏗鏘，而複沓錯落迴環之節奏感與各聯綿詞意義相結合之下，顯示「心煩意亂，而其詞不能以次者」也。（《日知錄・卷二十二・文辭欺人》條）該詩聯綿詞之布置，的確達到「複而不厭，賾而不亂」，若出自然。

亭林詩少用聯綿詞，然用之必精當。一方面可能是「詩用疊字最難。」（《日知錄・卷二十二・詩用疊字》條）用疊字而能達到「複而不厭，賾而不亂」（同上），的確有其難處，雙聲、疊韻字因而亦少用。其次，利用聯綿詞造成語言上之抑揚頓挫、疾徐短長及聲調上之鏗鏘，與詩中多半表達沈哀肅穆之情感有所違戾，是以不特意用之，免使文情動盪起伏。

再者，句子之長短亦能影響節奏，而節奏之緩急與詩情有關。黃永武云：

> 雜言體的古詩，長短參差，如果用來與感情配合，感情嚴肅時用嚴整等長之句子，感情激動時用特長句或特短句。（《中國詩學・鑑賞篇》）

如〈羌胡引〉以七言為主，依序雜以五言、四言、五言、四言、三言、六言、二言、六言、八言、五言、四言、五言、六言、四言、六言、四言、六言、九言、四言、六言、五言、四言、六言、四言，雜言句多為短句，音節迫促，與詩中激烈迫切之情感有關。而八、九言長句錯落於各短句間，以振盪其氣。句型之長短、節奏之緩急，實與該詩激切跌宕之詩情有關。又如〈井中心史歌〉云：

> ……嗚呼，蒲黃之輩何其多，所南見此當如何！（卷六）

前面二十二句皆七言，平穩整齊，言宋末遺臣鄭思肖寄忠忱於心史，至明末顧亭林等人復見之，正「同心同調復同時」。其下突接「嗚呼」，短促之音節將前此平穩整齊而舒長之節奏頓住，以下文情隨之轉折，言今日貳臣類宋末蒲壽庚、黃萬石之輩何其多，與上述言異代同情之忠忱廻然有別矣。短言句頓挫之作用即此可見一端，而「蒲黃」句令

人憤慨之文情，亦藉二言短句提起，故黃永武云：「感情激動時用特長句或特短句。」

詩集中雖有一百八十首古體詩，卻僅有十四首雜言：〈精衞〉、〈歲九月虜令伐我墓柏兩株〉、〈寄問傅處士土堂山中〉（五古）、〈義士行〉、〈秦皇行〉、〈海上行〉、〈淄川行〉、〈桃花溪歌贈陳處士梅〉、〈桃葉歌〉、〈勞山歌〉、〈羌胡引〉、〈井中心史歌〉（古樂府）、〈書女媧廟〉、〈兄子洪善北來書示〉（七古），其原因或亦與詩中多半傳達沈哀肅穆之情感有關，故不適用跌宕錯落之節奏以表現之。

2. 韻 律

詩之韻律，即指韻部相同之字於詩句之固定位置反覆出現，由於音響上之迴環往復、前後呼應，因之形成詩歌之旋律美，此即所謂押韻〔註49〕。可分就韻部之異同與韻腳變換之疏密來討論。

（1）韻部之異同

歸納亭林近體詩所用之韻部，計平聲三十韻，上聲馬、有韻，去聲霽、寘、問、漾韻，入聲屋韻。押仄聲韻者每韻各一首，平聲韻各韻使用次數見下表：

上平聲各韻	東	冬	江	支	微	魚	虞	齊	佳	灰	眞	文	元	寒	刪
押韻詩數	22	5	1	16	8	9	7	6	2	8	24	4	11	4	7
下平聲各韻	先	蕭	肴	豪	歌	麻	陽	庚	青	蒸	尤	侵	覃	鹽	咸
押韻詩數	11	1	2	1	7	8	12	17	4	5	16	13	2	1	1

至於古體詩因換韻及通押之關係，計算較爲不易，扣除上二項僅就一韻到底計算，則押平聲韻有六十一首，押仄聲韻者有四十二首。

韻有平上去入之異，又有二百零六部之別，每聲每部各有其特殊之示意作用。《詞苑叢談》引《元和韻譜》云：

平聲哀而安，上聲厲而擧，去聲清而遠，入聲直而促。

《騷壇八略》亦云：

〔註49〕 同註45。

平聲和而正，上聲高而亢，去聲舒而長，入聲短而促。

皆就四聲而述其聲情之異〔註50〕。王易除就四聲不同論聲情之異外，並就韻部之異同詳加分析韻情關係：

平韻和暢，上去韻纏綿，入韻迫切，此四聲之別也。東董寬洪，江講爽朗，支紙縝密，魚語幽咽，佳蟹開展，真軫凝重，元阮清新，蕭篠飄灑，歌哿端莊，麻馬放縱，庚梗振厲，尤有盤旋，侵寢沈靜，覃感蕭瑟，屋沃突兀，覺藥活潑，質術急驟，勿月跳脫，合盍頓落，此韻部之別也，此雖未必切定，然韻切者情亦相近，其大較可審辨得之。（《詞曲史》）

筆者今就近體詩之押韻情形，分析亭林詩用韻與詩情之關係。

歸納亭林詩各韻使用次數依序為真、東、庚、尤、支、侵、陽、先、魚、微、麻、虞、刪等等，大致依寬窄韻順序排列，然有幾點較特殊者：

（a）侵韻依王力詩韻寬窄分類表排入中韻，然其使用次數却較列入寬韻之虞韻為多〔註51〕。

（b）微韻雖是窄韻，然使用次數亦較虞韻為多。

筆者分析押侵韻各詩之內涵：或表達亡國之痛（〈感事〉之一），喪母之悲（〈表哀詩〉），採薇之志（〈楚僧元瑛談湖南三十年來事作四絕句〉詩之四），隱諷之意（〈梁園〉），憂國之懷（〈海上〉之一、〈白下〉），繾綣之怨（〈酬王生仍〉），道統垂絕之哀（〈謁孟子廟〉），或閨怨之深（〈悼亡〉之一），其情調率深沈悲哀，恰與「沈靜纏綿」〔註52〕、「適合於表達憂愁」〔註53〕之侵韻音調配合，由於詩中這類

〔註50〕見陳文華〈杜詩的創作藝術〉，收入《不廢江河萬古流——杜詩賞析》，頁34。
〔註51〕《詩詞曲欣賞作法研究》云：「以寬窄的程度而論，詩韻大約可以分為四類，如下（1）寬韻：支、先、陽、庚、尤、東、真、虞；（2）中韻：元、寒、魚、蕭、侵、冬、灰、齊、歌、麻、豪；（3）窄韻：微、文、刪、青、蒸、覃、鹽；（4）險韻：江、佳、肴、咸。
〔註52〕同註50，頁36；王易《詞曲史》：「侵寢沈靜。」

哀傷情感居多，故侵韻使用次數亦相對增加〔註54〕。

至於微、刪韻雖是窄韻，「却是非常合用，所以詩人很喜歡用它們。」〔註55〕

由押侵韻詩內涵之分析，可見亭林詩聲諧情洽之關係。其他押九次以上之韻部，韻情如下：「眞凝重」（王易《詞曲史》）、「尤之幽」（王驥德《曲律》）、「支繽密」（《詞曲史》）、「先韻細膩」（周濟《宋四家詞選・目錄序》）、「魚幽咽」（《詞曲史》）顯示各音調所蘊含之情率皆幽咽凝重、深沈細微，此即亭林「數十年靡訴之衷，幽隱之情，無可發泄，時於詩見之，所謂以歌當哭者也。」（路岯《顧亭林詩牋注・序》）詩歌之內涵與外在音韻形式兩相契合，亭林著力於聲情諧和之功力，於此可見一斑。

他如押東韻各詩之內涵，或表達鎮將內閧之擾攘不安，押東韻適若戰鼓轟隆喧囂塵上（〈感事〉之七），大臣爭功邀賞，押東韻彷若其爭己功之大，邀爵祿之高（〈感事〉之四），義軍軍聲浩蕩（〈千里〉），復國壯懷（〈賦得秋鷹〉），收復失土（〈傳聞〉之一），濟世壯懷（〈范文正公祠〉），悠然情懷（〈攝山〉、〈張隱君元明園中仙隱祠〉〔註56〕），冀望雄才有作（〈后土祠〉），或傳續道統之願望（〈測景臺〉），其聲勢乃壯觀，其情調乃壯大（或壯烈、壯遠），適與寬洪之東韻音調諧和〔註57〕。而「江之響」（王驥德《曲律》）、「庚振厲」（《詞曲史》）則展現悲壯情懷或復國內涵，與押東韻詩同爲亭林「始終不忘恢復」之表現。（《清詩紀事・初編》卷一）

〔註53〕 黃永武《中國詩學・設計篇》云：「尤、幽、侵、覃等較適合於表達憂愁。」，頁157。
〔註54〕 路岯《顧亭林先生詩牋注・序》云：「數十年靡訴之衷，幽隱之情，無可發泄，時於詩見之，所謂以歌當哭者也。」，收入徐嘉《顧詩箋注》。
〔註55〕 見王力《詩詞曲欣賞作法研究》，頁144。
〔註56〕 同註8。
〔註57〕 王易《詞曲史》：「東鍾寬洪。」

（2）韻腳變換之疏密

所謂韻腳之疏密，乃就韻腳相互距離而言，距離短，節奏密，韻腳愈密，文情愈顯迫促；反之則文情愈顯舒緩。是以韻腳轉換之徐疾，影響文情之頓挫起伏，而文情之跌宕抑揚，亦藉換韻以傳達之〔註58〕。如〈精衛〉詩云：

> 萬事有不平，爾何空自苦。（麌）長將一寸身，銜木到終古。（麌）我願平東海，（賄）身沈心不改。（賄）大海無平期，（支）我心無絕時。（支）嗚呼，君不見西山銜木眾鳥多，（歌）鵲來燕去自成窠。（歌）

該詩四換韻，前四句隔句押麌；二換賄韻，句句押韻；二句一轉；三換支韻，句句押韻，二句一轉再以「嗚呼」短句頓挫，末二句押歌韻。前四句乃客體設問之詞，故語氣舒緩，後六句乃精衛回答之詞，除「嗚呼」二字外，句句押韻，二句一轉，顯係精衛急欲自表本心，故聲情急促。

再如〈贈鄔處士繼思〉詩云：

> 市中問韓康，藥肆在何許。（語）牀頭本草書，門外長桑侶。（語）每吟詩一篇，（先）泠然在雲天。（先）笻穿北固雪，艇迷京口煙。（先）六代江山好，（皓）愁來恣搜討。（皓）蘭蓀本獨芳，薑桂從今老。（皓）去去復棲棲，（齊）河東王伯齊。（齊）年年尋杜甫，一過浣花溪。（齊）

該詩四換韻，每四句一換，平仄韻相間，均勻嚴密。又每韻末二句意轉而韻不轉，每韻前二句韻轉而意不轉，泯其韻意雙轉之迹。如首段「牀頭」二句實與次段「每吟」二句同一旨趣，言鄔處士不僅工於醫道，亦且善於吟詩。次段「笻穿」二句實與三段「六代」二句同一旨趣，言雪山冰竹，煙迷橫艇，江山秀麗，可恣意遨遊。「蘭蓀」二句實與末段「去去」二句同一旨趣，言鄔處士雖老而氣節彌堅，不欲屈於異族，行遊江南，若漢末王伯齊。

〔註58〕見黃永武《中國詩學·設計篇》，頁 162。

由以上舉證，可見亭林詩之換韻有其匠心獨運處。第一首韻腳變換之疏密隨詩情而轉；第二首意轉而韻不轉，韻轉而意不轉，泯去韻意雙轉之迹，使段落處不致過於明顯。

四、技 巧

亭林雅不欲以文人自命，而作詩以明道救世，紀政事，察民隱，發人善，自名爲詩人〔註59〕，並寫詩集手稿數本詒之同人，庶幾「留此一絲忠孝在，三綱終古不曾淪。」（〈和陳生芳績追痛之作〉〔註60〕）先生嘗云：「夫子不曰其旨遠，其詞文乎？不曰言之無文，行而不遠乎？」（《日知錄・卷二十二・修辭》條）即主張修辭之重要，其詩篇多半經過刪潤〔註61〕。從先生自言七言排律，從來少作，作亦不工〔註62〕，遂未編入詩集，可見收入詩集之作品至少在一定水準以上。

基於以上原因，筆者以爲亭林詩於表現技巧上，最顯著而值得一提者如下：

1. 善於鋪敘，以文入詩〔註63〕

亭林詩既以載道自任，故其詩善於敷衍事理，夾以議論。此一技巧，除因應內容之要求外，並得自杜甫夾敘夾議及韓愈以散文句法爲詩之詩風〔註64〕。以鋪敘手法交揉寫景、敘事、議論或感懷於一長篇，

〔註59〕 《詩集・卷五・赴東》詩之四：「詩人繫獄中，不忘恭敬辭。」
〔註60〕 同註8。
〔註61〕 《蔣山傭殘稿・卷一・答俞右吉》云：「至乃向日流傳友人處詩文，大半改削，不知先生於何見之？」
〔註62〕 同註39。
〔註63〕 葉師慶炳曰：「所謂以文爲詩，包含以詩議論、以詩紀事兩種。」見《中國文學史》下冊，頁491。
〔註64〕 孫克寬〈杜詩風格與特質〉云：「（詩道）一是『以學問爲詩，以議論爲詩』。此道是自杜公詩法而來，所以前人說少陵爲唐詩之變體，因爲他做的是工夫詩。」見羅聯添編《中國文學史論文選集》（三），頁918。
　　　　葉師慶炳曰：「散文句法，長短不齊，用於詩歌，遂成雜言體。」見《中國文學史》上冊，頁344。

其格局往往恢宏，正所謂「其大篇，有黃河泰岱之觀。」（王蘧常《顧亭林詩集彙注‧序》）如〈王徵君潢具舟城西同楚二沙門小坐柵洪橋下〉詩，首四句描寫柵洪地理位置，次二句點明聚會時間在秋天傍晚，次二句：「都城久塵坌，出郊且相羊」說明偕遊原因。自「客有五六人」至「未言神已傷」，介紹與會人士，特別加墨寫楚二沙門以突顯詩題人物。從「流賊自中州」至「眼倦烽火忙」，言楚地自崇禎末年受流賊騷擾以來，至今兵火不休。次接「楚雖三戶存，其人故倔彊」，典出「楚雖三戶，亡秦必胡」，以下夾敘夾議，以「戮力復神州」作爲聚談之核心點。全篇從寫景、敘事，以至夾敘夾議，而以敘事爲通篇經緯。

再如〈子房〉一詩，開首即云：「天道有盈虛，智者乘時作。取果半青黃，不如待自落。」揭舉乘時而作，水到渠成之道理。以下舉事例證成此說：子房初狙擊秦皇帝於博浪沙，不中，以時機未成熟故也；一旦遇劉邦，君臣相得，風雲際會，卒滅秦報韓仇，以時機成熟故也。全篇開首即揭櫫題旨，然後鋪衍史實證成之。

又如〈羌胡引〉，開首云：「今年祖龍死，乃至明年亡。佛貍死卯年，却待辰年戕。歷數推遷小贏縮，天行有餘或不足。」前四句敷敘史事，後二句即史事以議論。下接四句七言，敘清代歷經太祖、太宗、世祖，終宰制神州。下接議論：「佳兵不祥，天道好還。爲賊自賊，爲殘自殘。」其四言句型，頗類先秦古文。下接「我國金甌本無缺，亂之初生自夷孽」至「視千城之流血，擁艷女兮如花」，夾議夾敘，一則批判清人，視之爲罪魁；一則歷歷指陳其罪狀，本段間雜七言、五言、七言、四言、三言、六言，若「散文句法，長短不齊」〔註65〕，並於句中混入「之」、「兮」等虛字，益似散文結構。下接「嗚呼！夷德之殘如此，而謂天欲與之國家。然則蒼蒼者，其果無知也耶。」本段若逕提出單看，實爲文法結構正確之二子句矣。

〔註65〕見葉師慶炳《中國文學史》上冊，頁344。

下接「或曰完顏氏之興，不亦然與？」至「至臨安而埋獄」，敘述北宋時金朝崛起與覆滅之經過，中間插入議論：「然而天監無私，餘殃莫贖。」本段亦雜以七、四、五、四、七、六、四、六言，長短參差。下接「子不見夫五星之麗天，或進或退，或留或疾」至「火中退寒暑」，乃大發議論，大致言暴清之得意無復幾時。本段連用四或字，而段中「盈而罰之，天將棄蔡以壅楚」逕取自《左傳・昭公十一年》文而倒裝之；「如欲取而固與」則鎔鑄〈韓非・喻老篇〉語：「將欲取之，必固與之」爲一句。本詩末二句：「湯降文生自不遲，吾將翹足而待之。」係內心之期望，亦爲散文句法。全篇長短句，有散文結構，而無詩歌剪裁，如稱之爲押韻之散文詩實不爲過。〈羌胡引〉之章法開闔頓挫，堂廡特大，換韻多達十六次，節奏跌宕錯落，堪稱健作。

他如〈濰縣〉詩之一託古議論：「人臣遇變時，亡或愈於死。」〈王官谷〉詠史以議論：「士有負盛名，卒以虧大節。」〈王良〉之二云：「惟民國所依，疾乃盈其貫。」強調爲政首重民心，暴政終不久長〔註66〕。〈登岱〉云：「七十二君代，乃有封禪壇。書傳多荒忽，誰能信其然。」對封禪致疑。〈介之推祠〉詩云〔註67〕：「出處何必齊，此心期各盡。末世多浮談，有類激小忿。割股固荒唐，焚山事可哂。」「出處」二句乃亭林之看法，以下四句爲亭林對介之推傳說：「割其股以食文公，文公後背之，子推怒而去，抱木而燔死。」(《莊子・盜跖篇》)之辨證。

〈義士行〉：「嗚呼！趙朔之客眞奇特，人主之尊或不能得，獨有人兮長歎空山側。」混合二、七、八、九言，並加入「之」、「兮」等虛字，爲散文句法。〈秦皇行〉：「自言王者定不死，豈知天意亡秦却在此。」〈桃花溪歌贈陳處士梅〉：「春非我春，秋非我秋，惟有桃花年年開，溪水年年流。」〈勞山歌〉：「古言齊國之富臨淄次即墨，何

〔註66〕同註17，頁61。
〔註67〕同註8。

以滿目皆蒿蓬。」〈書女媧廟〉:「吁嗟乎!三代以後,天傾西北不復補,但見悲風淅淅吹終古。」皆以古文句法行之。

綜上所述,由於夾敘夾議、以文入詩技巧之運用,益能包容諸種細事長語,達成以詩載道、以詩記史之目的。

2. 精於用典,隱喻微諷

由於特殊之時代背景及學養甚深之人格內涵,亭林詩輒「據事以類義,援古以證今」(《文心雕龍・事類篇》),鎔鑄群言,化繁為簡,以喻事義或委婉達情。而亭林詩之剪裁舊典,亦能縮合詩意,或切事,或切情、或切物、或切景、或切地、或切人,靡不精當;或翻轉舊典,另出新意,或順移故實而自具識見,如〈哭顧推官〉云:

> 與君共三人,獨奉南陽帝。(卷一)

「南陽帝」典出《後漢書・光武帝紀》:「南陽蔡陽人。」此以唐王比之光武,即基於以下幾點類似關係。《明史・唐王傳》云:「就藩南陽。」《思文大紀》載福建布、按、都三司具箋迎賀唐王監國,有:「一新君臣上下之往轍,常思光武中興,亟向東西南北之人心,必奏崑陽大捷」云云,以光武中興期之。而陸圻《纖言》更詳言隆武與光武相同者四:「光武起於南陽,年四十,以乙酉歲六月即位,帝皆符之。至光武年號建武,帝年號隆武。」〔註68〕綜上所述,以唐王比之光武,精確之至。

又如〈汾州祭吳炎潘檉章二節士〉詩云:

> 一代文章亡左馬,千秋仁義在吳潘。

蓋吳炎、潘檉章二人俱精史事,當國變後,並棄諸生,欲成《明史記》以繼史遷之後〔註69〕,故比之左丘明、司馬遷,許其史才也。下句「千秋仁義在吳潘」從詞面看來,詠吳潘二子之慷慨赴難、成仁取義,類似白描,然實則已暗用典實。《宋書・孝義傳王韶之贈潘綜吳逵詩》云:「仁義伊在?惟吳惟潘。心積純孝,事著艱難。投死如歸,淑問

〔註68〕陸圻《纖言》,王蘧常《顧亭林詩集彙注》,頁90引。
〔註69〕詳見《文集・卷五・書吳潘二子事》。

如蘭。」不僅切中二子事：「其平居孝友篤厚，以古人自處，則兩人同也。」(《文集·卷五·書吳潘二子事》)而剪裁成辭，亦能渾然無迹，若出乎口誦，此即吳宓所謂：

> 經史之學，要就平日養成，積之既多，遂與我今時今
> 地之事實感情融合爲一，然後入之辭藻，見於詩章。(《空軒
> 詩話》)

故使事用典，不露痕迹，妙合自然。以上二例，皆用典以借喻事義，可謂屬辭比事矣。

而〈一鴈〉詩，則用典以委婉達情：

> 覆車方有粟，飲啄欲如何？(卷四)

末句即利用杜甫〈孤鴈〉詩云：「孤鴈不飲啄」(《杜詩鏡銓》卷十七)，重新加以剪裁鎔鑄，變原來之否定爲疑問，遂使人不知其爲用典，而答案即在典實出處。該詩以孤鴈失侶，雖覆車有粟，不欲飲啄，委婉傳達出亡國之人，謹持採薇，不欲餡利祿矣，情意甚爲含蓄。又〈梁園〉詩云：

> 梁園詞賦想遺音，雕繢風流遂至今。縱使鄒枚仍接踵，
> 不過貪得孝王金。(卷六)

三、四句典出《史記·梁孝王世家》，言孝王：「招延四方豪傑，自山以東遊說之士，莫不畢至，齊人羊勝、公孫詭、鄒陽之屬，公孫詭多奇邪計，初見王，賜千金。」《漢書·枚乘傳》云：「以病去官，復遊梁。梁客皆善詞賦，乘尤高。」詩引鄒枚之事，鎔裁陶鑄，復增以詩人主觀之見，已較典實原意有所移易。蓋鄒枚等詞賦家從孝王遊，確是史實，而從遊之後，孝王賜金，亦是史實。然鄒枚之徒是否因貪得孝王金而遊梁，則是詩人主觀意識之感發。易言之，三、四句，依循〈梁孝王世家〉：「初見王，賜千金。」將原有史實增潤轉變，所採取者乃順移其意之法。廖振富〈論顧亭林的詠史詩〉一文中，視之爲借古諷今之例：諷刺時人，貪求功名利祿而投靠清人 (註70)。該詩雖爲

〔註70〕同註17，頁60。

部分用典，然通首與時人時事發生隱喻關係，借歷史上曾發生過之人與事，順移其意，隱微其辭，以諷刺時人時事，其技巧即「精於用典，隱喻微諷」。

又〈顏神山中見橘〉詩云：

　　黃苞綠葉似荊南，立雪凌寒性自甘。但得靈均長結伴，

顏神山下即江南。

第三句典出屈原〈橘頌〉：「生南國兮，受命不遷，深固難徙，更壹志兮。」而翻轉「受命不遷，深固難徙」之意。言得屈魂相伴，雖逾淮而貞性不改，尤見其志節不渝矣。該詩雖為部分用典，然全詩詠物以自況，物象和自身性格構成隱喻關係。

又〈不其山〉詩云：

　　爲問黃巾滿天下，可能容得鄭康成？（卷三）

典出《後漢書·鄭玄傳》：「自徐州還高密，道遇黃巾賊數萬人，見玄皆拜，相約不敢入縣境。」而故作翻案以設問，實即否定本意。蓋自傷與鄭玄皆爲學者，然彼尚受黃巾賊之矜式，而我今日棲棲遑遑，飽受清人之壓迫，大不如昔之鄭玄，反諷清人不能禮敬學者，又從而騷擾之。是則翻轉典實，與時人時事構成隱喻關係，以借古諷今，並自傷也。

綜上可見，亭林詩不僅篇篇用典，而且長於用典，故能臻至精要切當、出人意表、變化自然之境界。此一技巧，自清初以來迭獲好評。如朱彝尊、沈德潛皆謂亭林詩：「事必精當。」（《靜志居詩話》、《明詩別裁》），陳田云：「點竄經籍子句，尤見雅裁。」〔註71〕徐頌洛〈與汪辟疆書〉云：「比辭屬事，靡不貼切。」〔註72〕皆就剪裁舊典，縮合詩意言。至於潘師重規於亭林詩用典之妙，體會尤深，迄以「沈約用事，不使人覺」（原出自《顏氏家訓》）許之也。

通首部分用典以隱喻事義或含蓄情意，與全篇詠史詠物詩借彼人

〔註71〕李曰剛先生《中國詩歌流變史》（下），頁492引。
〔註72〕見王蘧常《顧亭林詩集彙注》，頁10引。

彼事彼物以影射此人此事或自況，皆爲隱喻之運用。除前引〈梁園〉詩、〈不其山〉詩外，詩集中其他詠史詩亦幾乎全屬「指切時事，以古喻今」之作，絕無泛泛詠史者〔註73〕，而詠物詩亦多自況己志，寄意深微。

第三節　詩歌之風格

　　風格既是文學作品在內容和形式之和諧統一中所呈顯之思想藝術特色，今者更綜合前面二節之內容形式以言其詩歌風格，可得亭林詩歌之風格有四：沈雄悲壯、蒼涼堅勁、意激言質及典雅莊重。今分別敘述於下。

一、沈雄悲壯

　　張維屏《聽松廬詩話》云：「亭林先生詩多沈雄悲壯之作。」〔註74〕石韞玉〈顧炎武傳〉云：「每念故國舊君，發爲詩歌，悲壯激烈。」〔註75〕錢林《文獻徵存錄》曰：「其詩若孝陵圖、天壽山、衡王府、邢州、秀州、井陘諸詩，雄渾悲壯，漢魏之遺音也。」〔註76〕傅抱石曰：

　　　　康熙十八年己未春，出關觀伊洛，歷嵩少，渡河再至代北，會大饑，復還華陰。此行所至，弔古慨今，發爲詩歌，皆沈雄悲壯，有杜陸二家之遺。（《明末民族藝人傳》）

諸家對於亭林憑弔滄桑、惓念故國之詩作，評其風格曰：「悲壯激烈」、「雄渾悲壯」或「沈雄悲壯」。三者義相近，而「沈雄悲壯」較能明確傳達詩中「黍離麥秀之悲，淵深樸素」之沈悲，因此標舉「沈雄悲壯」爲亭林詩歌風格。

〔註73〕同註17，頁 63。
〔註74〕見《清朝詩人徵略》卷三〈顧炎武〉。
〔註75〕收入李桓《清朝耆獻類徵初編・卷四百・儒行六》，頁 27b。
〔註76〕同前註，頁 42。

　　依字面直譯，「沈雄」爲「深沈雄偉」，「悲壯」爲「心緒哀傷，意氣激昂」。若再詳細分析，「沈」即「深」，有「潛伏義」，「深沈」即「不顯露、隱蔽」；「雄偉」依西方哲學家康德之解釋以爲：「雄偉有兩種：一種是數量的，其大在體積；一種是精力的，其大在精神氣魄。」（《文藝心理學》）然則，構成「沈雄悲壯」風格之作品，具有截然不同之二質素：「沈」「悲」與「雄」「壯」——前者爲低沈掩抑，後者爲發揚蹈厲。

　　具此類風格之作品內容，包涵君國之念、興復之志、黍離之悲、滄桑之哀，意即包涵抗清復明、提倡忠義、惓念君國之主題思想與家國之慟、滄桑之悲之作品情感。其志念敦篤，堅定不渝，雖死無悔，顯示雄偉之精神與高昂之意志；其悲愴激楚，哀傷鬱悒，直長歌當哭矣。而表現該風格之藝術形式，或體製鋪張，或氣勢峻厲，而語彙哀愴、深文隱微，則爲其形式上之共同特色。

　　詩中哀愴之語彙如：「銜哀遺梓梓，泣血貫宗祊」（〈帝京篇〉），「悲風下高原，父老爲哀惻」（〈十二月十九日奉先妣藳葬〉），「殺戮神人哭，腥汗郡邑愁」（〈上吳侍郎暘〉），「四海蒼生痛哭深」、「滿地關河一望哀」、「愁絕王師看不到」、「夷門愁殺老侯嬴」（〈海上〉四首），「黎元愁苦盜賊生」（〈大漢行〉），「獨有人兮長歎空山側」（〈義士行〉），「愀然過墟里」、「沈憂方念始」、「慨焉歲月去」、「長恨無窮已」、「言盡愁不弭」（〈墟里〉），「灑涕見羊曇，停毫默悽愴」（〈哭楊主事廷樞〉），「負此一悽惻」、「酹酒作哀辭，悲來氣哽塞」（〈哭陳太僕子龍〉）等等，不煩盡舉。至於詩中稱明朝爲故國，譬之爲周、漢，以日象徵明主，稱崇禎爲先皇帝，稱清主則曰：屠各虜、左賢王、阿骨打、佛貍、秦始皇、石勒、苻生、單于等等，稱清兵曰：胡寇、金兵、夷、戎虜、戎羌等等（參見本文〈主題對語言運用之支配〉部分）。此外〈將有遠行作時猶全越〉詩，以「越」代「髮」；〈再謁天壽山十三陵〉詩：「小修此陵園，大屑我社稷」，以「屑」代「竊」。以上隱語及韻目代字之運用，可見惓念君國、厭棄異統之情敦厚而深微。

　　詩集中如〈帝京篇〉、〈恭謁孝陵〉、〈孝陵圖〉、〈十廟〉、〈京師作〉、〈山海關〉、〈恭謁天壽山十三陵〉、〈天津〉、〈河上作〉等，或爲惓念君國、或爲憑弔滄桑之作。各詩篇幅自三十四句至一百四十句不等（多數爲四十句以上），時空盛衰交涵其中，一代興亡變革其間，格局恢弘，體製鋪張，其思想內容起自尊王之志（〈帝京篇〉：「尊王志獨誠。」），王佐之志（〈恭謁孝陵〉：「願言從鄧禹，修謁待西巡。」），翦逆之志（〈天津〉：「何人爲史官，直筆掃蕪穢。」），以至興復之志（〈十廟〉：「復見十廟中，冠佩齊趨蹌。此詩神聽之，終古其毋忘。」〈京師作〉：「河西訪竇融，上谷尋耿況。」〈恭謁天壽山十三陵〉：「仲華復西京，崔損修中唐。」〈河上作〉：「仰希神明眷，下戢陽侯波。」），適爲滿目瘡痍下傲然挺立之精神力量！其中〈恭謁天壽山十三陵〉一詩，除格局恢弘、盛衰興亡之感交融其中，哭天呼地之情至爲感人外，其結構由虛寫十二陵，順敘以實筆寫所見十三陵，追溯陵衛失職復落實目今而哭天呼地。突接清人入京，倒挽崇禎之死。該詩至此灰暗愁鬱至極，忽又宕開一筆，言興復或可期，忽虛寫，忽實筆，忽順敘，忽倒挽，忽悲極，忽心生希望，開闔變化不可紀極，呈現出波瀾壯濶之態。而聯綿詞錯落於詩中，複沓錯落迴環之節奏感與各聯綿詞意義相結合之下，適呈顯「心煩意亂，而其詞不能以次者也」，以加強語勢（詳見本文聲律部分，聯綿詞之運用）。又「哭帝帝不聞，籲天天無常」，兼用重出與頂眞格法，使兩股相反之張力頂接於一句中，讀來沈著有力，而「哭帝」、「籲天」之呼告語更使氣勢爲之振起，充分傳達「悲壯」之情。

　　至若〈衡王府〉、〈太平〉、〈邢州〉等詩，雖篇幅短小，然十六句、十二句、八句之內，即包涵一代一地之興亡盛衰，而〈太平〉、〈邢州〉更穿插前代史事，可謂「咫尺有萬里之勢」（《薑齋詩話》語），致使氣勢愈峻厲，哀感益深沈矣。今再舉〈精衛〉一詩以作結。〈精衛〉詩云：

　　　萬事有不平，爾何空自苦。（麌）長將一寸身，銜木到
　　終古。（麌）我願平東海，（賄）身沈心不改。（賄）大海無

平期，（支）我心無絕時。（支）嗚呼，君不見西山銜木眾
鳥多，（歌）鵲來燕去自成窠。（歌）

本詩作於順治四年，其背景在同袍逐一殉難、唐王御駕杳然、魯王
飄泊海上，桂王侷守西南之際。當此之時，亭林賦精衛以託志。精
衛一寸之身何其微渺，大海何其壯濶，銜木填海以至終古，何其艱
鉅，然而平海心志──「心不改」、「心無絕時」，却超越諸客觀限制，
呈顯出磅礴之氣概。精衛填海分明爲力所不逮，必然淪入悲劇命運，
却依然樂觀其成：「西山銜木眾鳥多，鵲來燕去自成窠。」此種含淚
微笑，格外動人思慕。本詩藉精衛自況，透露其興滅繼絕之壯心，
縱九死其猶未悔，並以爲群策群力，必能眾志成城，就作品內涵言，
該詩所蘊涵之精神異常雄偉，意氣甚爲激昂。就作品藝術形式言，
該詩不過十一句（加上「嗚呼」計），體製雖小，然氣勢却甚壯濶，
此得力於韻腳、重出字、感歎及呼告語之運用，節拍密集，氣勢隨
之振起。該詩四換韻，前四句隔句押薺韻，二換賄韻，二句一轉，
三換支韻，二句一轉：此四句皆句句押韻。再以「嗚呼」短句頓挫，
末二句押歌韻。前四句乃客體設問之詞，故語氣較舒緩，後六句乃
精衛回答之詞，除「嗚呼」外，句句押韻，係自表本心，故聲情急
促。中四句五言，節奏短促，至篇末雖句式漸長，但由於感歎及呼
告語氣使文氣不覺舒緩，而「東海」、「大海」、「無平日」、「無平時」、
「我心」、「我願」等重出字讀來節拍密集，極其遒勁，與詩情之堅
定不回聲情諧洽。「海」之意象於迴轉中更顯其壯濶，心志於往復中
益見其雄偉。至若以物自況之技巧，使雄偉悲壯之氣若覆薄灰之火
焰，有其隱蔽之熾熱。

　　由於作品內涵與作品藝術形式之和諧統一，遂呈顯出「沈雄悲壯」
之風格。

二、蒼涼堅勁

　　構成蒼涼堅勁之內涵乃孤獨零落、遲暮無成之情懷與堅貞不屈、

高尚氣節之主題思想。該風格成於北遊後之詩作，尤以晚年作品最爲明顯。就表現該風格之語彙言，率能引起孤獨凄清之感，與北遊之前：「登壇多忼慨，誰復似臧洪。」（〈千里〉）、「西山銜木眾鳥多，鵲來燕去自成窠。」（〈精衛〉）、「異郡情猶徹，同人道不孤」（〈松江別張處士慤王處士煒暨諸友人〉）、「郎公抗忠貞，左徒吐潔芳，……何意多同心，合沓來諸方。」（〈王徵君潢具舟城西同楚二沙門小坐柵洪橋下〉）之群體感迴然有別。如：「蒼涼悲一別，廓落想孤棲」（〈酬歸戴王潘四子，韭溪草堂聯句見懷〉）〔註77〕、「一鴈渡汾河」（〈一鴈〉）、「我來驪山中哽咽，四顧徬徨無可語」（〈驪山行〉）、「出門游萬里，踽踽恆負笈」（〈贈蕭文學企昭〉）、「遺臣日以希，有願同誰寫」（〈二月十日有事於先皇帝欑宮〉）、「獨鴈飛常迅，寒雞宿愈高」（〈關中雜詩〉）、「孤跡似鴻冥」（〈寄次耕時被薦在燕中〉）、「獨抱遺弓望玉京，白頭荒野淚霑纓」（〈三月十九日行次嵩山會善寺〉）、「地下相煩告公姥，遺民猶有一人存」（〈悼亡〉之四），各詩成於順治十五年至康熙十九年，以「孤棲」、「無可語」、「一鴈」、「踽踽」、「遺臣」、「獨鴈」、「寒雞」、「孤跡」、「獨抱」和「遺民一人」傳達出孤獨之感。他如「落落關河蓬轉後，蕭蕭行李鴈飛秋」（〈亡友潘節士之弟未遠來受學兼有投詩答之〉之一）、「流離踰二紀，愴恍歷三都」（〈冬至寓中尉敏淨家祭畢而飲有作〉之二）、〈寥寥楊子宅，惻惻黃公壚〉（〈送程工部葬〉），則利用聯綿詞造成上下對偶以加強語氣、增進語勢，充分形容凄清流離之情境及由是而引起之感傷。

　　就作品內涵言，詩集中詠史輒以終身不貳、潔身自好之士爲自身人格、理想之投射。如〈謁夷齊廟〉云：

　　　　……甘餓首陽岑，不忍臣二姓。可爲百世師，風標一何勁。……我亦客諸侯，猶須善辭命。終懷耿介心，不踐脂韋徑。庶幾保平生，可以垂神聽。

〈介之推祠〉云：「屬彼頑鈍徒，英名代無隕。」而康熙十八年三月

十日出潼關、游名山，有一系列歌詠隱士之詩，如詠陳摶：「果哉非荷蕢，獨識太平初。」（〈雲臺觀尋希夷先生遺跡〉）、卓茂：「循良思舊德，執節表淳臣。」（〈卓太傅祠〉）及蘇武（〈海上〉）、禽子夏（〈五嶽〉）等人，乃鑒於遺民變節者日眾，特吟詠古人潔行，以維視聽。而〈王官谷〉一則歌詠司空圖「保身類明哲」，同時借古諷今：「不復見斯人，有懷徒鬱切。」而詩中：「唐至昭宗時，干戈滿天關。賢人雖發憤，無計匡杌隉。邈矣司空君，保身類明哲。墜笏雒陽墀，歸來臥積雪。」豈非「同心同調復同時」之寫照？除詠史自況或諷今外，亦有直道本心之作，如〈德州講易畢奉柬諸君〉詩云：「草木得堅成，吾人珍晚節，亮哉歲寒心，不變霜與雪。憂患自古然，守之俟來哲。」〈寄次耕時被薦在燕中〉詩云：「嗟我性難馴，窮老彌剛棱。孤跡似鴻冥，心尚防弋矰。或有金馬客，問余可共登？爲言顧彥先，惟辦刀與繩。」〈華下有懷顧推官〉詩云：「下見采薇子，舊盟猶可尋。神理儻不眛，久要終此心。」〈悼亡〉之四云：「地下相煩告公姥，遺民猶有一人存。」可謂「風霜之氣，松柏之質，兩者兼有。」（《明詩別裁》卷十一）此類作品之體製小而精悍，與前述「沈雄悲壯」多洋洋大篇者不同。下面即舉數首以爲該風格作一整體說明。〈歲暮〉詩之一云：

> 平生慕古人，立志固難滿。自覺分寸長，用之終已短。良友日零落，悽悽獨無伴。流離三十年，苟且圖飽煖。壯歲尚無聞，及今益樗散。治蜀想武侯，匡周歎微管。願一整頹風，俗人謂迂緩。孤燈照遺經，雪深坐空館。

諸葛亮、管仲尊王攘夷之志乃亭林所嚮往，然此志却難以實現。江東良友一時徂謝，流離無成，益使晚境蕭索。尊王攘夷之功業既不可成，其次則從事糾正人心風俗之事，以維視聽，而俗人却以爲持節不出，毋乃迂緩。不管眾議如何，暮年餘景終未敢蹉跎，末句點明「著述待後」之志望。就作品內涵言，該詩寓尊王攘夷、高尚氣節、傳續文化之思想及零落無成之歎、俗人嗤迂之傷、感時不遇之情、一年將盡之

悲，其志意毋乃堅毅，其情調却一逕悲涼。

就作品形式言，通首隔句押上聲韻「旱」。上聲「厲而舉」，給人沈抑之感，二句一押韻則文氣徐緩，適所以表達低緩沈抑之悲愁幽思。第二段前三句連用三個聯綿詞：「零落」、「悽悽」、「流離」，更加重詩情。至若「零落」、「獨」、「孤」、「遺」、「空」等數量詞由稀疏而單一而空無，字字緊逼，至篇末，詩情愈形蕭索苦悶。該詩筆法多頓挫，一則由前述數量詞可見，再則「自覺」二句先揚後挫，「平生慕古人，立志固已滿」而「流離三十年，苟且圖飽煖。壯歲尙無聞，及今益樗散」，則一層低於一層。「治蜀」及「願一」二句皆先揚後挫，「孤燈」二句亦爲頓挫之筆。在空間方面，由外界之良朋疏落，轉向室內之孤燈遺經，再凝聚爲一點——坐擁空館之詩人。全篇猶如剝蕉抽筍，將傳續絕學之志於篇末逼顯出來。

〈關中雜詩〉之一云：「文史生涯拙，關河歲月勞。幽情便水竹，逸韻老蓬蒿。獨鴈飛常迅，寒鷄宿愈高。一闚西華頂，天下小秋毫。」於蕭瑟蒼涼中呈現出壁立千仞，泰山巖巖之氣象。

三、意激言質

亭林詩中以生民之戚爲作品之主要內涵，用寫實手法反映民瘼，揭發社會、政事問題者，多「直斥其人而不諱」，與傳統諷諭詩「主文而譎諫」、「溫柔敦厚」和「怨而不怒」之詩風迥然有別，而近於白居易「意激言質」之「諷諭詩」詩風，因之以爲標題。

明末清初，戰伐頻仍，人民顛沛流離，慘遭劫掠屠戮，〈秋山〉詩二首即實際描述當日戰爭之殘酷：「一朝長平敗，伏尸徧岡巒。胡裝三百舸，舸舸好紅顏。吳口擁橐駝，鳴笳入燕關。」（〈秋山〉之一）「可憐壯哉縣，一旦生荊杞。歸元賢大夫，斷脰良家子。」（〈秋山〉之二）亭林憫黎民，悲動亂，不禁譴責戎首，鞭撻清人罪戾，秋霜之筆，嚴於斧鉞，如〈歲暮西還時李生雲霑方讀鹽鐵論〉詩云：「矧乃衰亂仍，征斂橫無紀。轉餉七盤山，骨滿秦川底。太息問朝紳，食粟

斯已矣。」亭林痛弔生民遭此苛毒，遂以寫實之筆記錄當代社會動亂面目——三藩之亂，飛芻輓粟，民流離於道塗，輾轉於溝壑。

　　除戰火外，庶民尚受天災之威脅，如夙來豐登之常熟，啓禎年間竟旱潦不節，百里懸磬，復避戰火，無暇耕作，〈常熟縣耿侯橘水利書〉一詩云：「三季饒凶荒，庶徵頻隔并。誰能念遺黎，百里嗟懸磬。況此胡寇深，早夜常奔迸。」亭林哀憫民艱，遂立志：「願作勸農官，巡行比陳靖。畎澮徧中原，粒食遺百姓。」（同上）

　　入清之後，旱荒震災時有，若遇貪官剝削，則民命益加悲慘。〈夏日〉詩云：「首夏多恆風，塵霾蔽昏旦。舞雩祭山川，白紙催州縣。未省答天心，且望除民患，黍苗不作歌，碩鼠徒興歎。」（之一）旱暵枯禾，百物不生，人民為無米而悲，貪官為無財而歎，雩祭方畢，霖雨未降，州縣已派人催稅，詩人不禁諷刺：民患豈僅旱魃，期望上蒼亦除去碩鼠。該詩第二首更承前久旱之後，民無以養父母妻子，壯者遂出携尺刀，無所不為。該詩忠實陳述：「若民則無恆產，因無恆心，苟無恆心，放辟邪侈，無不為已。」（《孟子‧梁惠王篇上》語），庶幾執政者得聞而救民以事矣。

　　順治十五年，亭林過督亢，目覩「野燒村中夕，枯桑壠上春。一歸屯占後，墟里少遺民。」昔日膏腴之地，因清人屠殺圈占，在萬物欣榮之春天，竟物態蕭條，人民稀少。康熙十八年，亭林游少林寺，作詩曰：「今者何寂寥，闃矣成蕪穢。……答言新令嚴，括田任污吏。增科及寺莊，不問前朝賜。」凡此苛民之政，亭林亦直言不諱。

　　上引詩九首，除〈羌胡引〉頻頻轉韻，〈督亢〉與〈秋山〉詩之一押平聲韻之外，餘皆押仄聲韻。蓋「仄聲給人以下抑、塞氣以及侷促」之感 [註78] 適表達人民怫鬱愁苦、口瘏心摧之情。下引〈雙鴈〉、〈羌胡引〉二詩作整體說明。〈雙鴈〉詩云：

〔註78〕王能傑〈從語言學論中國語文的特質與詩歌的關係〉，見《詩學集刊》，頁478。

　　　　雙鴈東北飛，飛飛向城闕，聲含海上颷，影帶吳山月。
　　有客從南來，遺我一書札。上寫召旻詩，如彼泉池竭。下
　　列周鼎文，食人象饕餮。書成重密緘，一字一泣血。傳之
　　與貴人，相視莫敢發。所計一身肥，豈望天下活。

就作品內涵言，該詩取鴈足傳書以發其意，至「有客從南來」始進
入主題，蓋託言鄉人道江南官吏貪污事。「上寫」二句喻清廷內外交
亂；「下列」二句喻江南官吏剝民媚上，轉饋朝貴。「傳之與貴人」
四句言朝貴受賄徇情，坐視下吏魚肉鄉民而不顧，而僅計及一己之
榮祿耳。該詩代人民口舌，道出其腹中淒楚。雖用典故譬喻，然意
旨甚顯明。

　　就作品形式言，通首用短促之入聲韻「月」為韻腳，造成吞咽悲
抑之氣氛，適與詩情脗合。「一字一泣血」連用五仄聲字，造成一連
串沈抑氣塞之聲情，正與該句沈痛鬱悒之意涵相合。又重出兩「一」
字，使節奏緊湊，讀來節拍密集，極其遒勁，足以傳達激楚之情。末
二句受豪氣驅遣，以直率語氣將感情噴薄出來，表現十分剛直，言人
所不敢言！

　　至若〈羌胡引〉詩，開首之「祖龍」、「佛貍」皆比順治，下又歷
言其三世入侵之憤。中接宋時金朝事以喻清，言其終獲果報，末寄興
復之志。該詩主要以清人入寇之憤與生民塗炭之戚為作品之主要內
涵。就該詩之形式言，以七言為主，依序雜以五言、四言、五言、四
言、三言、六言、二言、六言、八言、五言、四言、五言、六言、四
言、六言、四言、六言、九言、四言、六言、五言、四言、六言、四
言，雜言句多為短句，音節迫促，適傳達詩中激烈迫切之情感，而八、
九言長句錯落於各短句間以振蕩其氣。配合頻繁之換韻，以平聲、入
聲、去聲、平聲、入聲、平聲、上聲、平聲、去聲、平聲、入聲、上
聲、平聲之韻腳交迭運用，隨詩情而轉折，換韻多達十六次，與情感
之激切同為詩集之冠。而詩中言徵兵、加餉、內亂、清四度入寇，皆
以客觀寫實筆法描繪當代動亂之面貌。綜言之，句型之長短參差，節

奏之跌宕抑揚，平仄韻腳之交迭運用，以及客觀寫實筆法與憤激哀戚等內涵之結合下，遂展現「意激言質」之思想藝術特色。

四、典雅莊重

典雅者，即「義歸正直，辭取雅馴。」（范文瀾《文心雕龍·體性篇注》語）。首句言此類作品之思想內涵純正，次句言其用語合於典雅之訓。然則，何謂純正之思想與典雅之用語？《文心雕龍·體性篇》曰：「典雅者，鎔式經誥，方軌儒門者也。」以儒家思想為純正，剪裁經籍子句鎔入詩篇故詞雅。饒宗頤〈顧亭林詩論〉曰：「他對於典據的注意，正是他的詩所以典雅的重要因素。」乃專就藝術形式言，此即亭林詩篇篇用典，在外觀上較能引起注意故。然而，任何一種風格皆是文學作品於內容和形式之和諧統一中所展現之思想藝術特色，吾人不當忽視構成典雅體之另一主要元素：儒家思想內涵。由於作品內涵有別，故遠奧體之「複采典文」雖同於「典雅」體，然其「經理玄宗」——以玄學為主之思想內涵則迥異於「典雅」體，而形成不同之風格。至於作品中嚴肅之感情及整齊之形式與徐緩、少波瀾之節奏，則構成「莊重」之風格。綜言之，此類作品在內容方面，其思想感情純正而嚴肅；在形式方面，其用語雅馴、形式整齊、節奏徐緩而少變化。

就作品之主題思想言，無論抗清復明、提倡忠義、惓念君國或傳續文化，皆「方軌儒門」，誼屬堂皇而正大。就作品之感情言，家國之慟、滄桑之悲、飄泊之感、生民之戚，皆嚴肅而深沈。就作品之題材言，詠物之題材如精衛、一鴈、橘、瓠，凡有堅定、忠貞、無用之大用等象徵義；詠史之題材皆與聖賢、學者、開國或中興之主、英雄、隱士、忠貞烈士及無道之君、叛逆之臣其人其事有關；詠時之題材為當日腐敗之政治、動盪之局勢、殘酷之戰爭、義勇抗暴運動、民生疾苦，或環繞明季諸帝、忠臣烈士、遺民休儒而開展之事蹟，乃一代史實之記錄；詠景之題材，其寫景方式顯然與致用之創作意圖有關；自述之題材，雖寫一己之遭遇，實與國運民脈聲息相通。由亭林詩所選

擇之題材及寫景詩之處理方式，可見其創作態度之嚴肅。以上是綜合分析該類作品內涵。

就作品之用語言，亭林詩幾乎篇篇用典，且長於用典——切至自然，出人意表。就作品之體裁言，大量之五古詩（一百五十四首，佔詩集百分之三十六強），具整齊、節奏緩而少波瀾之藝術形式，而數量居次之七律、五律，屬對精切，氣局嚴整。就作品結構言，「前後對比，承接得當」、「交綜呼應，開闔相生」、「連章照應，順逆錯綜」，構成其結構上之主要特色——嚴整。就作品之聲律言，聯綿詞、參差句（一百八十二首古詩有十四首雜言詩）、換韻（一百八十二首古詩有三十八首換韻）均不多見。近體詩所押韻部，其韻情如「眞凝重」、「尤之幽」、「侵沈靜」、「支縝密」、「先韻細膩」、「魚幽咽」，率低沈掩抑；古體詩一韻到底者（不包括通押），押平聲韻有六十一首，押仄聲韻有四十二首。綜言之，其節奏嚴整少波瀾而旋律多低抑沈緩。以上是綜合分析該類作品之藝術形式。

由於內容與形式兩相諧和，適展現「典雅莊重」之風格。據上可見，典雅莊重風格貫穿於亭林大部分作品而成爲詩歌之主導風格。以下於各風格之詩各舉一例以爲分析說明。如〈帝京篇〉之主題爲抗清復明——「再見東都禮，尤深上國情」、「尊王志獨誠」，中間穿插闖難國變、清人入關，寓亡國之慟。通首以「振舉」之庚韻表達復國之思想內涵，用典達數十次，且屬對工整，其體裁爲五言長韻律詩（共百句），在性質上頗有歌頌意味——「王氣開洪武，江山拱大明。德過瀍水卜，運屬阪泉征」、「再見東都禮，尤深上國情」、「小臣搖彩筆，幾欲擬張衡」，由以上形式與內容諧和所構成「典雅莊重」之風，適若楊萬里所云：「褒功頌德五言長韻律詩，最要典雅重大。」（《誠齋詩話》）

其次，〈華下有懷顧推官〉詩云：

秋風動喬嶽，黃葉辭中林，策杖且行游，息此空亭陰。
伊昔吾宗英，賦詩一登臨。爾來閱三紀，斯人成古今。逖

　　矣越石嘯，悲哉嵇生琴。鍾呂久不鳴，乾坤盡聾喑。爲我
　　呼蓐收，虎爪持霜金。起我九原豪，獪彼田中禽。下見采
　　薇子，舊盟猶可尋。神理儻不睞，久要終此心。

該詩之主題思想爲高尙氣節——「下見采薇子，舊盟猶可尋。神理儻
不睞，久要終此心」。作品感情爲滄桑之悲——「爾來閱三紀，斯人
成古今」，及士夫無恥之痛——「鍾呂久不鳴，乾坤盡聾喑」。該詩爲
純五言古詩，通首押「沈靜縝綿」之侵韻，適表達幽憂嚴肅之情。至
於「越石嘯」、「嵇生琴」、「聾喑」、「爲我」二句、「起我」句、「獪彼」
句、「采薇」、「久要」皆有出處〔註79〕。

　　再者，〈雙鴈〉詩所展現之風格雖爲「意激言質」，尙不至於拂戾
償強。其原因即在中四句：「上寫召旻詩，如彼泉池竭；下列周鼎文，
食人象饕餮。」上下二句分別用典，使語言稍微隱約〔註80〕，不致過
於剛強。通首隔句押「月」韻，低沈、下抑、塞氣之音調，使旋律一
逕低抑沈緩，節奏嚴整而少波瀾。

　　此外，亭林詩雖大量用典，並未特加雕琢，篇篇剪裁得當之典實
呈顯樸實無華之風。而李商隱詩亦大量用典，但字字鍾鍊，故其詞語

〔註79〕 「越石嘯」典出《晉書·劉琨傳》云：「琨在晉陽，嘗爲胡騎所圍，
　　　　乃乘月登樓清嘯，中夜奏胡笳。賊流涕歔欷，有懷土之切。」「嵇生
　　　　琴」典出《晉書·嵇康傳》云：「康將刑東市，顧視日影，索琴彈之。
　　　　曰：昔袁孝尼嘗從吾學廣陵散，吾每靳固之，廣陵散於今絕矣。」
　　　　「聾喑」，徐嘉箋注（簡稱徐注）引《子華子》曰：「下無言謂之喑，
　　　　上無聞謂之聾。聾喑之朝，上有放志，下多忌諱。」「起我」句，徐
　　　　注引《禮·檀弓》：「趙文子與叔譽觀乎九原，曰：死者如可作也，
　　　　吾誰與歸？又：我則隨武子乎？利其君，不忘其身；謀其身，不遺
　　　　其友。」「獪彼」句，則亭林自注，引《晉語》：「虢公夢在廟，有神
　　　　人面白毛，虎爪執鉞，立於西河，召史嚚占之，對曰：如君之言，
　　　　則蓐收也，天之刑神也」。「采薇」見《史記·伯夷列傳》，「久要」
　　　　見《論語·憲問第十四》。
〔註80〕 「如彼泉池竭」典出《詩·大雅召旻》詩第六章云：「池之竭矣，不
　　　　云自頻；泉之竭矣，不云自中。」陳奐《詩毛氏傳疏》云：「言池竭
　　　　自厓，泉竭自中耳。池竭喻王政之亂，由外無賢臣；泉竭喻王政之
　　　　亂，由內無賢妃。」意即以具體意象表達抽象概念，運用比興技巧
　　　　使語意不致過於直切。

典麗精工，顯然與亭林詩之典雅樸素有別。如亭林詩與商隱詩皆曾使用「望帝」與「日角」之意象，亭林〈大行皇帝哀詩〉云：「哀同望帝化」，〈感事〉之一云：「日角膺符早」；商隱〈錦瑟〉詩云：「望帝春心託杜鵑」，〈隋宮〉詩云：「玉璽不緣歸日角，錦帆應是到天涯。」亭林詩之情感淵深，語言典雅樸素；商隱詩之情感隱微，語言典麗精工。通常提到用典或典雅，輒與典麗混爲一談，此處特就亭林詩之篇篇用典，且逕以典實直敘心情或事件而未加雕琢，以論其典雅語言乃澹雅而非麗雅。是以李詳云：「其詩沈鬱澹雅。」（徐嘉《顧詩箋注・序》）

第四節　亭林詩歌風格之形成與亭林人格之關係

詩歌風格隨詩人人格而異，而人格經常表現於創作態度與作風上，生活環境之改變或詩人心境之轉變，亦會使風格丕變，甚至前後大有不同〔註81〕。

《文心雕龍・體性篇》云：「風趣剛柔，寧或改其氣。」意即作品風力骨氣之剛健柔婉，不離乎作者氣質。亭林個性耿介剛棱，作風篤實，富理智，尙俠義，就整體而言，其氣質近於北人之強。昔江藩作《漢學師承記》，言亭林嘗謂人曰：「性不能舟行食稻，而喜餐麥跨鞍。」（卷八）故詩中多幽并之氣，其詩歌風格自然近於陽剛之美。此一陽剛之美，乃渾言之總名也；析而察之，其詩風爲雄壯，爲堅勁，爲質直。亭林既兼具務實進取之生命型態與幽并之氣質，一旦原始生命浸潤於詩篇，必然展現上述風格。

然而宗社淪胥，鄉園破碎，家與國兩重血淚交織成詩歌之千行哀思。「亡國之音哀以思」，世亂時微，風衰俗敝，能不慨然而多悲？清政權既鞏固，屢興文字獄以翦除反抗勢力，先生爲免奇禍羅織，庶幾留有用之身以爲後日之計，作詩時不得不深文隱諱以避時忌，而痛徹

〔註81〕 參見王師熙元〈王荆公詩的風貌與評價〉一文，《紀念司馬光與王安石學術研討會論文集》，頁 422。

心肺之哀思遂化爲幽怨沈哀矣。永曆朝覆亡，鄭成功退守台灣，康熙元年病卒；三年張煌言被捕殉難，抗清戰爭進入低潮。興復事業既難以實現，而年華日以往，同志日以稀，甚者變節投清，士之求其友也益難，孤絕淒清之感乃包圍詩人心靈，不時流露於後期詩篇。幽怨沈哀與孤絕淒清遂交糅於陽剛詩風中，煉雄壯以沈悲，揉堅勁以蒼涼。

亭林詩出現「意激言質」之詩風，乃其個性直接反映於文學之必然結果。不僅個性使然，其文學致用觀之信仰亦發揮其作用。如《日知錄‧卷二十二‧作詩之旨》條云：「觀民風，此詩之用也；……疾今之政，以思往者，其言有文焉，其聲有哀焉，此詩之情也。」易言之，諷諭時政、反映民瘼，爲作詩之旨。此類社會詩爲更高之諷諭功能，更切實表現其「兼濟之志」起見，可以「直斥其人而不諱」，此即白居易〈新樂府序〉所云：「其辭質而徑，欲見之者易諭也；其言直而切，欲聞之者深誡也；其事覈而實，使采之者傳信也。」(《白氏長慶集》卷一)

亭林沈酣經史，博學於文，其經史之學皆平日養成，積之既多，到時自然奔赴。經義史事遂與當時當地之事實感情融合爲一，然後入之辭藻，見於詩章。又先生既爲一正統儒者，其所秉持者不外民族大義及君臣五倫思想，寫作時自然將所關切者表達於詩中，由於「鎔式經誥，方軌儒門」，發爲詩歌，自然典雅。再者，先生持身謹嚴，行誼甚高，與人甚嚴〔註82〕，尚理智，務篤實，故詩中「記事論人，樸實有力，不華不虛」〔註83〕，抒發情感處多抑制而不揚厲。其此一人格型態之亭林，作爲詩歌，其思想感情乃嚴肅，而趨向於選擇整齊之形式、徐緩少波瀾之節奏以表現之。是以《文心雕龍‧體性篇》云：「體式雅鄭，鮮有反其習。」

綜上可見，亭林詩歌風格之形成主要與亭林人格有莫大關係，其次則爲時代背景矣。

〔註82〕見王弘撰《山志》，張穆《顧亭林先生年譜》，頁89引。
〔註83〕見趙儷生《顧亭林與王山史》，頁95。

第七章 餘 論

第一節 後人對亭林人格之評價與亭林人格對後代之影響

本文第二章爲人格下定義時曾就三方面立論，其中第三點：「亭林之人格崇高，足以爲人讚歎法式者。」即就評價與影響義而言。諺云：「蓋棺論定。」說明一時之譽，不足以斷其爲君子；一時之謗，不足以斥其爲小人，而人格歷經時間之淘洗乃愈見其眞相與潛力。是以就後人對亭林人格之評價與亭林人格對後代之影響，抉發其泰山巖巖之人格風貌與歷久常新之人格感召力。

一、後人對亭林人格之評價

亭林之博綜、堅貞及其濟世宏願，素爲後人擊節稱賞。綜合歸納後人對亭林之評價，亦不外就其學識、經世觀以及氣節三方面立論。今爲條理清晰及敘述方便，謹將後人對亭林之評價區分爲學問人格、經世人格、氣節及綜合評價。

就學問人格言，後人多能感受其堂廡特大，開有清一代學術。閻若璩〈南雷黃氏哀詞〉曰：

當髮未燥時，即愛從海內讀書者游，博而能精，上下

> 五百年，縱橫一萬里，僅僅得三人焉，曰錢牧齋宗伯也，
> 曰顧亭林處士也，及先生而三。

若璩博極群書，睥睨一代，雖王士禛諸人尚謂不足當抨擊，竟許先生為海內三大讀書種子之一，可見其傾服之懷。李光地〈顧寧人小傳〉曰：「近代博雅淹洽，未見其比。」更推許為一代巨擘。《四庫全書總目‧卷一百十九‧日知錄》條下云：「炎武學有本原，博贍而能通貫。」《清史‧儒林傳》云：「國朝稱學有根柢者，以炎武為最。」伍崇曜於咸豐三年跋《顧亭林先生年譜》云：

> 國朝儒者，學有根柢，以顧亭林先生為最，繼往開來，
> 內聖外王之道備。故阮文達《國朝儒林傳稿》以先生居首。

皆許先生為當代學界泰斗。張維屏《清朝詩人徵略》云：

> 國初名儒，余最服膺顧亭林先生。先生之學博矣，而
> 無考據家傅會穿鑿、蔓引瑣碎之病；先生之行脩矣，而無
> 講學家分門別戶、黨同伐異之習；先生之才識優矣，而無
> 從橫家矜才逞智、劍拔弩張之態。（卷三）

李詳云：「顧亭林先生揖讓百代，卓立儒軌。」（徐嘉《顧詩箋注‧序》）

上述諸家均予先生之學問人格極高之評價，先生當之無愧矣。

先生之學博綜考實，固足以沾漑有清學界數百年而支配其風氣，然若僅以博學多聞許之先生，先生必怫怫然於九原矣。蓋先生之學主於救弊扶衰，所關者在於經旨世務，固不惟多聞而已。雖然，四庫閣臣逆計主上意曰：

> 惟炎武生於明末，喜談經世之務，激於時事，慨然以
> 復古為志，其說或迂而難行，或憒而過銳。（《四庫全書總目‧
> 卷一百十九‧日知錄》條）

立論有失中正，而有清一代論先生經世人格者，亦多置之不採。如全祖望〈顧亭林先生神道表〉云：

> 予觀宋乾淳諸老，以經世自命者，莫如薛艮齋，而王
> 道夫、倪石林繼之，葉水心尤精悍。然當南北分裂，聞而
> 得之者多於見，若陳同甫則皆欺人無實之大言，故永嘉永

康之學，皆未甚粹，未有若先生之探原竟委，言言可以見
之施行，又一稟於王道，而不少參以功利之說者也。(《鮚埼
亭集》卷十二)

則極推許先生經世人格，謂其足以佐王也〔註1〕。

　　亭林雖積極進取，尤堅持氣節，有所不爲。康熙十餘年間，南
北鴻儒，爲清廷網羅殆盡。如李因篤已受職方辭歸；黃宗羲雖不赴
召，猶遣子代應史館職；李顒、傅山雖誓死力拒，到底曾經書鶴板，
白璧微瑕矣。而王夫之竄身苗猺，不與人接，薦亦弗及，其子四人、
孫八人，除其中夭折四人外，衹有一人未習科舉，據文獻所載，其
幼子王敔之出試，事先經過夫之應允〔註2〕。綜上所述，潔身事外
者惟獨亭林一人耳。亭林歿後，嗣子衍生竟能繼承遺志，終身不試
不出，可見先生人格感召力足令「頑廉，懦夫有立志矣。」後人嘗
就先生之氣節加以評論，如王弘撰云：「行誼甚高。」(《山志》)石
韞玉〈顧炎武傳〉云：「庚申元日作一對曰：六十年前二聖升遐之歲，
三千里外孤忠未死之人。其老而彌篤如此。」彭紹升云：「既屢更患
難，志氣彌厲。」〔註3〕錢邦彥〈校補亭林年譜跋〉云：「先生貞介
絕俗，守志不污，至老彌篤，其管幼安之亞歟！」而常熟吳龍錫更
作詩讚揚先生之氣節云：「終南山下草連天，种放猶慚左史箋，到底
不曾書鶴板，江南惟有顧圭年。」〔註4〕皆極力推許先生惓惓故國，
終身不貳，老而彌堅之志。

　　至於就亭林之學問人格、經世人格、氣節，擇其中二端，或綜合
三者而評論者，如亭林門人潘耒云：

　　　　天下無賢不肖，皆知先生爲通儒。……先生非一世之

〔註1〕　全祖望〈顧亭林先生神道表〉云：「……其銘曰：先生兀兀，佐王之
　　　　學，雲雷經綸，以屯被縛，鉋然高風，寥天一鶴，重泉拜母，庶無
　　　　愧作。」
〔註2〕　參見何冠彪〈論明遺民之出處〉，收入《馮平山圖書館金禧紀念論文
　　　　集》，頁297。
〔註3〕　見李桓輯《清朝耆獻類徵初編》，頁30a。
〔註4〕　張穆《顧亭林先生年譜》卷三，頁78引。

人。(《日知錄・原序》)

讚揚先生之學問淵博，所言者足以見諸施行，所貽者足致百代之名，朱琦〈顧亭林先生像贊〉曰：

> 下士而繫國家之興亡，匡居而知天下之利病，此古今所稱軼倫絕群也。而或狃於習俗，無以闚學問出處之大，能闚之，又深加諱忌，使緜歷久遠，其心隱而其跡微，雖目爲閎雅辨通，競相崇奉，而其人之眞，終不出崑山顧亭林先生〔註5〕。

二人係綜合評述亭林之學問、經世人格。

黃汝成《日知錄集釋》敍曰：「崑山顧亭林先生，質敏而學勤，誼醇而節峻，出處貞亮，固已合於大賢。」鄒福保《日知錄之餘・序》曰：「亭林先生，忠孝大儒，不專以著作傳，而著作亦爲振古以來所未有。」則綜合先生之學問人格及氣節以言。王弘撰亦讚詠先生之經世人格及氣節曰：「伊傅胸期巨川楫，夷齊身世首陽薇。」(〈題顧亭林先生遺像詩〉之一)

伍崇曜引〈郭頻伽亭林先生像贊〉曰：「遺民孝子，通才碩儒。」(張穆《顧亭林先生年譜・跋》) 前句就氣節言，後句就學問、經世人格言。梁啓超曰：「至於他的感化力所以能歷久常新者，不徒在其學術之淵粹，而尤在其人格之崇峻。」(《中國近三百年學術史》) 則概括其人格予以總評價。蔡元培嘗作一詩詠亭林曰：

> 空山杜宇拜遺民，秦隴之間老此身。避地風霜先草木，著書經濟獨天人。白衣肯附微君錄，皁帽應留故國塵。二祖十宗何處是，長陵秋祭孝陵春〔註6〕。

首聯、頸聯、尾聯評其氣節；「著書」一句兼論學問、經世人格。以上三家綜合學問人格、經世人格及氣節，而予先生以極高之評價。

〔註5〕 同註3，頁30b。

〔註6〕 劉太希〈顧亭林的氣節與治學〉一文引，收入《無象庵雜記續集》，頁84。

二、亭林人格對後代之影響

　　亭林之學問人格不僅沾溉一代，其堅貞志節、致用精神，亦深入
數百年士夫之內心，隱然支配其風氣。至清末，猶藉其人格潛力以提
倡革命運動，卒推翻滿清，締造民國。舉其具體影響者，如黃汝成景
仰先生之學問道德，未能逮先生之世，乃鑽研其書，參稽校正，博采
諸家疏說、傳注、名物、古注、時務，加以融釋，隨文附錄疏明，增
脫字，削誤文，成《日知錄集釋》一書，敘曰：

> 嗚呼！學識遠不逮先生毛髮，而欲以微埃涓流，上登
> 海岱之崇深，抑愚且妄矣。然先生之體用具在，學者循其
> 唐塗，以窺賢聖制作之精，則區區私淑之心，識少之怡，
> 或不重為世所詬病者矣。

「區區私淑之心」，即汝成集釋《日知錄》之動機也。

　　道光年間，張穆表彰先生事蹟，不遺餘力。道光二十一年，因其
提倡，亭林始得入祀崑山鄉賢祠〔註7〕，二十三年，穆比敘徐松、車
守謙《亭林先生年譜》，增益辨正之，並參與北平慈仁寺顧祠之建置，
二十四年夏，祠成，穆作初祭祭文，同年五月二十八日，適先生生日，
復舉祭焉，祭文曰：

> 先生行成忠孝，學洞古今，懲末造之蹈虛，進吾徒以
> 考實。凡今代文苑儒林之彥，敬佩遺書；合天下束脩尚友
> 之懷，思隆美報。……

懷想先生其人其德，思接磬欬〔註8〕！而徐世昌《晚晴簃詩匯》曰：

> 有清諸學，訓詁、考訂、音韻、金石、輿地，各有專
> 家，遠勝前代，其端皆自亭林開之，儒生講經世之學，亦
> 以亭林為職志。(卷十一)

〔註7〕　胡秋原〈顧亭林之生平及其思想〉，《中華雜誌》，第五卷第七期，頁
　　　　17。

〔註8〕　沈尹默等著〈記顧炎武祠會祭題名第一卷子〉：「張穆字石舟，生平
　　　　最服膺顧炎武，曾輯年譜，最精審，嗣後每次與祭，迨道光三十年
　　　　春，病卒，因為設主於別室以配祀焉。」收入《中華藝林叢論》，
　　　　頁690。

張穆言考證篤實之學風，牖啓自亭林，徐氏以爲有清一代古學，濫觴
於亭林，而徐氏更體會有清經世之學者，亦以亭林爲職志。如汪中〈與
巡撫畢侍郎書〉云：

> 中少日問學，實私淑諸顧寧人處士，故嘗推六經之旨，
> 以合于世用。及爲考古之學，惟實事求是，不尚墨守。(《述
> 學·別錄》)

而江瀚更謂柯劭忞之學「上紹亭林，薄戴段錢王而不爲。」〔註9〕皆
發揮經世觀於學術，而不徒爲餖飣瑣碎之考實也。

迨及清末，章炳麟先生繼往開來，著成《國故論衡》等書，考證
賅詳，極爲精絕，更發揮亭林致用觀於革命事業，覽其〈癸卯獄中自
記〉(《太炎文錄初編》卷一)、〈中夏亡國二百四十二年紀念會書〉、〈討
滿州檄〉、〈張蒼水集後序〉、〈南疆逸史序〉(同前書卷二)等等，眞知
炳麟先生「繫素王素臣之迹是踐，豈直抱殘守闕而已。」(〈癸卯獄中
自記〉)炳麟先生初名學乘，一度改名絳，號太炎，近似亭林之初名絳
及易名炎武，是否即以亭林之名爲名，示踵法先賢、興滅繼絕之決心！

嗣民國肇建，先總統　蔣公更肯定亭林等大儒之人格潛力，而褒
獎之曰：

> 到了明末清初，則顧亭林（炎武）、黃梨洲（宗羲）、
> 王船山（夫之）、李二曲（中孚）、顏習齋（元）、傅青主
> （山）等大儒輩出，皆斥玄虛，重實用，以經世之學救民
> 族，以性命之學導人心。中國的民族主義與民權思想，從
> 此蘊積於民間，歷二百餘年，竟有辛亥革命，推翻滿清專
> 制，建立共和民國。(《中國之命運·第六章·革命建國的根本
> 問題》)

又有黃節，「內蘊耿介，外造雋澹」〔註10〕，早年鼓吹革命，辨
明華夷大義，卒助成民國建立，目覩國事蜩螗，變本加厲，學制日頹，

〔註 9〕見牟潤孫〈論顧亭林學術與儒學之眞精神〉，收入《新亞生活雙周
　　　刊》，第四卷第十一期，頁2引。
〔註10〕見張爾田《蒹葭樓詩·序》。

道德淪喪，人益無恥，乃主張「以詩救世」〔註11〕。洎日寇自東北侵逼而至，中央軍失地喪師，山河蕭條，人情悲憤。嘗過屈大均故里，望泣墓亭；謁張蒼水墓，徬徨再三；憑弔岳墳，慨然神傷，又校《張蒼水集》，題《鄭所南詩集》〔註12〕，其性格、抱負、身世、感懷，有暗合於亭林者。是以黃節作詩雖宗法陳師道，然撫時感事之作，則近乎亭林。如民國 20 年作〈書憤〉詩云：

> 慷慨秦風對策言，襄陽揮淚我啣恩。眼中三十年來事，
> 又見蝦夷入國門。（《蒹葭樓詩》辛未卷）

意指日寇入侵東北事，而民國 5 年〈滬江重晤秋枚〉詩、〈答胡夔丈贈韻〉詩，皆諷詠當日官風士習。（《蒹葭樓詩》戊午卷）前詩云：

> 國事如斯豈所期，當年與子辨華夷。數人心力能回變，
> 廿載流光坐致悲。不反江河仍日下，每聞風雨動吾思。重
> 逢莫作蹉跎語，正爲棲棲在亂離。

答詩云：

> 坐聞世論日騰譁，倦客哀時信靡涯。獨對古人稱後死，
> 豈知亡國在官邪。……

傷時憂國，悲切動人。

黃節原於北京講授毛詩，未完，乃於民國 23 年秋起改講顧亭林詩，有詩一律，足見黃氏講顧詩之動機，曰：

> 末事文章語豈忘，涂中人去我相望。江山歷覽餘深慨，
> 忠義提攜欲萬方。晚計道從因樹室，哀心詞見浣花堂。吾
> 生不及慈仁祭，今歲今朝記此事。亭林亦號涂中（《蒹葭樓集外
> 詩五月二十八日為亭林先生生日適箋先生詩因裁一律》）

蓋鑒於國家民族危難之日亟，故欲踵亭林之志事，於人心學術深植根柢，以爲日後恢復之計。黃節依例作注，每有託注寄慨或抒發見解者〔註

〔註11〕黃節〈阮步兵詠懷詩注〉自序云：「余亦嘗以辨別種族，發揚民義，
垂三十年。其於創建今國，豈曰無與。然坐視疇輩及後起者，藉手
爲國，乃使道德禮法壞亂務盡。天若命余重振救之，舍明詩莫繇。」
〔註12〕參見黃節《蒹葭樓詩》。
〔註13〕如〈吳興行贈歸高士祚明〉詩，黃節案云：「……此蓋亭林對故國之

13）。嘗爲門人吳宓闡述亭林事蹟，謂其既絕望於恢復，乃矢志於學術，三百年後，中華民族卒能顛覆異族，成革命自主之業。今外禍日亟，覆亡恐將不免，吾國士子之自待自策當如亭林。又謂「亭林之詩至偉，我亦非常人。以我而講亭林之詩，眞北大諸生之奇遇哉」。黃氏言至此，神采振奮，而門人吳宓覺黃氏是時之矜重熱誠，大有耶穌對門弟子臨終告語「天地可滅，吾言不易」之情景〔註 14〕。則黃氏之精神志意誠與亭林訢合爲一矣！民國 24 年正月，黃節終於講壇，《顧詩講義》未竟而賷志沒矣。門人吳宓悼之曰：

> 嗚呼！先生實乃今世之顧亭林，何遽棄諸門人後生以去耶？

章炳麟先生爲作墓誌銘曰：「最後好崑山顧氏詩，蓋以自擬云。」（〈黃晦聞先生墓誌銘〉）張爾田塡〈水龍吟〉輓之，下半闋曰：「黯淡神州雲氣，喚沈冥睡獅不起。艱難戎馬，崎嶇關塞，亭林身世。……」〔註 15〕蓋黃節之性格、身世、抱負本近乎亭林，然此爲不自覺之接近，尚不足與言人格之影響，直至晚年，一旦恍然，以亭林自策自勵，自我開發，自我實現。黃先生之志業未竟，然其精神志意之熱誠矜重，致令識者許之爲當世顧亭林，不識者聞其志概，思接磬欬也！

第二節　後人對亭林詩之評價

　　評估亭林之人格及其影響等有關資料相當豐富，然對於亭林詩之予以評價者，至今所見僅十餘家。以下即一一論述之。

> 恢復絕望於當時，而有期於後日，無得於將帥之踴躍用兵，而有待於文人之申明大義，其忠憤之氣，隨時流露，而一見之於詩。卒之種族之痛，亘有清二百餘年，不絕於天下，一旦而漢族光復，有清無死節之臣，此得於文人之申明大義爲多也。詩小雅：魚在于沼，亦匪克樂，潛雖伏矣，亦孔之炤，憂心慘慘，念國之爲虐。嗚呼！此則亭林憂國之心耿耿于終古者也。」

〔註 14〕見吳宓〈詩學宗師黃節先生學述〉，收入黃節《詩學》，頁 45～54。
〔註 15〕見吳宓《空軒詩話》，收入《雨僧詩文集》，頁 430 引。諸家皆以今日亭林許之黃節，則黃氏雖沒而猶榮。

朱彝尊云：

　　（亭林詩）事必精當，詞必古雅。(《靜志居詩話》卷十二)

「事必精當」指亭林詩使事用典，貼切詩意，無絲毫雜湊牽強之處，其典故之來源多爲史傳經籍，故形成「典雅」之語言特色。

沈德潛云：

　　詞必己出，事必精當，風霜之氣，松柏之質，兩者兼有，就詩品論，亦不肯作第二流人。(《明詩別裁》卷十一)

除「事必精當」與前者相同外，沈氏尚提出「詞必己出」、「風霜之氣，松柏之質」三點。一則指亭林作詩不蹈襲他人，自出機杼；二則言詩歌中健勁之氣勢與堅貞不屈之思想內涵和諧地統一。作品風力如斯，故沈氏評爲第一流。

汪端云：

　　（亭林詩）……茹芝採蕨之志，黍離麥秀之悲，淵深樸素，眞合靖節、浣花爲一手。(《明三十家詩鈔》)

汪氏以爲亭林詩中隱居不仕之思想與家國滅亡之感傷，其深沈專一，足以媲美陶潛、杜甫。

馮志沂云：

　　牧齋、梅村之沈厚，漁洋、竹垞之博雅，宋元以來，亦所謂卓然大家者也，然皆詩人之詩也。若繼體風騷，扶持名教，言當時不容己之言，作後世不可少之作，當以顧亭林先生爲第一〔註16〕。

馮氏就亭林詩之內容足以扶持名教，而推之爲當代第一。

陳田云：

　　（亭林）其詩包孕群材，扶持風教，點竄經籍子句，尤見雅裁〔註17〕。

陳田主要就亭林詩內容評估其價值：題材豐富，義歸雅馴，足以爲教化之用。至若「點竄經籍子句，尤見雅裁」，義同於「事必精當」。

〔註16〕引自路岯〈顧亭林詩牋注序〉，收入徐嘉《顧詩箋注》。
〔註17〕引自李曰剛先生《中國詩歌流變史》下，頁492。

李詳云：

其詩沈鬱澹雅，副貳史乘。〔註18〕

上句言亭林詩風格，下句言亭林詩具歷史價值。

徐嘉云：

撫時感事諸作，實爲一代詩史，踵美少陵。（《顧詩箋注·
凡例》）

亦推崇其歷史價值。

徐世昌：

敦厚深微，亦足弁冕一代。（《晚晴簃詩匯》卷十一）

該評語乃專就亭林詩所蘊涵之情意而言。

徐頌洛〈與汪辟疆書〉云：

詩言志，亭林詩善言志者也。全集惓惓君國，皆有爲
而言，無一酬應語，比辭屬事，靡不貼切。有明二百七十
餘年間，詩人突起突落，有如勝、廣，却成就此一大家。
即清詩號稱跨越明代，然求如亭林之篤實光輝者，亦難與
並〔註19〕。

徐氏主要就思想內容及修辭技巧論定亭林詩成就。而前者亦富有教化
意義。

鄧之誠云：

……舉業既捐，肆力學古，意深辭雅，多有足觀。最
足以廉頑立懦，救敝起衰者，則推亭林，蓋莫之能比也。（《清
詩紀事·初編》序）

鄧氏以爲「意深辭雅」乃明末清初經學家共有之詩歌風格，而其中最
足以提撕人心、教化風俗者爲亭林詩。

饒宗頤云：

平心而論，他的價值，不在于獨到的詩力，或創新的
詩樣，而在於他的純正的「詩旨」。換句話説，他保持著傳

〔註18〕見李詳〈顧詩箋注序〉，收入徐嘉《顧詩箋注》。
〔註19〕見王蘧常《顧亭林詩集彙注》，頁10引。

統的詩的精神加以發揮和實踐。(《顧亭林詩論》)

歸納饒先生之意見：亭林詩之價值，在其純正之思想內涵，而不在於
藝術形式。

他如廖振富云：

> 如果將亭林的詠史詩放在詠史詩傳統中加以考察，筆
> 者認爲他是繼左思、李白、杜甫、杜牧、李商隱、王安石
> 等人之後，在詠史詩創作上，有極傑出表現的詩人。……
> 以整體內涵而言，亭林的詠史詩幾乎全屬「指切時事」、「以
> 古喻今」之作，絕無泛泛詠史者，充分反映動盪的時代面
> 貌及當時愛國志士的心聲。(《論顧亭林的詠史詩》)

黃明理云：「若欲論其詩在歷代詩作間之價值，固不當於字句遣辭謀
篇上言，其乃爲明清之際重詩史思潮中之具體表現。」(《讀亭林詩集
記得》) 一致推崇亭林詩具有歷史價值。

　以上所摘錄各條，均未涉及亭林之人格判斷，全屬於作品評價範
疇。各家對亭林詩之評價，多從修辭和意涵二方面著眼，而修辭則集
中於用典精切及造語典雅。就意涵言，徐世昌概括詩歌作品情意，評
之曰深微；汪端與徐頌洛則專就隱居不仕之志、家國滅亡之痛、惓念
君國之情評之。饒宗頤以爲評價亭林詩之重點不在於詩之藝術形式或
筆力，而在於純正之詩旨；李詳、徐嘉、廖振富、黃明理等人，則以
爲亭林詩具有豐富之歷史價值；馮志沂、陳田、鄧之誠更就作品意涵
足以對社會人心起教化作用而評價之。眞正評論亭林詩詩風者只有兩
家：鄧之誠──意深辭雅，與李詳──沈鬱澹雅。

　綜上所述，各家對於亭林詩大量用典、且善於用典以致精切典
雅，詩旨純正足以扶持風教，及撫時感事之作實爲一代詩史等，大體
皆曾注意。唯其評價多從作品內涵及教化功能言，涉及藝術形式者亦
僅就用典而論。然而亭林詩在用韻方面，選擇韻情適宜之韻部以表達
詩歌意涵，復變換韻腳、參差句型及運用聯綿詞以加強語氣、增進語
勢，造成變化之旋律及急促之節奏，展現激動迫切之情。亭林詩在聲

律運作上不可不謂之成功矣。此即先生精於韻學，故其詩率能達到聲諧情洽之境界。再者，夾敘夾議，以文入詩之技巧，更能狀寫諸種細事長語，包羅繁複之內容，達成以詩記史、以詩載道之目的。以上是筆者研究亭林詩藝術形式時，實際分析各詩之用韻情形及寫作技巧而獲致之看法。

倘就詩旨、詩教以言亭林詩之價值，則不啻連城寶玉、價值無匹，豈吾小子可妄加訾議！然本諸求全之心以責備亭林詩，必然發現在形式及內容方面仍有美中不足者。如使用僻典，至須自注，議論過多，以考據態度寫景，以文入詩、或稍事修改成辭，甚者直接引用〔註20〕，排疊典故，造成氣脈緩弛，皆對詩歌藝術及詩歌情韻造成斷傷。至於社會詩「直斥其人」之寫實手法傷於顯露，詩風失之直切；詩材雖有物、史、時、景、自道遭遇五項，然皆環繞固定之主題和情感開展，百篇之意，不過數篇耳，詩風失之單調。

當然，先生用僻典以避諱；直斥清政，暗寓春秋之筆；其詩率皆有爲之作——「明道也，紀政事也，察民隱也，樂道人之善也」，除此之外，一切不爲。就以上因素考慮，則詩作某些瑕隙當可以理解。再者，先生殫思於著述以待後，僅以餘力寫詩抒懷記事，自無暇作形式上之錘鍊，亦不屑斤斤於雕篆之術〔註21〕，是以編入詩集之作品雖在一定水準以上，其藝術成就却無法與杜詩之千變萬化、包融萬有相提並論〔註22〕。然而就作品內容而言，亭林晚年詩風蒼涼堅勁，泰山

〔註20〕 如《詩集・卷三・謁夫子廟》云：「吾志在春秋」，徐嘉《顧詩箋注》引黃震《黃氏日鈔》：「孔子曰：吾志在春秋」；卷四〈贈林處士古度〉：「老者人所敬。」原注引《漢書・東方朔傳》曰：「老者人所敬也。」諸如此類，尚有〈濰縣〉之一，〈羌胡引〉，〈測量臺〉等詩。

〔註21〕 《文集・卷四・與人書二十五》：「君子之爲學也，以明道也，以救世也，徒以詩文而已，所謂『雕蟲篆刻』，亦何益哉！」

〔註22〕 如葉燮云「杜甫之詩，包源流，綜正變，自甫以前，如漢魏之渾樸古雅、六朝之藻麗穠纖，澹遠韶秀，甫詩無一不備。」（《原詩》）《遯齋閒覽》載王安石論杜詩曰：「其詩有平淡簡易者，有綺麗精確者，有嚴重威武若三軍之師者，有奮迅馳驟若泛駕之馬者，有淡泊簡靜

嚴嚴氣象幾透紙背而出，乃杜甫晚年頹唐之筆墨與清哀細怨之詩筆所
難以企及者。〔註23〕。

若山谷隱士者，有風流蘊藉若貴介公子者。」前者收入《清詩話》，
後者見《續唐詩話》。
〔註23〕孫克寬〈杜詩風格與特質〉云：「……即使再倔強的人，老境如斯，
豪氣那得不沮喪？筆墨那得不頹唐？所以夔州以後的詩，祇在格律
上求新巧，『老去漸於詩律細』，正是如此。」又「……這一類詩，
和韋應物詩『身多疾病思田里，邑有流亡愧俸錢』的句子，都是清
哀細怨的口氣。杜公的第三期詩，便多有這類句調。」，見羅聯添《中
國文學史論文選集》（三），頁 900、901。

附錄一　亭林交游表

（一）南方交游

與亭林往來者姓名	字號	籍貫	亭林詩					亭林文							烈士	遺民	清臣	門生	與亭林往來者記傳資料	加入復社
			寫作時間			詩集		文集		蔣山傭殘稿		餘集	佚文輯補							
			甲子	年號	年齡	頁碼	詩題	卷數	題目	卷數	題目	題目	題目							
吳暘	日生	吳江	乙酉	隆武元年順治二年	33	95	上吳侍郎暘										∨		《明史·楊文驄傳》《石匱書後集》《小腆紀傳》等	∨
顧咸正	端木毅庵	崑山	丁亥庚申	隆武三年順治四年康熙十九年	35　68	133　171　1257	贈顧推官咸正　哭顧推官　華下有懷顧推官										∨		《石匱書後集》《明季南略南忠錄》《小腆紀傳》《南疆繹史》《清史補編》	
顧天逵顧天遯	大鴻仲熊	崑山	丁亥	隆武三年順治四年	35	166	推官二子執後欲爲之經營而未得也而二子死矣										∨		歸莊〈兩顧君大鴻仲熊傳〉	
楊廷樞	維斗	吳縣	丁亥　戊子	隆武三年順治四年　隆武四年順治五年	35　36	159　243	哭楊主事廷樞　寄薛開封寀君與楊主事同隱鄧尉山併被獲或曰僧也免之遂歸常州										∨		《南疆繹史》、《小腆紀傳》、《明季南略》、《石匱書後集》、《明史》、《蘇州府志》、《復社姓氏傳略》	
陳子龍	臥子	華亭	丁亥	隆武三年順治四年	35	181	哭陳太僕子龍										∨		《復社姓氏傳略》《明史》本傳《南疆繹史》《小腆紀傳》《石匱書後集》等	∨

別號	姓名(字)	籍貫	干支	年號	年齡	編號	詩題	書信往來	文章／墓誌	✓	資料來源
恒軒、懸弓、園公、歸藏、歸乎來、玄恭	歸莊（祚明）	崑山	丁亥	隆武三年 順治四年	35	198	吳興行贈歸高士祚明				張應麟〈歸玄恭傳〉、〈歸聖脈玄恭兄行略〉、趙經達《歸玄恭年譜》、《崑新志》、《蘇州府志》、《小腆紀傳》、《文獻徵存錄》等等
			癸亥	隆武九年 順治十年	41	392	送歸高士之淮上	與歸莊手札七首		✓ ✓	
			戊戌	隆武十年 順治十五年	46	590	酬歸祚明戴笠仍王潘樨章四子韋溪草堂聯句見懷二十韻				
			癸丑	康熙二年	61	1062	哭歸高士（四首）				
	薛宷（諧孟）	武進	戊子	隆武四年 順治五年	36	243	寄薛開封寀君與楊主事鄧尉山併被獲或曰同隱僧也免之遂歸常州			✓	《明詩綜》卷六十八、《小腆紀傳》
	陳梅（鼎和）	常熟	己丑	隆武五年 順治六年	37	281	桃花溪歌贈陳處士梅		常熟陳君墓誌銘	✓	歸莊〈陳君墓表〉陳芳績〈陳君行狀〉
	陳芳績（亮工）	常熟	乙未	隆武十一年 順治十二年	43	443	常熟歸生晟陳生芳績書來以詩答之	1 答陳亮工　1 答陳亮工			《蘇州府志‧常熟人物陳芳績傳》《清代樸學大師列傳》
				隆武十一年 順治十二年	43	456	酬陳生芳績			✓	
			丙申	隆武十二年 順治十三年	44	519	陳生芳績兩尊人先後即世適皆以三月十九日追痛之作詞旨哀惻				
	瞿玄鏑（生甫）	常熟	己丑	隆武五年 順治六年	37	287	瞿公子玄鏑將往桂京不得達而歸贈之以詩				《常熟縣志‧孝友》、《南疆繹史》、《小腆紀傳‧瞿式耜傳》
	于元凱		庚寅	隆武六年 順治七年	38	294	贈于副將元凱				《金壇縣志‧選舉志》
介若、內景	萬壽祺	南昌	庚寅	隆武六年 順治七年	38	323	贈萬舉人壽祺		楊萬壽祺等為顧寧人徵天下書籍啟後書齋	✓	《淮安府志》、《隰西草堂集自志》、《小腆紀傳》、《復社姓氏傳略》《江南通志》、《晚晴簃詩滙》、《清詩紀事初編》、《清史‧遺逸傳》

姓名	字	籍貫	干支	紀年	年齡	編號	詩文	文	備註		資料來源
路澤溥	蘇生	曲周	辛卯	隆武七年順治八年	39	341	贈路舍人澤溥			✓	歸莊〈路文貞公行狀〉《小腆紀傳》
				隆武九年順治十年	41	364	路舍人家見東武四先曆				
				隆武十一年順治十二年	43	458	贈路舍人				
				康熙十年	63	1111	路舍人客居太湖東山三十年寄此代柬				
路澤濃（太平）	安卿、吾徵		乙未甲寅	隆武十一年順治十二年	43	445	贈路光祿太平		送譜子　韻帖	✓	歸莊〈路文貞公行狀〉歸莊《文續鈔·路中書家傳》《小腆紀傳》
				康熙十三年	62	1082	路光祿書來敘江東同好諸友一時徂謝感歎成篇				
王國翰	翼之	曲周						林貴道察史君誌文郎州監御王墓銘		✓	
朱四輔	監紀	寶應	癸巳	隆武九年順治十年	41	377　379	贈朱監紀四輔　監紀示遊粵詩			✓	《寶應縣志》
鄔繼思		京口	癸巳	隆武九年順治十年	41	382	贈鄔處士繼思			✓	
楊永言	明府	雲南	癸巳	隆武九年順治十年	41	389	楊明府永言昔在崑山起義不克爲僧於華亭及吳帥舉事而之蘭谿今復來吳下感舊有贈			✓	《小腆紀傳》
劉永錫	欽爾、臘庵	大名	癸巳	隆武九年順治十年	41	394	贈劉教諭永錫			✓	朱彝尊《靜志居詩話》《小腆紀傳》、《罪惟錄》

姓名	字	籍貫	干支	紀年	年齡	頁	詩題								✓		出處
郝太極		雲南		隆武九年 順治十年	41	397	郝將軍太極滇人也天啓中守嶲益余於敘功疏識其姓名今爲醫客於吳之上津言及舊事感而有贈								✓		
錢肅潤	季霖、礪日、十峰	無錫	甲午	隆武十年 順治十一年	42	436	錢生肅潤之父出示所輯方書								✓		《無錫縣志·儒林傳》
歸晟	成伯	常熟	乙未	隆武十年 順治十二	43	443	常熟歸生晟陳生芳績書來以詩答之										《蘇州府志·常熟人物陳芳績傳》《歸氏世譜》《虞陽科名錄》
王仍	雲顥		乙未	隆武十年 順治十二	43	453	酬王生仍								✓		《蘇州府志·雜記》
			戊戌	隆武十四年 順治十五年	46	590	酬歸戴王潘四子韭溪草堂聯句見懷二十韻										
錢邦寅	馭少	丹徒	乙未	隆武十年 順治十二	43	460	贈錢行人邦寅								✓		《丹徒縣志·儒林》
張彥之（懃）	洮侯	華亭	丙申	隆武十一年 順治十三	44	463	松江別張處士懃王處士煒暨諸友人								✓		《松江府志·人物》
王煒	雄右	歙縣	丙申	隆武十一年 順治十三	44	463	松江別張處士懃王處士煒暨諸友人								✓		《同志贈言》
			丙申	隆武十一年 順治十三	44	517	酬王處士九日見懷之作										

姓名	字號	籍貫	干支	年號	年齡	編號	詩文	書札			資料來源
潘檉章	聖木、力田	吳江	丙申	順治十三年 武二十年	44	471	贈潘節士檉章				《清朝先正事略》戴笠〈潘力田傳〉《小腆傳》《清朝紀事初編》《晚晴簃詩匯》《清朝詩人徵略》
			戊戌	順治十五年 武二十二年	46	590	酬歸莊王韭草堂四子聯句見懷二十韻	吳二子事 5		v	
			癸卯	康熙二年 武二十九年	51	835	汾州祭吳炎潘檉章二節士				
潘耒	次耕、稼堂	吳江	癸卯	康熙二年 武二十九年	51	838	寄潘節士之弟耒	與次耕答次耕與耒又一札 4　與潘次耕 6	與次耕書答次耕與次耕書一札 2　與潘次耕 3	與潘次耕手札　與次耕手札五首	《清朝先正事略》《清史·文苑傳》《清朝紀事初編》《晚晴簃詩匯》《清朝詩人徵略》
			己酉	康熙八年	57	1001	亡友潘節士之弟耒遠來受學兼以投詩答之			v	
			甲寅	康熙十三年	62	1089	潘生次耕南歸寄示				
			己未	康熙十八年	67	1197	寄次耕時被薦在燕中				
					67	1202	次耕書來言時貴有求觀余所著書答示				
					67	1234	寄次耕				
王潢	元倬	上元（江寧）	丙申	順治十三年 武二十年	44	486	王處士自松江來拜陵遂往蕉湖		v	v	《江寧府志》《上元縣志》《小腆紀傳》
			丙申	順治十三年 武二十年	44	493	王徵君具舟城西同楚二沙門小坐柵橋下洪				
賈必選	徙南	上元	丙申	順治十三年 武二十年	44	510	賈倉部必選說易		v		《江寧府志·儒林》《小腆紀傳》
張應鼎	山陰	山陰	丙申	順治十三年 武二十年	44	518	送張山人應鼎還江陰		v		

姓名	字號	籍貫	干支	年代	年齡	編號	詩題	數	交往事	標記	出處	
丁雄飛		南京	戊戌	武四十年 隆十年 順治十五年	46	586	爲丁貢生亡考衢州君生日作				不詳	
戴笠(鼎立)	耘野、植之、曼公	吳江	戊戌 庚申	武四十年 隆十年 順治十五年 / 武四十年 康熙九年	46 68	590 1243	酬歸祚明仍四子韻歸戴笠潘檉章韭溪草堂聯句見懷二十韻 / 送李生南歸寄戴笠、王錫闡二高士	6	與戴耘野	✓	李元度《清朝先正事略》《潘稼堂集·戴耘野先生六十壽序》	
王麗正		新安(安徽)	庚子	武六十年 隆十年 順治十七年	48	697	送王文學麗正歸新安			✓		
林古度	茂之、那子	福清(福建)	庚子	武六十年 隆十年 順治十七年	48	710	贈林處士古度			✓	《同志贈言》《元譜》	
黃師正(激之)	帥先、靜宜、波民	建陽	庚子	武六十年 隆十年 順治十七年	48	729	贈黃職方師正			✓	陳惕園〈黃先生傳〉	
陸來復		武進	癸卯	武九十年 隆十年 康熙二年	51	806	陸貢士來復述昔年代許舍人曦草疏攻鄭鄤事					✓
史可程	赤豹		癸卯	武九十年 隆十年 康熙二年	51	831	酬史庶常可程				《元譜》	✓
吳炎	赤溟、如晦、媿庵、赤民	吳江瀾溪	癸卯	武九十年 隆十年 康熙二年	51	835	汾州祭吳炎潘檉章二節士	5	書吳潘二子事	✓	陳去病〈吳節士赤民先生傳〉《小腆紀傳》	

姓名	字號	籍貫	干支	康熙年	歲	編號	詩文	文題			✓		資料來源	
王略	起田	山陽	丁未	康熙六年	55	947	淮上別王生略	山陽君墓誌銘　5			✓		《山陽縣志》	
王寬	智栗								覆智栗書					
張弨	力臣、亟齋	山陽	辛亥　己未	康熙十年　康熙十八年	59　67	1020　1227	寄張文學弨時淮上有築堤之役　贈張力臣	廣師　6			✓		《小腆紀傳》《山陽通志》王士禎《居易錄》《清詩紀事初編》	
王錫闡	寅旭、昭冥、餘不、曉庵、天同一生	吳江	辛亥　庚申	康熙十年　康熙十九年	59　68	1034　1243	太原寄王高士錫闡　送李生南歸寄戴笠王錫闡二高士	廣師　6			✓		《清史·疇人傳》《清朝先正事略》《蘇州府志·人物》《小腆紀傳》《曉庵文集·天同一生傳》等等	
楊瑀	雪臣、旭樓	武進	壬子	康熙十一年	60	1041	寄楊高士	與楊雪臣廣師　6			✓		徐健庵〈雪臣七十壽序〉《毘陵楊氏譜》《小腆紀傳·儒林》	
錢秉鐙（澄之）	幼光、飲光	桐城	癸丑	康熙十二年	61	1052	燕中贈錢編修秉鐙				✓		《晚晴簃詩匯》《小腆紀傳·文苑》《清朝先正事略》《清史》	✓
元瑛			丙辰	康熙十五年	64	1120	楚僧元瑛談湖南三十年來事作四絕句				✓			
李雲霑	雨公、既足	吳江	丁巳　己未	康熙十六年　康熙十八年	65　67	1160　1237	寄李生雲霑時寓曲周僧舍課子衍生　歲暮西還時李生雲霑方讀鹽鐵論					✓		
朱鶴齡	長孺	吳江	庚申	康熙十九年	68	1248	朱處士鶴齡寄尚書坤傳				✓		《清朝先正事略》《小腆紀傳》	

姓名	字號	籍貫	干支	康熙年	年齡	編號	題目（文集）	卷數	題目（蔣山傭殘稿）	卷數	題目（餘集／佚文）	清臣	備註
李模	子木、灌谿	吳縣	庚申	康熙十九年	68	1253	哭李侍御灌谿先生模					✓	《蘇州府志》、《顧丹五筆記》、《小腆紀傳》、《南疆繹史》
毛今鳳	錦銜	長洲	辛酉	康熙二十年	69	1282	贈毛錦銜	6	與毛錦銜 答毛錦銜	1	答門人毛景岩	✓	
李符	分虎、畊客	檇李	丙辰	康熙十五年	64	1130	李生符自南中歸檇李三年矣追惟壯遊兼示舊作					✓	《檇李詩繫》
李良年	武曾	檇李									與李良年書 又答李武曾書	✓	

與亭林往來者姓名	字號	籍貫	亭林文							烈士	遺民	清臣	門生	加入復社
			文集		蔣山傭殘稿		餘集	佚文						
			卷數	題目	卷數	題目	題目	題目						
朱明德	不遠	吳江	2	廣宋遺民錄序							✓			
葉方藹	訒菴 嵋初	崑山	3	與葉訒菴書	2	與同邑葉訒菴書						✓		
葉方恒					2	與葉嵋初 答葉嵋初						✓		
俞汝言	右吉	浙江秀水	3	答俞左吉	1	答俞右吉						✓		✓
施閏章	尙白、愚山、矩齋	安徽宣城	3	與施愚山書	2 3	與施愚山 與施愚山						✓		
汪琬	苕文、鈍翁	長洲	3	答汪苕文書	2	答汪苕文						✓		
曾畹（傳燈）	庭聞	江西寧都	3	答曾庭聞	2	答曾庭聞						✓		

姓名	字號	籍貫									
王擴	虹友、汲園		4	與王虹友書	2	與王虹友				✓	
楊彝	子常	常熟	5	楊氏祠堂記			萬壽祺楊彝等為顧寧人徵天下書籍啓		✓		✓
吳其沆	同初	嘉定	5	吳同初行狀				✓			
佚名	方月斯	湖北穀城	6	方月斯詩序					✓		
顧與治	孟游	金陵	6	顧與治詩序					✓		
陸世儀	道威、剛齋、桴亭	太倉					與陸桴亭札		✓		
熊賜履	敬修	孝感			2	記與孝感熊先生語				✓	
李天馥	湘北	合肥永城人			2	與李湘北學士書				✓	
吳任臣	志伊、爾器	福建莆田	6	廣師						✓	
陳錫嘏	介眉	定海			2 3	與陳介眉 與陳介眉				✓	
吳志葵	昇階	華亭璜溪					蔣山傭都督吳公死事略	✓			
黃宗羲	梨洲、太沖	餘姚					與黃太沖書		✓		✓
任唐臣	子良	萊陽	2	萊州任氏族譜序							

湯　斌	孔伯、荊峴、潛庵	河南睢州	3	答湯荊峴書	1	答湯荊峴			✓	
					3	復湯荊峴書				
戴廷栻	楓仲	山西祁縣	3	與戴楓仲書	1	與戴楓仲				
李濤	紫潤、述齋	德州	3	答李紫瀾	2	答李紫瀾 答李紫瀾			✓	
李浹	霖瞻	德州	4	與李霖瞻書	1	與李霖瞻二札			✓	
張雲翼	又南	西安咸寧	4	復張又南書	2	復張廷尉書 祝張廷尉書			✓	
朱樹滋	長源	富平			1	與朱長源				
顏光敏	修來、遜甫	曲阜					與顏修來手札十五首		✓	
遲維城	屏萬、闇生	廣寧			1	答遲屏萬			✓	
					3	復遲明府書				
熊儁	耐茶				1	與熊耐茶二札			✓	
梁清標	玉立、蒼巖、棠村	正定			2	與梁大司農書			✓	
郭傳芳	九芝	大同威遠衛			2	與郭九芝辭祝			✓	

說 明	△本表以山東爲界，分成南北交游。凡在南方結識者即列入南方交游，而不計其籍貫是否爲北地，同理北方亦然。如路澤溥兄弟爲河北曲周人，然流寓南方，即列入南方交游。 △本表姓名排列次序依詩集出現之先後爲次，然有親屬關係者，則相屬，如顧天逵、顧天遴爲咸正之子，故次於咸正後。其他亦然。 △凡僅出現於文集、蔣山傭殘稿、餘集、佚文輯補之交游，依卷次另列一表。 △此外，文集卷三之陳藹、卷四之周篆；餘集之任鈞衡；蔣山傭殘稿卷一之章丘令魏某、卷二之王孫蔚、蘇易、徐某；卷三之周彝初、劉太室，或不詳其字號，或不詳其籍貫，或不詳其生平，或二、三者皆不詳，故不列入表中。 △由〈十九年元旦〉一詩可見亭林隱以隆武年號繫詩達十九年之久，爲微言大義及本文體例計，並列隆武及清朝年號，而以隆武年號在前。

（二）、北方交游

與亭林往來者姓名	字號	籍貫	亭　林　詩					亭　林　文					烈士	遺民	清臣	門生	與亭林往來者記傳資料	加入復社
			寫作時間			詩集		文集	蔣山傭殘稿	餘集	佚文輯補							
			甲子	年號	年齡	頁碼	詩題	卷數	題目	卷數	題目	題目	題目						
張允掄	慈叔	萊陽	丁酉	隆武十三年順治十四年	45	541	張饒州允掄山中彈琴								✓			〈進士履歷覽表〉	
徐元善（夜）	長公、穉菴	濟南新城	丁酉	隆武十三年順治十四年	45	551	酬徐處士元善昔年新城之陷其母死焉故有此作								✓			王士禎〈徐夜傳〉李元度《清朝先正事略》《小腆紀傳》	
張延登	華東	鄒平	戊戌	隆武十四年順治十五年	46	573	鄒平張公子萬斛園上小集各賦一物得桔橰												
張光啓	元明	章丘	戊戌	隆武十四年順治十五年	46	575	張隱君元明於園中眞一小石龕曰仙隱祠徵詩紀之（二首）								✓			王士禎〈居易錄〉	

姓名	字	籍貫・別號	干支	年號	年齡	頁碼	詩題	編號	書信往來	書信	✓	參考資料
傅山	青主、青竹、嗇廬、公之它	陽曲	癸卯	隆武十九年康熙二年	51	801	贈傅處士山					閻若璩《潛丘劄記》、《清朝先正事略》、馬君常〈義士傳〉、全祖望〈傅先生事略〉、《小腆紀傳》、《清史》等等
			癸卯	隆武十九年康熙二年	51	803	又酬傅處士次韻（二首）	6	廣師		✓	
			甲寅	康熙十三年	62	1075	寄問傅處士土堂山中					
李因篤	天生、子德	山西洪洞	癸卯	隆武十九年康熙二年	51	822	酬李處士因篤	1	與李子德			〈鶴徵錄〉 吳懷清《李天生年譜》《清史・儒林傳》《晚晴簃詩匯》《清詩紀事初編》《清朝先正事略》《顧亭林學案》
			丙午	康熙五年	54	928	重過代州贈李子德在陳君上年署中	2	答李子德			
			戊申	康熙七年	56	975	子德李子聞余在難走燕中告急諸友人復馳至濟南省視於其行也作詩贈之	3	與李子德 答李子德二札 與李子德 與李子德			
			己酉	康熙八年	57	991	三月十二日有事於先皇帝欑宮同李處士因篤	4		答李子德書三札	✓	
			己酉	康熙八年	57	1000	自大名至保定子德已先一月西行賦寄					
			丙辰	康熙十五年	64	1126	薊門送李子德歸關中					
			丁巳	康熙十六年	65	1152	過李子德（四首）					
			己未	康熙十八年	67	1232	子德自燕中西歸省我于汾洲天寧寺					
			辛酉	康熙二十年	69	1274	酬李子德					
申涵光	鳧盟	永年	癸卯	隆武十九年康熙二年	51	828	雨中送申公子涵光			送韻譜帖子	✓	《申鳧盟先生年譜》

朱存杠（楊謙）	伯常	西安	癸卯 隆武十九年 康熙二年 丙午 康熙五年	51 54	869 944	將去關中別中尉存杠於慈恩寺塔下 得伯常中尉書卻寄并示朱烈王太和二門人	2	朱子斗詩序		送韻譜帖子	✓		《元譜》王弘撰《山志》《小腆紀傳》
朱烈 王太和		西安	丙午 丙午 康熙五年 康熙五年	54	944	得伯常中尉書卻寄并示朱烈王太和二門人						✓	
孫奇逢	啟泰、夏峰	容城（河北）	甲辰 康熙三年 乙卯 康熙十四年	52 63	893 1111	贈孫徵君奇逢 孫徵君以孟多葬於夏峰時僑寓太原不獲執紼適吳中有傳示同社名氏者感觸之意遂見乎辭				送韻譜帖子	✓		《孫徵君年譜》賈密〈孫徵君傳〉《清朝先正事略》《小腆紀傳》、《清史·儒林傳》、《清詩紀事初編》、《晚晴簃詩匯》
程先貞	正夫	德州	乙巳 康熙四年 丁未 康熙六年 癸丑 康熙十二年 乙卯 康熙十四年	53 55 61 63	905 955 1056 1110	酬程工部先貞 德州過程工部 自章丘回至德州則程工部逝已三日矣 送程工部葬	2	程正夫詩序			✓	✓	《元譜》《清詩紀事》《濟南府志》
劉大來	六茹	山東濟寧	丙午 康熙五年	54	913	寄劉處士大來					✓		王蘧常《顧亭林詩集彙注》
朱彝尊	錫鬯、竹垞	秀水	丙午 康熙五年	54	918	朱處士彝尊過余於太原東郊贈之	6	廣師				✓	《竹垞年譜》陳廷敬〈竹垞朱公墓志銘〉《秀水縣志》《清史稿·文苑傳》等等

姓名	字號	籍貫	干支	康熙年	年齡	編號	詩題	數	書信	數	書信	其他	✓	資料來源
屈大均	翁山、一靈	南海	丙午	康熙五年	54	924 / 936	屈山人大均自關中至 / 出雁門關屈趙二生相送至此有賦（二首）						✓	《小腆紀傳·文苑》《清朝先正事略》《廣東詩彙·屈大均小傳》鄔慶時《屈翁山年譜》
趙訟鼎	季襄	寧夏	丙午	康熙五年	54	936	出雁門關屈趙二生相送至此有賦							不詳
蕭企昭	文超	漢陽	丁未	康熙六年	55	949	贈蕭文學企昭						✓	《闇脩齊稿·廣昭序》、《聖清淵源錄》、《清史·儒林傳》等等
閻明鐸	天木	陝西富平	戊申	康熙七年	56	985	贈同繫闇君明鐸先出							不詳
李嘉			戊申	康熙七年	56	993	贈李貢士嘉							不詳
殷岳	伯巖、宗山	雞澤（河北）	庚戌	康熙九年	58	1017	輓殷公子岳						✓	朱彝尊〈殷先生墓誌銘〉、《清詩紀事初編》
李顒	中孚、二曲	盩厔	壬辰 / 戊午	康熙十一年 / 康熙十七年	60 / 66	1037 / 1180	讀李處士顒襄城紀事有贈 / 梓潼篇贈李中孚	4 / 6	與李中孚書二札 / 廣師	1 / 3	與李中孚 / 與李中孚	與李中孚手札四首	✓	《清史稿·儒林傳》《小腆紀傳》《清朝先正事略》《晚晴簃詩匯》全祖望〈二曲先生窆石文〉惠靇嗣〈二曲歷年紀略〉、《二曲集·處士年譜》
李源	江餘、星來	德州	壬辰	康熙十一年	60	1046	題李先生矩亭	3	與李星來書	1	與李星來二札		✓	
胡庭	季子	汾陽	甲寅	康熙十三年	62	1077	與胡處士庭訪北齊碑						✓	戴東原《汾州志》、《小腆紀傳》

人名	字、號	籍貫	干支	康熙年	年齡	編號	詩題	文一	文二	書札	記號一	記號二	資料來源
張爾岐	稷若、蒿庵	清陽	乙卯 / 丁巳	康熙十四年 / 康熙十六年	63 / 65	1107 / 1287	過張貢士爾岐 / 哭張爾岐	廣師 答友人論學書 6	答張稷若 1		✓		《清史稿·儒林傳》《清朝先正事略》《小腆紀傳》、《漢學師承記》等等
王弘撰	無異、山史	華陰	丁巳 / 戊午	康熙十六年 / 康熙十七年	65 / 66	1151 / 1186	雨中至華下宿王山史家 / 和王山史寄來燕中對菊詩	答王山史書與山史書 廣師 4 / 華陰王氏宗祠記 5	與王山史答王山史三札 1 / 與王山史留書與山史 2 / 與王山史三札答王山史 3 / 6	與王弘撰六札送韻譜帖子	✓		《清朝先正事略》《清詩紀事初編》王士禎《居易錄》《小腆紀傳》《清史·遺逸傳》等等
王建常	仲復、復齋	同州朝邑	戊午	康熙十七年	66	1193	過朝邑王處士建常	與王仲復書 4		寄王仲復先生書	✓		《朝邑縣志》《小腆紀傳》
康乃心	太乙、恥齋	郃陽	庚申	康熙十九年	68	1240	送康文學乃心歸郃陽					✓	劉紹攽〈康乃心傳〉、《郃陽縣志》張大受〈康乃心墓表〉《莘野先生年譜》
朱敏浮			庚申	康熙十九年	68	1265	冬至寓汾州之陽城里中尉敏浮家祭畢而飲有作（三首）					✓（故明宗室）	王蘧常《顧亭林詩集彙注》
衛嵩（麟貞）	匪莪、瑞鳴		辛酉	康熙二十年	69	1270	贈衛處士嵩					✓	徐嘉《顧詩箋注》《同志贈言》《小腆紀傳》

附錄二　詩集各卷詩數表及各體裁詩詩數表

（一）各卷詩數表

詩數 ＼ 卷次	一	二	三	四	五	六	共計
數目	67	55	78	60	92	75（案）	427

（案：第六卷詩數包涵集外詩計）

（二）各體裁詩數表

卷次 ＼ 體裁	五絕	六絕	七絕	五律	七律	五言排律	七言排律	五古	七古	樂府				
										五絕	六絕	七絕	五古	七古
一	0	0	7	17	7	6	0	18	2	2	0	0	3	5
二	0	0	0	4	13	4	0	29	2	0	2	0	0	1
三	0	2	1	9	32	10	0	22	0	0	0	0	0	2
四	2	0	7	9	10	7	0	20	3	0	0	0	0	2
五	0	0	8	19	14	1	0	44	4	0	0	0	0	2
六	9	0	13	21	8	1	0	21	1	0	0	0	0	1
計	11	2	36	79	84	29	0	154	12	2	2	0	3	13

參考書目

（一）

1. 《亭林詩文集》，顧炎武，上海涵芬樓景印康熙刊本，商務印書館四部叢刊正編，民國 68 年 11 月臺一版。

2. 《亭林詩文集》，顧炎武，臺灣中華書局四部備要，民國 71 年 4 月臺三版。

3. 《顧亭林先生遺書十種》，顧炎武，蓬瀛閣校刊，古亭書屋，民國 58 年景印初版。

4. 《顧亭林遺書彙輯》，顧炎武，朱氏校經山房刊本，中華文獻出版社，民國 58 年 2 月（未著版次）。

5. 《顧亭林詩文集》，顧炎武，漢京文化事業四部刊要，民國 73 年 3 月初版。

6. 《原抄本日知錄》，顧炎武，明倫書局，民國 68 年版。

（二）

1. 《日知錄集釋》，黃汝成，中文出版社，民國 67 年 10 月出版。

2. 《顧詩箋注》，徐嘉，清光緒二十三年徐氏味靜齋刊本，廣文書局，民國 65 年 3 月初版。

3. 《顧詩講義》，黃節講錄，景印小川環樹《顧詩講義》鉛印本。

4. 《顧亭林學案》，徐世昌編，中央文物供應社《清儒學案叢書》，民國 43 年 12 月出版。

5. 《亭林詩考索》，潘師重規，新亞研究所，民國 51 年 5 月初版。

6. 《顧炎武文》，唐敬杲選注，商務印書館，民國 58 年 4 月臺一版。

7. 《亭林思想述要》，林蔥，華僑文化服務社，民國 53 年 11 月出版。

8. 《亭林學術述評》，何貽焜，正中書局，民國 65 年 9 月臺五版。

9. 《顧炎武與清初經世學風》，黃秀政，商務印書館，民國 67 年 2 月初版。

10. 《顧亭林詩集彙注》，王蘧常輯注，吳丕績標校，學海出版社，民國 75 年 8 月初版。

（三）

1. 《顧亭林先生年譜》，吳映奎輯，中華文獻出版社《顧亭林遺書彙輯》附，中華文獻出版社，民國 58 年 2 月（未著版次）。

2. 《顧亭林先生年譜》，張穆編，商務印書館，民國 69 年 4 月初版。

3. 《顧亭林先生詩譜》，徐嘉編，廣文書局《顧詩箋注》附，民國 65 年 3 月初版。

4. 《校補顧亭林先生年譜》，吳映奎、車持謙輯，錢邦彥校補商務印書館四部叢刊《廣編天下郡國利病書》附，民國 70 年 2 月初版。

5. 《顧寧人學譜》，謝國楨，商務印書館，民國 62 年 8 月臺二版。

6. 《顧亭林先生詩譜》，王蘧常編，學海出版社《顧亭林詩集彙注》附，民國 75 年 8 月初版。

7. 《顧亭林與王山史》，趙儷生，齊魯書社，西元 1986 年 12 月第一次印刷。

（四）

1. 《毛詩正義》，嘉慶二十年江西南昌府學刊，藝文印書館十三經注疏本，未著出版年月。

2. 《詩經通釋》，王師靜芝，輔仁大學文學院，民國 70 年 10 月八版。

3. 《禮記正義》，嘉慶二十年江西南昌府學刊，藝文印書館十三經注疏本，未著出版年月。

4. 《論語注疏》，嘉慶二十年江西南昌府學刊，藝文印書館十三經注疏本，未著出版年月。

5. 《孟子注疏》，嘉慶二十年江西南昌府學刊，藝文印書館十三經注疏本，未著出版年月。

（五）

1. 《史記》，司馬遷，文馨出版社，民國 67 年 10 月三版。

2. 《漢書》，班固，鼎文書局，民國 68 年 11 月初版。

3. 《後漢書》，范曄，世界書局，民國 70 年 11 月四版。

4. 《魏書》，魏收，鼎文書局，民國 68 年 2 月二版。

5. 《晉書》，房玄齡等，鼎文書局，民國 64 年 6 月初版。

6. 《宋史》，脫脫等，鼎文書局，民國 69 年 3 月初版。

7. 《明史》，張廷玉等，鼎文書局，民國 67 年 10 月再版。

8. 《明史》，黎傑編著，九思出版有限公司，民國 67 年 9 月臺一版。

9. 《清史列傳》，清國史館原編，明文書局《清代傳記叢刊》綜錄類，民國 74 年 5 月初版。

10. 《清史稿》，趙爾巽等，鼎文書局，民國 70 年 9 月初版。

11. 《清史》，清史編纂委員會編，國防研究院，民國 50 年 10 月臺初版。

12. 《清代通史》，蕭一山，商務印書館，民國 51 年 9 月修訂本臺一版。

13. 《清史》，黎傑編著，九思出版有限公司，民國 67 年 5 月臺一版。

14. 《清史述論》，孫甄陶，九思出版有限公司，民國 67 年 4 月臺一版。

15. 《石匱書後集》，張岱，臺灣銀行經濟研究室編，臺灣銀行，民國 59 年 7 月出版。

16. 《烈皇小識》，文秉，廣文書局，民國 56 年 10 月再版。

17. 《思文大紀》，未著撰人，臺灣銀行經濟研究室編，臺灣銀行，民國 50 年 6 月出版。

18. 《崇禎實錄》，未著撰人，臺灣銀行經濟研究室編，臺灣銀行，民國 60 年 8 月出版。

19. 《明季北略》，計六奇編，商務印書館，民國 68 年 5 月臺一版。

20. 《小腆紀傳》，徐鼒，學生書局，民國 66 年 11 月出版。

21. 《碑傳集》，錢儀吉纂錄，明文書局《清代傳記叢刊》綜錄類，民國 74 年 5 月初版。

22. 《南明史談》，毛一波，商務印書館，民國 66 年 11 月二版。

23. 《廿二史劄記》，趙翼，商務印書館，民國 57 年 12 月臺一版。

24. 《國史大綱》，錢穆，商務印書館，民國 74 年 12 月修訂十二版。

25. 《國史論衡》，鄺士元，里仁書局，民國 69 年 2 月臺二版。

26. 《清洪述源》，帥學富，商務印書館，民國 59 年 3 月初版。

27. 《明清之際黨社運動考》，謝國楨，商務印書館，民國 67 年 2 月臺三版。

28. 《江村十論》，李思純，弘文館出版社，民國 74 年 11 月初版。

29. 《天啓崇禎遺詩傳》，陳濟生等編撰，世界書局，民國 50 年 2 月初版。

30. 《明儒學案》，黃宗羲，河洛圖書出版社，民國 63 年 12 月景印初版。

31. 《思舊錄》，黃宗羲，明文書局《清代傳記叢刊》綜錄類，民國 74 年 5 月初版。

32. 《漢學師承記》，江藩，商務印書館，民國 66 年 11 月臺二版。

33. 《道學淵源錄》，黃嗣東輯，明文書局《清代傳記叢刊》學林類，民國 74 年 5 月初版。

34. 《己未詞科錄》，秦瀛輯，明文書局《清代傳記叢刊》學林類，民國 74 年 5 月初版。

35. 《清朝詩人徵略》，張維屏，鼎文書局，民國 60 年 9 月初版。

36. 《清代樸學大師列傳》，支偉成，明文書局《清代傳記叢刊》學林類，民國 74 年 5 月初版。

37. 《新世說》，易宗夔述，明文書局《清代傳記叢刊》學林類，民國 74 年 5 月初版。

38. 《清詩紀事初編》，鄧之誠，鼎文書局，民國 60 年 9 月初版。

39. 《明末民族藝人傳》，傅抱石編譯，明文書局《清代傳記叢刊》遺逸類，民國 74 年 5 月初版。

40. 《清朝耆獻類徵初編》，李桓輯，明文書局《清代傳記叢刊》綜錄類，民國 74 年 5 月初版。

41. 《清朝先正事略》，李元度纂，明文書局《清代傳記叢刊》綜錄類，民國 74 年 5 月初版。

42. 《清學案小識》，唐鑑，商務印書館，民國 64 年 8 月臺二版。

43. 《中國學術思想變遷大勢》，梁啓超，華正書局，民國 70 年 10 月初版。

44. 《清代學術概論》，梁啓超，水牛出版社，民國 60 年 5 月初版。

45. 《中國近三百年學術史》，梁啓超，中華書局，民國 72 年 10 月臺十版。

46. 《中國之武士道》，梁啓超，中華書局，民國 60 年 3 月臺二版。

47. 《中國近三百年學術史》，錢穆，商務印書館，民國 72 年 11 月臺八版。

48. 《中國思想史》，韋政通，大林出版社，民國 70 年 11 月三版。

49. 《聖廟賢儒列傳》，熊岫雲，巨流圖書公司，民國 65 年 12 月初版。

50. 《東林與復社》，蔣平階等，臺灣銀行經濟研究室編，臺灣銀行，民國 57 年 12 月出版。

51. 《復社姓氏傳略》，吳山嘉錄，《明清史料彙編》八集第五冊，文海出版社，未著出版年月。

52. 《中國政治思想史》，蕭公權，中國文化大學出版部，民國 71 年 9 月新二版。

53. 《中國文學發展史》，劉大杰，華正書局，民國 71 年 5 月版。

54. 《中國文學史》，葉師慶炳，學生書局，民國 71 年 8 月學一版。

55. 《中國文學史初稿》，黃師錦鋐等，福記文化圖書有限公司，民國 72 年 5 月增訂再版。

56. 《新編中國文學史》，中國文學史研究委員會，文復書店，民國 71 年 2 月初版。

57. 《中國詩歌流變史》，李曰剛，聯貫出版社，民國 65 年 10 月出版。

58. 《漢魏六朝樂府文學史》，蕭滌非，長安出版社，民國 70 年 11 月臺二版。

59. 《四庫全書總目提要》，永瑢‧紀昀等，武英殿本，商務印書館，民國 72 年 10 月初版。

60. 《四庫書目續編》，孫耀卿，世界書局，未著出版年月。

61. 《清代禁書知見錄》，孫耀卿，世界書局，民國 68 年 10 月三版。

62. 《中國歷代詩文別集》聯合書目第十一輯，王民信主編，聯合報文化基金會國學文獻館，民國 73 年 8 月初版。

63. 《明朝分省人物考》，過庭訓纂集，明天啓二年刊本，成文出版社，民國 60 年 1 月臺一版。

64. 《崑新兩縣續修合志》，金吳瀾等修，汪堃等纂，清光緒六年刊本，成文出版社，民國 59 年 10 月臺一版。

65. 《蘇州府志》，李銘皖等修，馮桂芬等纂，清光緒九年刊本，成文出版社，民國 59 年 5 月臺一版。

66. 《太倉州志》，王祖畬等纂，民國 8 年刊本，中國地方文獻學會，民國 64 年臺一版。

（六）

1. 《荀子新注》，荀卿著，未撰注者，里仁書局，民國 72 年 11 月出版。

2. 《明夷待訪錄》，黃宗羲，臺灣中華書局四部備要，民國 72 年 12 月臺六版。

3. 《理學纂要》，蔣伯潛，正中書局，民國 58 年 8 月臺三版。

4. 《中國學術思想大綱》，林尹，學生書局，民國 64 年 10 月十二版。

5. 《人生之體驗》，唐君毅，人生出版社，民國 59 年 1 月三版。

6. 《人生之體驗續編》，唐君毅，學生書局，民國 67 年 4 月臺初版。

7. 《才性與玄理》，牟宗三，學生書局，民國 69 年 3 月臺三版。

8. 《哲學與人生》，傅統先，天文出版社，民國 65 年 1 月版。

9. 《西洋哲學十二講》，鄔昆如，先知出版社，民國 65 年 10 月出版。

10. 《古代中國文化與中國知識分子》，胡秋原，亞洲出版社，民國 46 年 1 月再版。

11. 《中國隱士與中國文化》，蔣星煜，華夏出版社，民國 67 年 5 月初版。

12. 《善的純粹經驗》，日・西田幾太郎著，鄭發育、余德慧譯，商務印書館，民國 73 年 9 月初版。

（七）

1. 《人格心理學》，朱道俊，商務印書館，民國 43 年 10 月增訂本臺一版。

2. 《人格心理學》，李序僧，臺灣書店，民國 57 年 12 月出版。

3. 《人格心理學》，楊希震，中國訓育學會，民國 61 年 12 月初版。

4. 《人格心理學》，余昭，三民書局，民國 68 年 1 月再版。

5. 《心理學》，張春興，東華書局，民國 65 年 9 月修正版。

6. 《教育與人格發展》，賈馥茗等，復文圖書出版社，民國 70 年 1 月初版。

7. 《中國人的性格》，李亦園、楊國樞編，全國出版社，民國 70 年 3 月五版。

8. 《人格心理學》，普汶原著，鄭慧玲編譯，楊國樞校閱，桂冠圖書公司，民國 71 年 9 月初版。

9. 《人格的文化背景》，R林呑，萬年青書廊，未著出版年月。

（八）

1. 《世說新語》，劉義慶，第一書店，民國 61 年 12 月出版。

2. 《昭明文選》，蕭統編，李善注，藝文印書館，民國 72 年 6 月十版。

3. 《明詩綜》，朱彝尊，商務印書館景印文淵閣四庫全書，民國 75 年 3 月初版。

4. 《晚晴簃詩匯》，徐世昌編，世界書局，民國 50 年 3 月初版。

5. 《唐宋詩舉要》，高步瀛選注，民主出版社，民國 72 年 9 月初版。

6. 《船山遺書全集》，王夫之，中國船山學會・自由出版社，民國 61 年 11 月重編初版。

7. 《南雷文定》，黃宗羲，商務印書館，民國 59 年 4 月臺一版。

8. 《蒿菴集》，張爾岐，清乾隆三十八年濟陽縣署刊本，臺灣大學文學院圖書館藏。

9. 《歸莊集》，歸莊，北京中華書局，西元 1962 年 4 月第一版。

10. 《二曲集》，李顒，商務印書館，民國 62 年 12 月初版。

11. 《受祺堂全集》，李因篤，清道光年間刊本，臺灣大學研究所圖書館藏。

12. 《霜紅龕集》，傅山，漢華文化事業，民國 60 年 8 月初版。

13. 《遂初堂集》，潘耒，清雍正年間刊本，臺灣大學文學院圖書館藏。

14. 《曝書亭集》，朱彝尊，商務印書館景印文淵閣四庫全書，民國 75 年 3 月初版。

15. 《憺園集》，徐乾學，漢華文化事業，民國 60 年 8 月初版。

16. 《鮚埼亭集》，全祖望，華世出版社，民國 66 年 3 月初版。

17. 《曾文正公家書》，曾國藩，世界書局，民國 70 年 10 月七版。

18. 《章氏叢書》，章炳麟，世界書局，民國 47 年 7 月初版。

19. 《太炎文錄續編》，章炳麟，新興書局，民國 45 年 3 月初版。

20. 《蒹葭樓詩》，黃節，廣文書局，民國 61 年 1 月初版。

21. 《雨僧詩文集》，吳宓，地平線出版社，民國 60 年 1 月初版。

（九）

1. 《明詩別裁》，沈德潛、周準選，商務印書館，民國 67 年 2 月臺一版。

2. 《杜詩鏡銓》，楊倫箋注，華正書局，民國 75 年 8 月版。

3. 《李商隱詩選》，陳永正選注，龍田出版社，民國 71 年 3 月版。

4. 《唐音癸籤》，胡震亨，木鐸出版社，民國 71 年 7 月初版。

5. 《歷代詩話》，何文煥編訂，藝文印書館，民國 60 年 2 月三版。

6. 《續歷代詩話》，丁福保訂，藝文印書館，未著出版年月。

7. 《清詩話》，丁福保編，明倫出版社，民國 60 年 12 月初版。

8. 《詩論分類纂要》，朱任生編，商務印書館，民國 60 年 8 月初版。

9. 《百種詩話類編》，臺靜農編，藝文印書館，民國 63 年 5 月初版。

10. 《文心雕龍注》，范文瀾，明倫書局，民國 63 年 2 月初版。

11. 《文心雕龍研究·解譯》，趙仲邑等，木鐸出版社，民國 72 年 9 月出版。

12. 《文心雕龍的風格學》，詹鍈，木鐸出版社，民國 73 年 11 月初版。

13. 《詩品注》，陳延傑，鼎文書局，民國 60 年 3 月初版。

14. 《六朝文論》，廖蔚卿，聯經出版事業，民國 70 年 3 月二版。

（十）

1. 《司馬遷之人格與風格》，李長之，育幼圖書有限公司，民國 72 年 5 月出版。

2. 《葉燮的人格與風格》，丁履譔，成文出版社，民國 67 年 3 月初版。

3. 《中國藝林叢論》，沈尹默等，文馨出版社，民國 65 年 2 月初版。

4. 《晚明小品析論》，陳少棠，波文書局，民國 70 年 2 月初版。

5. 《不廢江河萬古流・杜詩賞析》，陳文華，偉文圖書公司，民國 67 年 9 月初版。

6. 《吳梅村研究》，王師建生，曾文出版社，民國 70 年 4 月出版。

7. 《詩言志辨》，朱自清，臺灣開明書店，民國 71 年 6 月臺四版。

8. 《談文學》，朱光潛，臺灣開明書店，民國 69 年 11 月臺十六版。

9. 《文藝心理學》，朱光潛，臺灣開明書店，民國 69 年 11 月重十四版。

10. 《西方美學史》，朱光潛，漢京文化事業，民國 71 年 10 月出版。

11. 《文學新論》，張長弓，世界書局，民國 35 年 12 月出版。

12. 《中國歷代文學論著精選》，郭紹虞，華正書局，民國 69 年 4 月版。

13. 《中國文學論集續編》，徐復觀，學生書局，民國 70 年 10 月初版。

14. 《文學概論》，王夢鷗，藝文印書館，民國 71 年 10 月二版。

15. 《文藝論談》，王夢鷗，學英文化事業，民國 73 年 5 月出版。

16. 《中國文學史論文選集》，羅聯添，學生書局，民國 68 年 3 月初版。

17. 《藝術論叢》，虞君質，亞洲出版社，民國 47 年 2 月初版。

18. 《藝術概論》，虞君質，黎明文化事業，民國 61 年 2 月初版。

19. 《藝術的奧秘》，姚一葦，開明書店，民國 57 年 2 月初版。

20. 《中國文學概論》，尹雪曼，三民書局，民國 64 年 12 月出版。

21. 《文學心路》，王師熙元，仙人掌出版社，民國 58 年 11 月初版。

22. 《文學手冊》，傅東華編，大漢出版社，民國 66 年 12 月初版。

23. 《文學的境界》，余我，水芙蓉出版社，民國 63 年 8 月初版。

24. 《文學經驗》，顏元叔，志文出版社，民國 66 年 8 月再版。

25. 《文學散步》，龔鵬程，漢光文化事業公司，民國 74 年 9 月初版。

26. 《詩學》，黃節，學海出版社，民國 63 年 1 月初版。

27. 《詩詞曲欣賞作法研究》，王力，未著出版者及出版年月。

28. 《詩學》，張正體，商務印書館，民國 71 年 8 月三版。

29. 《迦陵談詩》，葉嘉瑩，三民書局，民國 72 年 8 月四版。

30. 《中國詩學》，黃永武，巨流出版社，民國 66 年四月一版。

31. 《愛國詩牆》，黃永武，尚友出版社，民國 70 年 12 月初版。

32. 《修辭學》，黃師慶萱，三民書局，民國 72 年 10 月四版。

33. 《近體詩發凡》，張夢機，臺灣中華書局，民國 67 年 10 月三版。

34. 《古典詩文論叢》，顏崑陽，漢光文化事業公司，民國 72 年 10 月二版。

35. 《中國詩歌研究》，羅宗濤等，中央文物供應社，民國 74 年 6 月出版。

36. 《詩心與國魂》，李瑞騰，漢光文化事業公司，民國 74 年 4 月二版。

37. 《中國文學理論研究》，劉若愚著，杜國清譯，聯經出版事業，民國 70 年 9 月初版。

38. 《中國詩學》，劉若愚著，杜國清譯，幼獅文化事業，民國 70 年 12 月三版。

39. 《新編談藝錄》，錢鍾書，未著出版者，民國 72 年（未著出版月及版次）。

40. 《文鏡秘府論》，日·遍照金剛，蘭臺書局，民國 58 年 7 月初版。

41. 《文學概論》，日·本間久雄，開明書店，民國 72 年 11 月臺九版。

42. 《詩學箋注》，亞里斯多德著，姚一葦注，中華書局，民國 70 年 5 月六版。

43. 《文學欣賞與批評》，W. L. G. 等著，徐進夫譯，幼獅文化事業，民國 73 年 7 月八版。

44. 《文學論》，韋勒克、華倫著，王夢鷗、許國衡譯，志文出版社，民國 74 年 5 月再版。

（十一）

1. 〈顧亭林之生平及其思想〉，胡秋原，中華雜誌，第五卷第七期。

2. 〈顧亭林之出游索隱〉，柳作梅，大陸雜誌，第五十九卷第五期。

3. 〈顧亭林的氣節與治學〉，劉太希，無象庵雜記續集，正中書局。

4. 〈顧亭林的生平事蹟與學術思想〉，黃逸民，暢流半月刊，第二十二卷第二期。

5. 〈顧亭林的生平與志節〉，周冠華，藝文誌，第二一六期。

6. 〈顧炎武的生平及其思想〉，簡明勇，中華文化復興月刊，第十一卷第六期。

7. 〈顧亭林先生學侶考序〉，謝國楨，國學論叢·第一卷第一號。

8. 〈反清最力的顧亭林〉，陳則東，中興評論·第十一卷第十一期。

9. 〈顧亭林的謙虛胸懷〉，杜維運，食貨月刊·第一卷第十期。

10. 〈節操堅貞的顧炎武〉，景唐，生力月刊·第五卷第四十九期。

11. 〈張穆「亭林年譜」訂補〉，趙儷生，學原，第一卷第十二期。

12. 〈亭林詩集所見與其往返者之資料表初稿〉，高秋鳳，民國 76 年〈顧亭林詩〉學期報告。

13. 〈日知錄與顧炎武〉，甲凱，中央月刊，第三卷第十期。

14. 〈原抄本顧炎武日知錄評介〉，徐文珊，東海大學圖書館學報，創刊號。
15. 〈亭林詩集校文〉，荀羨，古學彙刊，第二集。
16. 〈亭林詩集校文跋語〉，周雁石，圖書館學季刊，第三卷第二期。
17. 〈原刻初印本亭林文集跋〉，葉德祿，輔仁學誌，第十二卷第二期。
18. 〈讀中華書局顧亭林詩文集〉，徐震堮，華東師大學報，西元 1964 年第一期。
19. 〈論顧炎武的蔣山傭殘稿〉，華誠之，四川大學學報，西元 1959 年第五期。
20. 〈顧亭林集外遺札〉，鄧實編，國粹學報，第六十九期。
21. 〈亭林詩文用南明唐王隆武紀年考〉，潘師重規，新亞書院學術年刊，第八期。
22. 〈顧詩講義續補序〉，潘師重規，大陸雜誌，第五十九卷第五期。
23. 〈顧亭林詩論〉，饒宗頤，文學世界，第五卷第二期。
24. 〈論顧亭林的詠史詩〉，廖振富，中華文化復興月刊，第二十一卷第一期。
25. 〈民族詩人顧亭林〉，韋金滿，新亞生活雙周刊，第九卷第二、三期。
26. 〈顧亭林詩筆記〉，潘師重規講授，高秋鳳筆錄。
27. 〈讀顧詩小紀〉，江乾益，民國 76 年〈顧亭林詩〉學期報告。
28. 〈讀顧亭林詩集記得〉，黃明理，民國 76 年〈顧亭林詩〉學期報告。
29. 〈顧氏學術〉，柳詒徵，學衡，第五期。
30. 〈顧炎武與清代歷史考據學派之形成〉，杜維運，故宮文獻，第三卷第四期、第四卷第一期。
31. 〈顧亭林的經學〉，何佑森，文史哲學報，第十五期。
32. 〈顧亭林與黃黎洲－兼述清初朱子學〉，何佑森，幼獅學誌，第十五卷第二期。
33. 〈顧亭林學述〉，錢穆，故宮圖書季刊，第四卷第二期。
34. 〈顧炎武經世思想的界限〉，石錦，史原，第三期。
35. 〈顧炎武之學術思想〉，林尹，師大學報，第一期。
36. 〈顧炎武學說評論〉，周世輔，反攻月刊，第三五二期。
37. 〈論顧亭林學術與儒學之真精神〉，牟潤孫，新亞生活雙周刊，第四卷第十一期。
38. 〈顧寧人學術之淵源－考據學之興起及其方法之由來〉，牟潤孫，民主評論，第五卷第四期。

39. 〈顧亭林哲學思想述評〉，傅榮珂，中華文化復興月刊，第十六卷第十一期。

40. 〈震古鑠今一通儒──顧炎武的學術思想〉，詹海雲，國文天地，第三卷第五期。

41. 〈顧亭林的文學理論〉，黃肯玉，華國，第二期。

42. 〈論顧炎武之文學觀〉，黃瑞枝，屏東師專學報，第三期。

43. 〈顧炎武論文學〉，周志文，幼獅學誌，第十八卷第四期。

44. 〈顧亭林先生文論探源〉，楊家教，西元 1968 年香港新亞書院中國文學系年刊。

45. 〈晚宋義民之血淚詩〉，李日剛，中華文化復興月刊，第七卷第二期。

46. 〈明末遺民詩人的民族思想〉，謝康，書和人，第三二七期。

47. 〈論明遺民之出處〉，何冠彪，西元 1982 年香港馮平山圖書館金禧紀念論文集。

48. 〈明季奴變考〉，謝國楨，清華學報，第八卷第一期。

49. 〈晚明政風與學風之探微〉，傅榮珂，中華文化復興月刊，第二十卷第五期。

50. 〈晚明學術風氣之分析〉，程運，中華文化復興月刊，第四卷第六期。

51. 〈華夷之辨〉，林鎮國，鵝湖月刊第一卷第九期。

52. 〈孟子論狂狷〉，蔡仁厚，鵝湖月刊，第四卷第四期。

53. 〈明清之交經世文論探述〉，林保淳，民國 76 年清大第一屆中國文學批評研討會論文。

54. 〈王荊公詩的風貌與評價〉，王師熙元，民國 75 年紀念司馬光與王安石學術研討會論文集。

55. 〈論魏晉詩歌風格的思想性〉，黃師錦鋐，師大國文學報，第十四期。

56. 〈文章合為時而著·歌詩合為事而作〉，葉師慶炳，中外文學，第四卷第一期。

57. 〈詩品與人品〉，葉師慶炳，中外文學，第十四卷第十二期。

58. 〈「詩品與人品」講評〉，侯健，中外文學，第十四卷第十二期。

59. 〈悲壯藝術的美學風格〉，姚一葦，文學評論，第五集。

60. 〈樸素的與激情的──論先秦文學的兩大瑰寶〉，蔡英俊，鵝湖月刊，第二卷第十期。

61. 〈傳統的文學思想中詩的個性與社會性的問題〉，徐復觀，文星雜誌，二卷三期。

62. 〈詩歌與節奏〉，高明，學粹，一卷一期。

63. 〈從語言學論中國語文的特質與詩歌的關係〉，王能傑，民國 58 年師大國文系詩學集刊。

64. 〈古典文學理論中的風格問題〉，劉綬松，紅旗，西元 1962 年第六期。

65. 《復社與晚明學風》，劉莞莞，政大中研所七十四年碩士論文。

66. 《明清之際儒家思想的變遷與發展》，林聰舜，師大國研所七十四年博士論文。

67. 《論杜詩沈鬱頓挫之風格》，蕭麗華，師大國研所七十五年碩士論文。

68. 《吳梅村敘事詩研究》，黃錦珠，師大國研所七十五年碩士論文。

69. 《楚辭三九暨後世以九名篇擬作之研探》，高秋鳳，師大國研所七十五年碩士論文。

70. 《六朝詠懷組詩研究》，李正治，師大國研所六十九年碩士論文。

71. 《兩宋詠物詞研究》，馬寶蓮，師大國研所七十二年碩士論文。

72. 《宋遺民志節與文學之研究》，周全，東吳中研所七十二年博士論文。

73. 《明末忠義詞人研究》，陳美，東吳中研所七十四年碩士論文。

74. 《三言主題研究》，王淑均，輔大中研所六十八年碩士論文。

75. 《李白詩研究》，呂興昌，臺大中研所六十二年碩士論文。